日常生活行動からみる大阪大都市圏

稲垣稜 著
INAGAKI Ryo

ナカニシヤ出版

まえがき

本書が研究対象とする大都市圏とは，大都市と郊外からなる地域をさしている。一昔前まで，大都市と郊外の関係を明瞭に示すキーワードは，「ドーナツ化現象」，「ベッドタウン化」などであった。大都市（特に都心）が就業の場に特化していくとともに，人々の居住の場は郊外へと移っていった。多くの人々は，郊外居住を指向していった。郊外という場所にあこがれを抱き，そこを終の棲家とすることがライフコースの最終目標となったのである。このような価値観が形成，強化されたのは高度経済成長期である。経済の成長にあわせるように，都市も郊外へと拡張していった。これにともない，郊外の住居から，大都市の職場へと日々通勤する人の流れも形成された。通勤は，日々行われる移動行動の中でもっとも大量に発生するものであり，大都市圏構造に関する研究において絶えず有力な指標とされてきた。

近年，大都市圏を取り巻く状況は大きく変わってきている。「ドーナツ化現象」，「ベッドタウン化」などは時代にそぐわない用語となっており，「人口の都心回帰（都心の人口回復）」，「オールドタウン化」などが現代の大都市圏を説明する有力なキーワードとなっている。郊外から大都市への通勤，という単純な形では説明できない状況が生まれている。世代に着目すると，郊外の形成を担った「郊外第一世代」から，その子どもに相当する「郊外第二世代」へと，鍵となる世代の交代が2000年前後からすすんだ。これに対応して，「郊外第二世代」を対象とした都市研究が活発に行われるようになっていった。筆者もそうした研究者の一人であり，主として「郊外第二世代」の通勤流動に着目し，大都市圏構造の変化を解明しようとしてきた。その成果をまとめたものが，2011年に上梓した『郊外世代と大都市圏』（ナカニシヤ出版）である。

時が経ち，さらに次の世代が労働市場に参入するようになると，「郊外第二世代」が通勤流動の変化に及ぼす影響も弱まってきた。また，女性の社会進出のさらなる進展や，「郊外第一世代」による退職の増加など，大都市圏を取り巻く状況はますます変化してきた。特定の世代に着目するというだけでは，大都市圏構造の実態をつかむことが困難になってきたといえよう。加えて，少子高齢化にともなう就業者数の減少により，通勤流動という指標のみで大都市圏構造を考えることが適切ではなくなってきている。

こうした状況をふまえ，本書では，さまざまな世代を取り上げ，世代間の比較を通じて大都市圏構造の解明を試みる。通勤流動のほか，買い物行動についても指標として取り上げている。就業者のみが行う通勤に対し，買い物行動は就業者，非就業者を問わず日々行われる。これにより，大都市圏居住者の日常生活行動に対する総合的な理解に近づけるものと考えている。

本書が，大都市圏構造に関する研究の前進にほんのわずかでも貢献できれば幸いである。

目　　次

日常生活行動からみる大阪大都市圏

第 1 章

はじめに

1　大都市圏の誕生

18 世紀末から欧米で始まった産業革命は，都市の急速な成長を促した反面，さまざまな都市問題を引き起こすことにもなった。不衛生な生活環境，過酷な労働などが問題視され，それらの解決が当時の課題であった。こうした中で登場したものとして有名なのが，都市計画家ハワードの田園都市構想である。これは，問題をかかえている都市部から一定の距離を隔てた場所に，職住一体型の街を造ろうというものである（角野，2000；實，2004）。

日本においても，19 世紀末から工業化がすすみ，欧米と同様の都市問題が出現し始めた。特に，東洋のマンチェスターと呼ばれた工業都市・大阪の環境悪化は顕著であった。そうした中，日本にも田園都市の思想が持ち込まれることとなり，大都市周辺ではその影響を受けた「郊外」が造られていった（安田，1992）。しかし，ハワードの田園都市が職住一体型であったのに対し，日本のそれは職住分離型が大半であった。

第二次世界大戦前における日本の郊外居住は，まずは資本家などの上流階級の人々によって始められたが，その居住スタイルは，常住というよりも別荘的な性格を持ちあわせたものであった。その後，ホワイトカラーの人々においても郊外居住が可能となってきた。現在とは異なって，当時のホワイトカラーとは一部のエリートに相当する人々であるものの，郊外居住が徐々にサラリーマンにも手が届くようになってきたともいえる。もちろん，それ以外の労働者は，依然として劣悪な生活環境の都市部にとどまらざるを得なかったことはいうまでもない。

郊外居住の広がりに寄与したのが，鉄道会社（私鉄）であった。20世紀のはじめに設立された鉄道会社の多くは，安定した運賃収入を確保するためのさまざまな策を講じた。そうした策の一つが，郊外開発であった。鉄道沿線に住宅地を開発し，そこに都市住民を誘致することで，乗客数の増加をはかろうとするものであった。鉄道会社以外による住宅地開発も数多くあったが，当時の住宅地開発の中心は鉄道会社が担っていた。例えば，大阪周辺において戦前に開発された郊外住宅地のうち，面積比にして約半分が鉄道会社によるものであった（水内，1996）。特に，他の私鉄沿線に比べて沿線人口が十分でなく，有名寺社等の観光地にも恵まれなかった阪急電鉄は，都心のターミナルから郊外沿線までの一体的な開発をすすめた（松田，2004）。この阪急電鉄の郊外開発は，他の私鉄の郊外開発にも影響を与えた（松田，2003）。

戦前の郊外が，特定の人々のみの場所であったのに対し，戦後の郊外は大衆レベルにまで拡大していったことが特徴である。高度経済成長期に入ると，地方農家の若者が農業の機械化などによって余剰労働力となった一方，大都市では高度経済成長によって深刻な労働力不足が発生した。これを解消するための仕組みである集団就職（山口，2016）などにより，大都市への人口流入に拍車がかかった。大都市に流入した若者は，その後結婚し子どもをもうけた。より広い住宅スペースが必要とされるようになり，大都市から郊外へと居住地を移す人々の流れが作り出された。

こうして，人々は郊外に居住し，就業や消費などの面では大都市に依存するようになった。これによって形成された地域構造が大都市圏である。大都市圏とは，典型的には，雇用，小売機能に特化した都心と，居住機能に特化した郊外という図式にもとづく地域構造である。

2　大都市圏構造の変容に関する研究

このような大都市圏構造に変容が生じているのではないかと指摘されるようになったのは，主として1970年代に入ってからである。郊外を，単に居住機能に特化した地域と考えることができない現象が観察されるようになってきたためである。日本において大都市圏構造の変容が注目された背景には，日本に先駆けて大都市圏構造の変容がすすんだ欧米の経験がある。アメリカ合衆国を中心に，郊外において雇用成長がすすみ，都心に匹敵するような郊外中心（郊外核）が形成され，大都市圏が多核化するという議論がなされるようになった（Erickson and Gentry，1985；Fujii and Hartshorn，1995など）。これを受けて，日本においても郊外の自立的成長について考察がなされてきた（石川，2008；田口・成田編，1986；富田，1995；藤井，1990，2007など）。

藤井（1990）は，大都市圏構造の変化を考えるにあたって，日常生活行動面に焦点を当てる必要性を指摘した。日常生活行動に関わる指標にはさまざまなものがあるが，中でも数多くの研究が取り上げてきたのは通勤行動と買い物行動である（藤井，1990）。本書は，これらの指標を用いて，近年における大阪大都市圏の構造変容の実態解明を試みるものである。

(1) 通勤行動と居住・就業

通勤行動は，データの入手容易性の点からも，大都市圏の結節地域構造を把握する重要な指標である。特に，国勢調査やパーソントリップ調査といった大規模な調査において調査項目とされており，大都市圏における日常生活行動をマクロレベルで検討する際に有効である。これらの調査を利用した通勤流動研究は，大都市圏全域を対象としたもの（石川，1990，1997；桑原・富田，1984；藤井，1985；松澤，1986；山神，2013；山神・藤井，2015など）と大都市圏郊外の部分地域を対象としたもの（碓井，1984；藤巻，1982など）に大きく分けられる。

上記の諸研究は，通勤者の属性を考慮したものではない。そうした中，渡邊（2002）は東京大都市圏における産業別・職業別の通勤流動パターンを，大田（1985）は京阪神大都市圏における第三次産業就業者の通勤流動パターンをそれぞれ検討している。性別についても，神谷（1983）は名古屋市における女性の通勤行動を明らかにし，有留・小方（1997）は京阪神大都市圏における通勤流動パターンの性別による差異を明らかにした。また坂西（2007a，2007b）は，経済学の立場から個人属性と通勤流動の関係に着目し，女性の短距離通勤の要因を検討した。

これらの研究で利用されている統計資料では，性別，年齢，産業，職業など個人の属性を細分化すればするほど表章される地域は大まかにならざるを得ないため，ミクロレベルでの分析には限界がある。こうした限界を克服するためにアンケート調査を利用した研究がなされてきた。

例えば，郊外における居住地移動との関連で通勤先を考察した山田（1992），通勤先の存在が居住地選択に与える影響を明らかにした伊藤（2001），大都市圏外部郊外の居住地と就業地の変化を明らかにした稲垣（2001），既婚女性の通勤範囲が子どもの成長にともなって拡大する点を明らかにした川瀬（1997），Kawase（2004），新規鉄道路線の開業が通勤行動に与える影響を明らかにした田口（2001），大都市へ通勤していた女性が結婚にともなって郊外の自宅周辺に就業するようになるプロセスを明らかにした谷（2002a）などの諸研究が挙げられる。

以上の研究の多くにおいて，郊外から中心都市への通勤率の低下が指摘されてきたが，そこで議論の焦点となったのが，大都市圏の多核化との関係である。郊外から中心都市への通勤依存度の低下と多核的地域構造の形成とを関連づける立場からは，多核化には，中心性の高い郊外核が複数形成される集中的多核化と，郊外市町村間で相互に錯綜した通勤流動がみられる程度にとどまる分散的多核化の二つの段階があるとされる（石川，2008；藤井，1990）。このうち，日本の大都市圏においては，分散的多核化がすすむ段階であり，集中的多核化の段階にはないことが指摘されている（藤井・山神，2015）。

一方，郊外から中心都市への通勤依存度の低下は，必ずしも多核化と結びつくわけではないことを指摘する研究もある。こうした指摘は，郊外居住者の人口構成の変化から大都市圏構造の変容を検討する研究の中でなされてきた（川口，1992；谷，1998）。谷（1998）は，人口規模の大きい多産少死世代の女性が，郊外への流入と家事・育児にともなう離職を経て郊外内部でパートとして再就職していく過程が，郊外から中心都市への通勤率の低下に大きくかかわっていたことを明らかにした。この研究により，1970年代から1980年代の大都市圏構造の変容を説明するうえで，多産少死世代の存在が不可欠なものであることが明確になった。しかし，1990年代に入ると，多産少死世代が大都市圏構造の変化に及ぼす影響力も弱まっていくことになった。これに代わり，新たな世代，すなわち郊外第二世代(1)が郊外の自宅近隣で非正規雇用として新規就業するようになったことが，中心都市への通勤率低下の一因となってきたとされる（稲垣，2011a；谷，2002b）。

これまでにレビューしてきた研究の多くは，大都市圏を中心都市と郊外に二分した場合の郊外に着目した研究と言えるが，もう一つの郊外地域研究の立場として，大都市圏外縁部に着目するものがある。郊外における雇用成長は，そのさらに外側に広がる大都市圏外縁部にも影響を与えてきた（O'Connor and Maher，1979）。大都市圏外縁部は，中心都市への通勤は時間的限界のために困難であるものの，近接する郊外就業地への通勤が可能な地域とみなすことができる。この大都市圏外縁部は，採用する大都市圏設定基準によって，大都市圏内にもなるし，大都市圏外にもなる。欧米では，定義上の大都市圏域を越えた地域での人口増加が顕著になり，こうした地域は超郊外地域と呼ばれた。

超郊外地域は，反都市化現象（Berry，1976；Beale，1977）に対する反論の焦点として取り上げられてきた。Roseman（1980）は，アメリカ合衆国の大都市圏に隣接する非大都市圏カウンティの中で，大都市圏と通勤によって結びついた超郊外地域を見出し反都市化現象を疑問視している。またO'Connor（1980）は，大都市圏から非大都市圏へという人口成長中心の逆転現象が非大都市圏から大都市圏郊外地域への通勤と関連していることを明らかにしている。

日本においても大都市圏外縁部に相当する地域を対象とした研究が存在する。藤井（1989）は，大阪大都市圏外縁部に位置する京都府の旧加茂町（現木津川市(2)）を事例に，通勤流動や商業施設等の利用状況を明らかにした。石川（1991）は，京阪神大都市圏周辺地帯における通勤流動の変化と社会・経済構造を考察した。橋本（1991）は，大都市圏郊外を3地帯に分け，最外縁地帯の通勤流動について内部の2地帯と比較しつつ考察を行った。山下（1993）は，東京大都市圏内の周辺中核都市に焦点をあて，周辺中核都市とその外側地域との間の通勤上の新たな関係を分析した。稲垣（2001）は，名古屋大都市圏外縁部に位置する岐阜県御嵩町を事例に，コーホートの観点から居住地・就業地関係の変化を考察した。香川（2006）は，京都府南部の旧山城町，旧木津町，旧加茂町（いずれも現木津川市）の相違点を明らかにする中で，通勤特性に着目した。さらに熊野（2018）は，大阪大都市圏外縁部に位置する奈良県桜井市を事例に，住宅供給と通勤特性とを関連付けた考察を行った。

次に，都心に目を向ける。大都市圏構造の変容という観点から都心をみると，就業地としての機能に特化した都心が，どのようにして居住機能を高めていくのかが重要である。しかし，1980年代までは，一部の先見的な研究（香川，1984，1988，1989；由井，1986，1987，1989）を除いて，このような観点に着目する研究は少なかった。郊外の雇用成長がすすむ中でも都心の昼夜間人口比率は上昇するなど，依然として都心が就業地としての機能を高めていたことが背景にあったと思われる。

こうした趨勢が変化したのが1990年代後半以降である。郊外人口が減少あるいは停滞しはじめる中，都心人口が減少から増加へと転じた（川相，2005；富田，2015；山神，2003；Yabe，2004）。こうした都心の人口回復を受け，これまで就業地としての機能に特化していた都心の居住特性に関する研究が活発化した[3]。宮澤・阿部（2005），堀内（2009），中川（2013）は，それぞれ東京都，京都市，神戸市の都心を例に，近年の人口増加地区の居住者属性がいかに変化したかを明らかにしている。また徳田・妻木・鯵坂（2009）は，大阪市都心の居住特性について，東京と比較しつつ論じている。

これらの研究は統計データを利用したものであるが，アンケート調査によって都心居住者の特性を把握する研究も数多くなされている。都心の人口回復は，主要な大都市圏の中心都市において先行したため，アンケート調査にもとづく研究も，東京（小泉・西山・久保ほか，2011；矢部，2003），大阪（實，2007；辻井，2004；富田，2015），京都（矢倉，2010）を事例に蓄積がある。さらに，広域中心都市（香川，2007；榊原・松岡・宮澤，2003；長沼・荒井，2010；広瀬，2000）や地方中規模都市（大塚，2005；香川，2005；久保，2015；小林，2011）においても研究がすすめられている。これらのアンケート調査では，都心の人口回復の主因とされる分譲マンション[4]（一部の研究では公的住宅，賃貸住宅も含む）の居住者に主たる分析対象を絞り，統計データでは判明しない詳細な居住特性が明確にされた。

(2) 買い物行動

通勤行動と並んで，大都市圏構造の変容に関する指標として取り上げられてきたのが買い物行動である。買い物行動は，通勤行動以上に大きく変化をしてきたと考えられる。居住地付近にオフィスや工場などが立地したとしても，すでに勤め先を持っている人の通勤先の変化につながることは少ないのに対し，小売施設の立地は，即座に買い物行動の変化に結びつきうるからである。

買い物行動に対してはさまざまな学問分野から関心が寄せられてきたが，地理学が着目してきたのはその空間的行動にある（生田，1991）。とりわけ大都市圏構造の変容に関する議論の中では，大都市に依存してきた郊外居住者の買い物行動が，郊外への小売業の立地によりいかに変化してきたのかが注目されてきた（富田，1995；藤井，1990）。

郊外地域を対象とするこれまでの買い物行動の研究を振り返ると[5]，大都市圏の空間構造を把握することを目的としてパーソントリップ調査を用いた石川（2008），駒木（2004），吉田・加藤（2015），自治体をはじめとする公的機関が実施した買い物調査を分析した伊東（1978），根田（2006），林（1979），藤井（1989），正木（1999），独自のアンケート調査を分析した荒井（1979），岩動（2005），市南・星（1983），小金澤・小野（2016），崔・鈴木（2012），戸所（1981），橋（1989），吉川（2007）など数多く存在する。これらの研究では，いずれも調査時点の買い物行動のみが取り上げられている。

一方，生田（2008），川口（1992），藤井（1983，1986）は，大都市圏や都道府県といった広域スケールにおいて，自治体が実施した複数時点の買い物行動調査をもとに，郊外内部を指向する割合の変化を考察している。また，駒木（2010），駒木・李・永村ほか（2008）は，特定の都市地域を対象とし，当該地域における買い物環境の変化と買い物行動とを結びつけた分析を行っている。千葉（2009, 2013）は，より具体的に，特定の大型店の進出前後における買い物行動の変化を，地元の財団法人によって実施されたアンケート調査をもとに考察している。古賀・矢野・中谷（2004）は，2時点においてアンケート調査を実施し，その間の買い物行動の変化を考察している。

さらに，縦断データによる分析を行う研究も数は少ないが存在する（荒井，1981；生田・篠崎，1987；小堀・杉浦，1995；富田，1995；堀，2014）。各々の時点において実施された横断データを分析するものに対し，縦断データによる分析とは，同一の回答者による買い物行動の時間的変化を追求するものである。横断データによる分析の問題点として，各時点の回答者が異なることで，「変化」に対して誤った解釈がなされてしまうことが挙げられる。例えば2時点のうち，期首から当該地域に居住していた人々の買い物行動が期末においても変化がなかったとしても，その後に入居してきた人々の買い物行動が当初からの居住者と異なっていれば，当該地域の居住者の買い物行動は「変化」したと解釈されてしまうことがある。このように，回答者の異なる別々の調査を利用することによって生じる問題点を解決するためには，買い物行動に関する縦断データの収集，分析が有効である。

こうした買い物行動に対し，そもそも買い物自体が困難になっている人々の存在が知られるようになっている。高齢社会の進展にともない，「買い物弱者」，「買い物難民」，「買い物困難者」（以下では「買い物困難者」に統一）などが社会的な関心を集めている。この問題をいち早く世に知らしめた杉田（2008）以降，買い物困難者の課題を正面に据えた書籍（杉田，2013；村上，2014；関，2015；薬師寺編著，2015）がいくつか出版されるようになり，政府においてもさまざまな調査，情報発信がすすめられている。

従来の高齢化は，都市中心部や地方農山村において顕著であったが，高度経済成長期以降における急激な人口の郊外化から数十年が経過した現在，大都市圏郊外においても顕著なものとなっている（香川，2001；長沼・荒井・江崎，2006, 2008；宮澤，2006）。このため，郊外においても買い物困難者に対する関心は高まってきており，買い物困難者の実態（鈴木，2012；柳原，2014；米谷，

2012)，および買い物支援の取り組み（福岡・大井，2011；鳥海・古倉，2014）が報告されるようになってきた。

このように，大都市圏構造を考える立場からも買い物困難者問題は重要といえる。近年の地理学においては，フードデザートの観点からも研究がすすめられている。フードデザート研究はイギリスにおいて先行し（Wrigley, 2002；Wrigley，Warm and Margetts，2003)，その後北米においても研究がすすめられた（Franco，Diez Roux and Glass et al，2008；Larsen and Gilliland，2008)。これら欧米の研究では，フードデザートは都市中心部（インナーシティ）において顕著な問題として認識されており，日本でも同様の観点から，岩間・田中・佐々木ほか（2009）が地方都市を事例にフードデザートの実態解明を行った。岩間を中心とする研究グループは，地方都市以外にも対象を広げ（浅川，2013；岩間・佐々木・田中ほか，2012；岩間編著，2013，2017；岩間・浅川・田中ほか，2015；岩間・浅川・田中ほか，2016；浅川・岩間・田中ほか，2016；岩間・田中・駒木ほか，2016[6])，大都市圏郊外についても研究成果を発表している（岩間編著，2013)。

ところで買い物支援は，買い物が困難な人々の特性を十分にふまえずになされていることが多く，支援事業が成功していない事例も見受けられる。岩間編著（2017）も同様の指摘をしており，フードデザートの精緻化のためソーシャルキャピタルの概念を援用した考察をすすめている。そこでは，これまでの買い物困難者対策が，買い物先の消失という空間的要因を追求する一方で，ソーシャルキャピタルなどの社会的要因への追求が欠けていたとしている。

一方で，岩間らによる空間的要因に関する考察は，食料品店へのアクセスからフードデザートを特定する試みが中心であり，実際の買い物行動については概要の提示にとどまっている。岩間編著（2017）が強調する社会的要因は重要な論点であるが，同時に買い物行動の精緻な把握も，買い物困難者対策には不可欠である。こうした高齢者の買い物行動については，アンケート調査にもとづく研究成果が存在する。郊外を対象としたものとして，小金澤・小野（2016）は，郊外住宅地の高齢者の店舗選択行動を考察し，椎野・中村・木下ほか（2001)，鈴木（2012)，崔・鈴木（2012）は，高齢者の買い物行動を自宅からの距離や個人属性と関連づけて考察するなど詳細な分析をしている。薬師寺編著（2015）は，地方都市中心市街地，地方農村とともに大都市郊外の団地を選定し，買い物行動から食料品へのアクセスについて分析している。

最後に，都心居住者の買い物行動に関する地理学的研究をみる。大都市圏における買い物行動の研究は郊外をベースに行われるものが主流であり，都心居住者を対象としたものは非常に少ない。そうした中，山中（1986）は，大阪市の商業集積と買い物行動の関係を包括的に考察している。近年の研究としては，大都市のフードデザートを取り上げた岩間編著（2017），都心マンション居住者における日常的な買い物の不便さに着目した香川（2007）が挙げられる(7)。一方，社会学における成果として，鰺坂・上野・丸山ほか（2014）が東京都中央区を事例に，マンション居住者のライフスタイル，近所付き合い，社会意識など幅広いアンケート調査を行う中で，買い物行動についても尋ねている。

3　従来の研究の問題点

以上，大都市圏構造の変容を日常生活行動の面から明らかにしてきた研究を振り返ってきた。以下では，既存研究についての問題点を挙げ，本書で分析すべき点を明確にしておく。

(1) 通勤行動と居住・就業

通勤研究に関する第一の問題点として，これまでの研究が依拠してきた人口学的説明では，現在の大都市圏構造の変容を十分に解明することができないことが挙げられる。大都市圏郊外における通勤流動の変化を人口学的要因によって説明した研究は，多産少死世代，郊外第二世代をキーワードに検討されてきたが，これらの世代によって説明可能な時代は，1990年代まで，あるいはせいぜい2000年代前半までであると考えられる。郊外第二世代の大半はすでに30－50歳代に達しており，新規学卒労働市場や非正規労働市場の中心にはいない。すなわち，現在においては，通勤流動の変化に対する新たな説明が求められている。そうした中，郊外では，中心都市への通勤率の低下にとどまらず，中心都市への通勤者数や常住就業者数そのものの減少が指摘されるようになった（稲垣，2011b；谷，2002b，2010，2012）。郊外から中心都市への通勤者数が減少するのであれば，中心都市への通勤率低下の要因を，従来の研究のように，多産少死世代の中高年女性，郊外第二世代の若年者など，郊外内部への通勤者数の増加に求めるだけでは不十分である。これらの点について，奈良県生駒市を事例に，近年の郊外における中心都市への通勤者数減少がどのように生じてきたのかを明確にする（第2章）。

第二に，郊外の通勤流動を明らかにするために実施されたアンケート調査の多くが，一戸建て住宅が大部分を占める地域を調査対象として選定してきたことである。これには，郊外の通勤流動が人口の郊外化との関連で論じられる傾向が強く，人口の郊外化を牽引した人々である大都市就業者を大量に受け入れてきたと想定される地域が調査地としてふさわしいという判断があったと思われる。これに対し，郊外の中でも中心性や人口密度の高い地域が鉄道駅周辺の一般市街地である。鉄道駅周辺では，大都市と郊外を結ぶ鉄道路線の輸送力強化にともない，高度経済成長期に市街化が急速に進展した(8)。これまでの通勤流動研究では，こうした市街地が対象とされることは少なかった。そこで，鉄道駅周辺の事例として近鉄大和西大寺駅周辺を取り上げ，典型的な郊外住宅地とは異なる職住関係の実態解明を試みる（第3章）。

第三に，大都市圏外縁部を対象とした研究がなされてきたのは，主に1980年代までであり，大都市圏の人口成長にも陰りが見えはじめ，中心都市と郊外との関係に大きな変化が現れはじめた後の時期を対象とした研究はほとんどみられない。数少ない研究である香川（2006）においても2000年のみの分析にとどまる。大都市圏外縁部を対象とした研究が少なくなってきたことの背景として，郊外の雇用成長により郊外核が誕生し，その通勤圏がさらに外側に広がっていくというストーリーにリアリティがあった時代とは異なり，郊外が収縮する時代（角野，2010；吉田，2010）を迎えたことがあると思われる。しかし，このことをもって大都市圏外縁部が考察に値しない地域であるとはいえない。というのは，20世紀ほどではないにせよ，21世紀に入ってからも郊外の雇用成長は続いており，第5章で指摘するように，中心都市（都心）よりも相対的に雇用成長は大きい。こうした時代の大都市圏外縁部居住者に着目することで，より内側に位置する郊外の雇用成長を再評価することにもつながると考える。本書では大都市圏外縁部に位置する京都府木津川市を例に，旧来からの集落と近年開発された新興住宅地の間で，中心都市，郊外中心都市，大都市圏外縁部への通勤流動に差異がみられることを詳細に明らかにする（第4章）。

第四に，都心に関しては，居住特性についてはかなり研究蓄積がある一方で，都心居住者の就業については十分に明らかにされているとは言いがたい。住生活を維持するために就業は不可欠な要素であり，就業の側面への着目なくして都心居住の実態を十分に解明できたとはいえない。現在のところ，分譲マンションの居住特性を把握するアンケート調査の中で補足的に就業が検討されているにとどまっている。一般に「都心居住＝職住近接」という図式がイメージされるが，これに対する正確な検証が必要であろう。この事例として大阪市福島区を取り上げ，都心における人口増加や職住関係の実態に迫る（第5章）。

(2) 買い物行動

買い物行動に関する既存研究の問題点として，第一に，縦断データの分析手法が挙げられる。郊外地域における買い物行動の研究は，横断データにとどまらず，縦断データを収集，分析するようになったことで，買い物環境の変化と買い物行動の関係を明瞭にしてきたのは確かである。しかし，縦断データに基づくこれまでの研究（荒井，1981；生田・篠崎，1987；小堀・杉浦，1995；富田，1995；堀，2014）が取り上げてきた過去の買い物行動とは5年前や10年前のものであり，短期間における買い物行動の変化を検討するにとどまっている。大都市圏構造の変容にかかわる小売業の動向を振り返ると，小売業全般の郊外立地（富田，1995），大店法の規制緩和や大店立地法の施行にともなう総合スーパーチェーンの多店舗展開（伊藤，2007；安倉，2004），そして近年における百貨店の衰退（岩間，2004；伊藤，2007）など，さまざまな変化を経験してきた。こうした状況をふまえれば，短期的な買い物行動の変化だけでなく，大都市圏の時代的文脈に即した長期的な変化を追跡することも必要であろう。これらをふまえ，1970年代に開発された平城ニュータウン（奈良市）を事例に，世代や時代による買い物行動の長期的な変化を，縦断データから明らかにする（第6章）。

第二に，郊外を対象とする買い物困難者に関する大半の研究が，住宅団地など郊外の一部のみを対象としたアンケート調査の分析にとどまっていることが挙げられる。郊外には，丘陵地に開発された住宅地もあれば，伝統的な集落，駅前市街地なども存在する。こうした多様な性格を持つ郊外全般を同一の調査で対象とし，地区特性にもとづいた比較検討を行うことで，郊外の中のどのような地区に買い物困難者が存在し，どのような買い物実態にあるかがいっそう明確になると考えられる。この事例として奈良県王寺町を取り上げ，地区特性によって買い物困難の度合いや性格がどのように異なるのか，住民の具体的な困難状況とはいかなるものなのかを検証する（第7章）。

第三に，大都市圏外縁部の買い物行動に関しては，藤井（1989）が着目しているものの，近年における研究は不活発であった。しかし，大店法の規制緩和，廃止，モータリゼーションの進展などを受けて，近年になって大型店の立地が顕著にみられるようになった地域が大都市圏外縁部である（伊藤，2007；安倉，2004）。近隣に店舗の少なかった大都市圏外縁部の居住者が，大型店立地の影響をどのように受けているのか。この点を買い物行動の観点から明らかにすることには大きな意義がある。ここでは，第4章と同じく京都府木津川市を事例とし，新旧住民における買い物行動の差異を，周辺地域の買い物環境の変化と関連づけて検討する（第8章）。

第四に，都心の買い物行動については，研究の少なさゆえに，都心居住者の買い物行動の空間的側面など，地理学的に基本的な知見すら充分に得られていないのが実情である。鰺坂・上野・丸山ほか（2014）のような社会学的研究は，その学問的特性ゆえに空間的側面への関心は弱い。さらに，マンション居住者のみが分析対象とされており，都心居住者の中で一定の割合を占める旧来からの居住者が除外されている。こうした人々も含め，都心居住者の買い物行動にアプローチしていく必要がある。ここでは，大阪市中央区の森ノ宮・玉造を事例に，都心居住者の買い物行動に着目して，都心居住者の日常生活行動を総合的に把握する（第9章）。

4　大阪大都市圏の位置づけ

本書で分析対象とするのは大阪大都市圏[9]である。以下では，日本の三大都市圏の人口動向がどのように推移してきたのかを検討することを通じて，大阪大都市圏の位置づけを明確にする。

(1) 人口移動からみた大都市圏

急速に拡大・成長した日本の大都市圏を理解する上で，転入超過数が指標として用いられることが多い。そこで以下でも同様の指標を用いて大都市圏の変化を追う。**図 1-1** は，東京大都市圏，名古屋大都市圏，大阪大都市圏における転入超過数を，大都市と郊外に区分して示したものである。いずれの大都市圏においても，1960 年前後までは大都市の転入超過数は大きかった。第二次世界大戦後の日本では，戦前から都市基盤が整備されていた大都市に資本投下することで戦災からの復興がはかられた。そのため，大都市では労働力需要が高まり，地方から大都市への労働力移動が活発化した。その大半は，10 歳代半ばの若年者であった。

1960 年代に入ると，いずれの大都市圏においても大都市の転入超過数が縮小し，転出超過へ転じるようになる。これとは対照的に，郊外においては大幅な転入超過がすすむようになった。地方から大都市に移動した人々は，その後結婚，出産などのライフイベントを経験することになるが，こうした人々が求めるようなスペースを有する住宅は大都市内部には限られていた。そのため，より広い住宅スペースを求めて郊外へ移動する人々が急増していった。このような人口の郊外化は，1970 年代前半に収まりをみせるようになる。ここまでは，大都市圏間の差異は小さく，いずれの大都市圏も類似した変化を示してきた。これは，人口規模の大きい多産少死世代のライフコースの変遷が大きく影響していたためである（谷，1998）。

多産少死世代による結婚等のイベントがピークを終えた後は，大都市圏間の差異が明瞭にあらわれるようになった。ここからは，大都市圏ごとにみていく。東京大都市圏をみると，1970 年代から 1980 年代前半にかけての時期

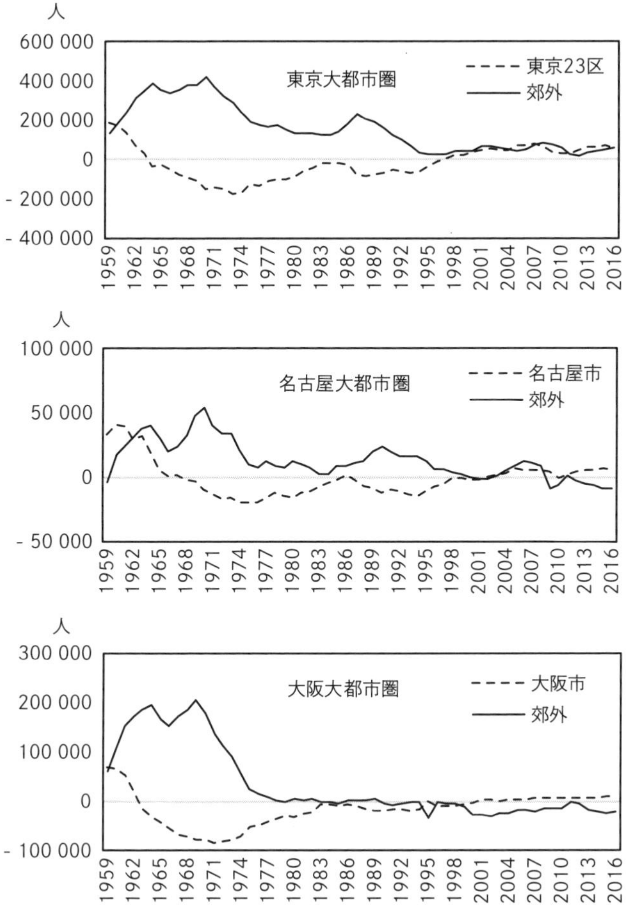

東京大都市圏郊外＝東京都（23区除く），埼玉県，千葉県，神奈川県
名古屋大都市圏郊外＝愛知県（名古屋市除く），岐阜県，三重県
大阪大都市圏郊外＝大阪府（大阪市除く），滋賀県，京都府，兵庫県，奈良県

図 1-1　三大都市圏の転入超過数（住民基本台帳人口移動報告年報をもとに作成）

には郊外の転入超過数が縮小し，東京23区の転出超過数はゼロに近づくまでに回復した。とはいえ，郊外の転入超過数は10万人を上回っていた。その後の1980年代半ばは「東京一極集中」と呼ばれる時代であるが，東京23区では転出超過数が，郊外では転入超過数が拡大するようになる。この時期の東京都心では，世界的な金融センターとなるべく大規模なオフィス再開発が模索され（阿部，2007），居住空間は大幅に縮小していったと考えられる。またバブル経済期でもあり，都心では高地価により住宅供給が困難であった。このため，東京大都市圏では郊外居住がすすんでいったと考えられる。しかし，1990年代に入ると，郊外の転入超過数は縮小し，対照的に東京23区では転出超過から転入超過へと転じた。バブル経済崩壊後の地価下落により，都心においても住宅供給がすすんだことや，余剰化した用地を企業が手放したことで住宅供給が可能なスペースが生まれたことがその背景にある。

名古屋大都市圏をみると，1980年代半ばから1990年代にかけての時期に，郊外において転入超過数が拡大している。これは，人口の郊外化というだけでなく，名古屋大都市圏の産業構造を反映した部分も大きい。名古屋大都市圏の郊外には自動車産業をはじめとする製造業が集積しているが，この時期に労働力需要が高まった。そのため，職を求めて労働者が名古屋大都市圏郊外に移動してきたと考えられる。2000年代半ばにも郊外において転入超過数が拡大しているが，この時期は景気回復期に相当し，同地域の製造業が再び労働力需要を高めてきたとみることができる（谷，2015）。大都市である名古屋市をみると，2000年代に入り，それまでの転出超過から転入超過へと転じた。

最後に大阪大都市圏をみると，東京大都市圏や名古屋大都市圏でみられたような，郊外における1980年代後半以降の転入超過数の拡大はみられない。東京への一極集中や名古屋大都市圏における製造業の成長といった，労働力を引きつける要因が大阪大都市圏には乏しく，むしろ東京大都市圏や名古屋大都市圏への転出超過がすすんだことが背景にあると思われる。大阪市に目を向けると，1960年代から1970年代にかけて大きくすすんだ転出超過が，その後収まりをみせ，2000年代に入ると若干ではあるが転入超過へと転じた。これは，東京大都市圏，名古屋大都市圏においてみられた現象と同様である。

表 1-1　大都市圏および非大都市圏の人口推移（国勢調査をもとに作成）

東京大都市圏

	1990 年	1995 年	2000 年	2005 年	2010 年	2015 年
東京 23 区	8,164	7,968 -2.4	8,135 2.1	8,490 4.4	8,946 5.4	9,273 3.7
郊外	23,633	24,609 4.1	25,284 2.7	25,989 2.8	26,673 2.6	26,858 0.7
大都市圏全体	31,797	32,577 2.5	33,418 2.6	34,479 3.2	35,619 3.3	36,131 1.4

名古屋大都市圏

	1990 年	1995 年	2000 年	2005 年	2010 年	2015 年
名古屋市	2,155	2,152 -0.1	2,172 0.9	2,215 2.0	2,264 2.2	2,296 1.4
郊外	8,395	8,658 3.1	8,837 2.1	9,014 2.0	9,082 0.8	9,035 -0.5
大都市圏全体	10,550	10,810 2.5	11,008 1.8	11,229 2.0	11,346 1.0	11,331 -0.1

大阪大都市圏

	1990 年	1995 年	2000 年	2005 年	2010 年	2015 年
大阪市	2,624	2,602 -0.8	2,599 -0.1	2,629 1.2	2,665 1.4	2,691 1.0
郊外	16,716	16,944 1.4	17,187 1.4	17,228 0.2	17,236 0.0	17,071 -1.0
大都市圏全体	19,340	19,547 1.1	19,786 1.2	19,857 0.4	19,901 0.2	19,762 -0.7

非大都市圏

	1990 年	1995 年	2000 年	2005 年	2010 年	2015 年
非大都市圏全体	61,925	62,637 1.2	62,713 0.1	62,203 -0.8	61,192 -1.6	59,871 -2.2

上段は人口（千人），下段は増加率（対 5 年前比）
各大都市圏の郊外は以下の通り。
東京大都市圏＝東京都（23 区除く），埼玉県，千葉県，神奈川県
大阪大都市圏＝大阪府（大阪市除く），滋賀県，京都府，兵庫県，奈良県
名古屋大都市圏＝愛知県（名古屋市除く），岐阜県，三重県

次に，こうした近年の動向を人口推移から確認しておく。1990 年以降の三大都市圏の人口推移を示した**表 1-1** によれば，いずれの大都市圏においても，2000 年までは郊外の人口増加率のほうが高かった。しかし，それ以降は大都市の人口増加率が郊外のそれを上回っている。大都市圏全体の人口推移をみると，東京大都市圏は 2010 年代に入っても人口増加がみられる。これに対し，名古屋大都市圏，大阪大都市圏はわずかではあるが人口減少に転じた。大阪大都市圏の減少率のほうがやや高く，三大都市圏の中で最も衰退局面にあるのが大阪大都市圏であることがみてとれる。

以上の転入超過数や人口動向の分析から，規模の差こそあるものの，都心の人口回復と呼べるような現象は，バブル経済崩壊後の三大都市圏に共通するものになっているといえよう。また，郊外が人口成長の中心であった時代はすでに過去のものであり，いずれの大都市圏においても「郊外化の終焉」が迫っている状況にある。中でも，郊外の停滞が最も著しいのが大阪大都市圏であった。

(2) 昼夜間人口比率からみた大阪大都市圏

ここでは，雇用の観点から大阪大都市圏の地域構造を明確にしておく。ここで採用する指標は昼夜間人口比率[10]である。**図 1-2** は，近畿 2 府 4 県の市区町村における昼夜間人口比率を 1995 年，2005 年，2015 年の 3 時点について示したものである。ここでは，大都市圏における変化をみるため，主として大阪市都心から半径 50㎞圏内[11]を中心に検討する。

昼夜間人口比率の特に高い地区は，いずれの時期においても大阪市，京都市，神戸市の都心であり，3 極構造を特徴とする当該大都市圏の性格を反映している。大阪市のすぐ東側にあるいくつかの市町村でも昼夜間人口比率が高いが，ここは，内陸型の製造業が立地し阪神工業地帯の中核を担う地域でもある。このため，昼間人口（就業者）が集積していると考えられる。それ以外の大半の市区町村は昼夜間人口比率が 100 未満であり，100 を超えていても 100－110 におさまる程度である。このため，都心に匹敵するような中心性の高い郊外核が形成されるには至っておらず，雇用の観点からはいまだ中心都市の地位が高いとみることができる。

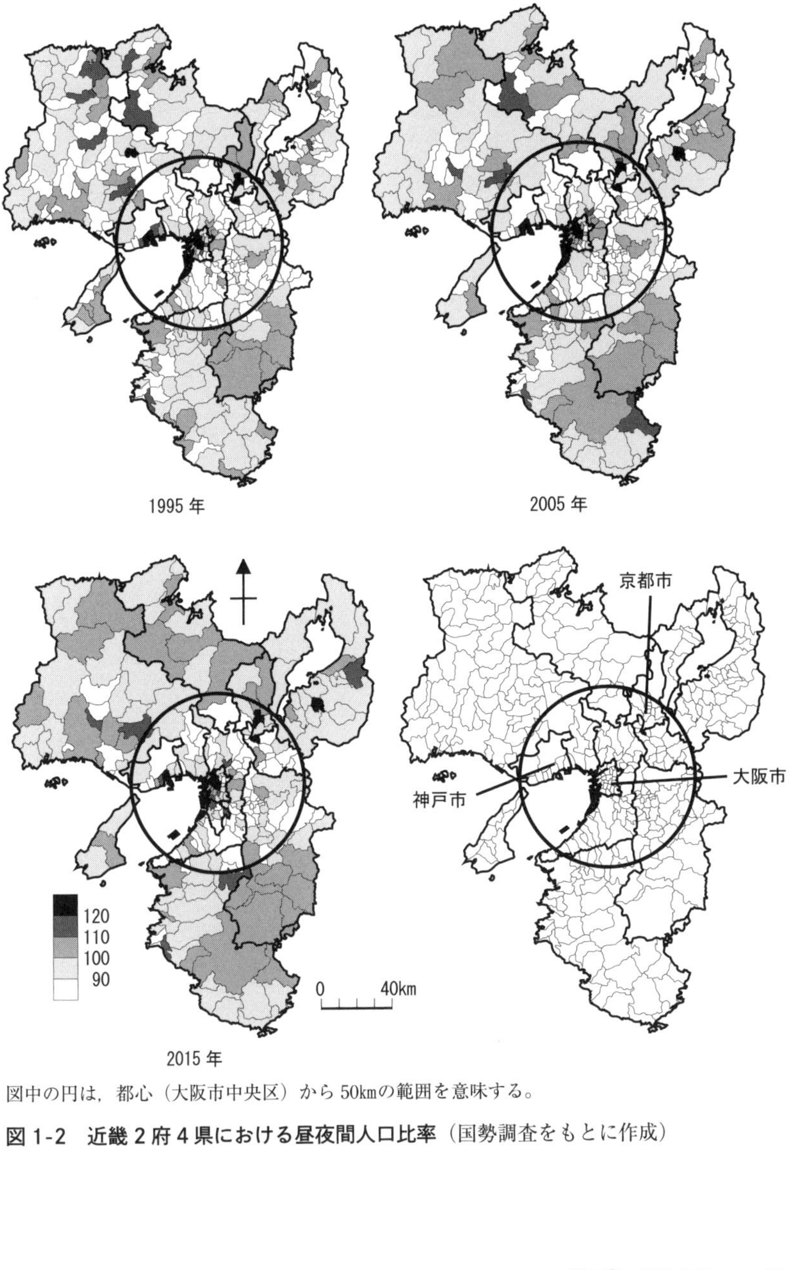

図中の円は，都心（大阪市中央区）から50kmの範囲を意味する。

図 1-2　近畿 2 府 4 県における昼夜間人口比率（国勢調査をもとに作成）

表 1-2　大阪市 24 区における昼夜間人口比率の推移（国勢調査をもとに作成）

	1995 年	2005 年	2015 年	1995 年－2015 年の変化
中央区	1092.7	761.8	488.4	-604.3
北区	529.1	430.4	332.5	-196.7
西区	333.3	273.3	191.3	-142.0
天王寺区	240.0	188.6	158.6	-81.4
浪速区	205.5	183.4	151.1	-54.4
福島区	173.5	143.9	124.3	-49.3
淀川区	140.5	131.4	129.5	-11.1
阿倍野区	116.8	108.5	110.1	-6.8
西淀川区	116.0	104.9	104.8	-11.2
此花区	113.4	119.6	122.8	9.4
東成区	111.4	102.5	98.9	-12.5
港区	107.8	107.2	105.4	-2.3
都島区	106.2	100.3	97.2	-9.1
大正区	105.0	101.1	102.4	-2.6
住之江区	103.8	107.8	113.9	10.1
生野区	95.4	96.1	98.6	3.2
城東区	92.6	89.4	88.1	-4.5
鶴見区	91.5	86.8	86.9	-4.6
東淀川区	91.1	92.3	97.1	6.0
西成区	90.5	100.2	103.3	12.8
平野区	89.8	92.6	93.1	3.2
旭区	89.4	90.6	93.9	4.5
東住吉区	87.5	88.2	90.0	2.4
住吉区	85.8	88.5	92.6	6.9

1995 年の数値の大きい順に表示。

しかし，就業中心性が特に低いと考えられる，昼夜間人口比率 90 未満の市区町村は減少してきており，全体として昼夜間人口比率は 100 に近づいている。このような状況は，「中心性の高い郊外核が複数形成される集中的多核化ではなく，郊外市町村間で相互に錯綜した通勤流動がみられる分散的多核化」（山神・藤井，2015）と呼ぶことができる[12]。

なお，大阪市の都心区については，昼夜間人口比率がその他の市区町村に比べて突出して高いため，**図 1-2** からは同比率の変化を把握することができない。そこで，大阪市 24 区のみを取り出し，昼夜間人口比率の推移を検討する（**表 1-2**）。大阪市では，福島区，西区，天王寺区，浪速区，北区，中央区の6区を都心とみなすことが多いが，1995年をみると，これら6区の昼夜間人口比率が高かったことがわかる。特に，難波・心斎橋地区が含まれる中央区は1000以上，梅田地区が含まれる北区は500以上と，これら2区の就業中心性が非常に高かった。しかし，その後同比率は大幅な低下を示すようになる。1995年から2015年にかけての昼夜間人口比率の低下は，これら都心区において特に著しかったことがわかる。こうした動向は，バブル経済崩壊後の都心就業者数の減少，および都心居住者数の増加によってもたらされたと考えることができる。

以上のように，近年の大都市圏は，「都心＝就業地，郊外＝居住地」という構造を基本としつつも，郊外は就業地としての性格を，都心は居住地としての性格を高めてきたといえよう。

第2章

大都市圏郊外における中心都市通勤者の減少要因

1　はじめに

郊外における通勤流動の変化に対して，郊外第二世代の新規就業の持つ影響がすでにみられなくなっている現在，それに対する新たな説明が求められている。そのための重要な分析視角として，以下の4点が挙げられる。第一に，郊外第一世代の動向である。郊外第一世代は，1960年代から1970年代に中心都市から郊外への人口移動を牽引した（川口，1997；谷，1997）。そしてこの世代の多くの人々が，2000年代以降に定年退職期（60歳前後）を迎えたという点が重要である。なぜなら，中心都市への通勤者数の多かった郊外第一世代の退職が，通勤流動に与える影響は大きいと考えられるからである。既存の研究では，中高年女性の再就職，若年者の新規就業など，労働市場への参入の側面が取り上げられてきたが，現在の郊外では，労働市場からの退出を含めた60歳前後の人々の就業変化にも目を向ける必要がある。これは，これまでの横断的な統計データをもとにした研究では十分に明らかにされていない。郊外第一世代のどのような人々が労働市場から退出し，どのような人々が労働市場に残留するのか，そしてそれらがどのようにして通勤流動に影響を及ぼしたのかを明らかにする必要がある。

第二に，現在の住宅取得層による中心都市への通勤の内実についてである。

郊外から中心都市への通勤者数は，1970 年代に，男性の「中心都市居住・中心都市就業から郊外居住・中心都市就業へ」という「典型的なプロセス」によって増加した。このプロセスにおける郊外居住の主たる理由は住宅取得である。現在も住宅取得に際して郊外住宅地を選択する人々は存在するが，1970 年代と同様のプロセスを想定することは困難である。例えば，郊外第二世代の増加により，郊外では，人生の出発地が地方ではなく郊外である人口が増加している（稲垣，2011a；中澤・川口・佐藤，2012）。こうした現実をふまえ，現在の住宅取得層の動向を明確にしていく必要がある[(1)]。

第三に，既婚女性の就業パターンの変化についてである。これまで女性の就業は，結婚，出産にともない離職し，育児から手が離れた後に郊外の自宅近隣で再就職するというパターンが典型であった（谷，1998）。しかし，女性の就業行動は多様化してきており，既婚女性の通勤行動圏の広がりを指摘する研究もある（川瀬，1997）。こうした女性の新たな通勤行動が，郊外から中心都市への通勤にも影響を及ぼしていると考えられる。

第四に，新規就業者の動向である。既存の研究では，新規就業年齢に達した郊外第二世代の動向が通勤流動に及ぼした影響について論じられてきた（稲垣，2011a；谷，2002b）。しかし，1990 年代後半以降，第二次ベビーブーム世代よりも後に出生した人々の労働市場への参入が始まっている。こうした人口規模の縮小した世代の新規就業が，中心都市への通勤に及ぼす影響については明らかにされていない。

以上の四つの分析視角をふまえた検討をしていくためには，既存の統計資料を活用するだけでは不十分であり，郊外居住者の居住地移動と通勤流動に関するデータを独自のアンケート調査によって収集することが不可欠となる。

同様の目的においてアンケート調査を用いた研究は少なからず存在するが（伊藤，2001；稲垣，2001；川瀬，1997；田口，2001；谷，1998，2002a；山田，1992；Kawase，2004），その多くは，ある一つのコーホートや特定時期に入居してきた人々に対象を限定したものであった。先の分析視角に基づけば，現在の住宅取得層と郊外第一世代を比較できるデータの収集が必要である。

また，多くの研究は，主に一戸建て住宅中心の住宅地を対象に調査を行っている（伊藤，2001；川瀬，1997；田口，2001；谷，1998，2002a；Kawase，2004）。

しかし，そのような郊外住宅地での居住を指向する人々の減少が近年指摘されるようになっている（吉田，2010）(2)。この要因として，未婚率の上昇などにともなって住宅スペースに対する需要が弱まったことや，郊外の広い住宅スペースを求めたはずの子持ち世帯が都心に滞留するようになったことが挙げられる。こうした人々の受け皿となってきたのが，地価下落にともなって1990年代後半以降に急増した分譲マンションである。こうした分譲マンションは，郊外においても鉄道駅周辺を中心に増加が顕著であり，その居住者特性を考察した研究もみられる（久保，2015；富田，2015）。しかし，分譲マンション居住者を取り上げるだけでは，その特性を相対的に評価することができない。典型的な郊外住宅地の居住者とともに，郊外の鉄道駅周辺に立地する分譲マンションの居住者もアンケート調査の対象とすることが必要であろう。

以上をふまえ，本章では，大都市圏郊外の事例として奈良県生駒市ならびにその隣接地域を取り上げ(3)，アンケート調査の結果から中心都市への通勤者数が減少してきた要因を明らかにする。

2　生駒市における通勤流動の変化

(1) 生駒市の人口と通勤流動の変化

生駒市は，奈良県北西部に位置する（**図2-1**，**写真2-1**）。大阪市への通勤率(4)は29.0％（2015年国勢調査）で，大阪大都市圏の郊外としての性格が明確である。1970年代から1980年代には大幅な人口増加を経験したが，1990年代に入ってからは緩やかな増加にとどまっており，2015年現在の人口は11万8233人である（**表2-1**）。**写真2-1**，**写真2-2**に示されるように，鉄道駅周辺には商業施設のほかマンションが立地する一方，丘陵地にはまとまりのある一戸建て住宅地区が形成されている。

大阪市への通勤者数は1995年まで増加し続けているが，通勤率は1980年をピークに低下傾向にある（**図2-2**）。これは，大阪市以外の大阪府内市町村や奈良県内市町村など郊外内部での通勤者数の増加が顕著であったことにより，大阪市への通勤率が相対的に低下したものである。この時期における郊

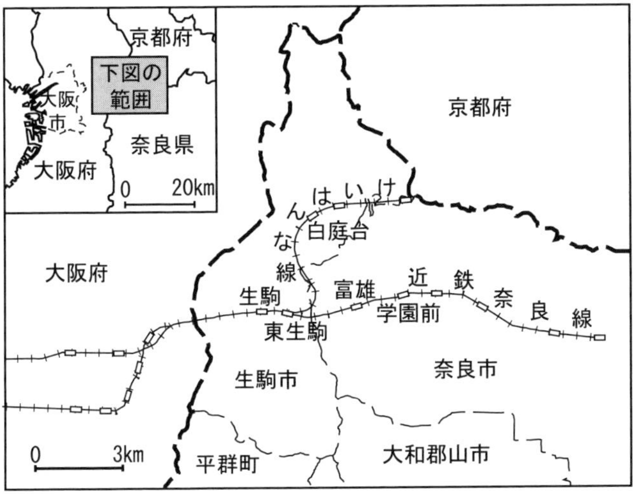

図 2-1　対象地域　鉄道路線は近鉄奈良線，けいはんな線のみ表示し，鉄道駅名は新規開発マンション調査を実施した鉄道駅のみ表示してある。

外内部での通勤者数の増加は，第 1 章で言及したいくつかの既存研究が指摘するように，中高年女性や若年者が担った部分が大きいと考えられる。

1995 年以降になると，大阪市への通勤者数が減少するようになる。ここで，同様の現象が，日本の三大都市圏全体でみられるのかを確認しておく。**図 2-3** は，東京都，大阪府，愛知県についてその周辺府県からの通勤者数の推移を示したものである。ここでは，便宜的に東京都，大阪府，愛知県をそれぞれ東京，大阪，名古屋の大都市圏の中心都市とみなし，隣接府県をそれぞれの郊外とみなす。大半の郊外府県では，1995 年以降に東京都，大阪府，愛知県への通勤者数が減少している。神奈川県では 2000 年から 2005 年に若干の増加を示し，岐阜県では 2005 年まで増加傾向を続けてきたものの，これらの県においても 2005 年から 2010 年には減少を示すようになった。このように，近年における中心都市への通勤者数の減少は，三大都市圏に共通するものといえる。

写真 2-1　生駒駅と背後の住宅地

写真 2-2　東生駒駅前のマンション

(2) 性別・年齢階級別の就業地変化

国勢調査をもとに，1980 年以降の生駒市における通勤先の変化を性別・年齢階級別に明らかにする。人口の郊外化が顕著であった時期も対象とすることが望ましいが，統計データの制約から対象外とした[5]。そこで以下では，1980 年から 1990 年，1990 年から 2000 年，2000 年から 2010 年（以下，1980

表 2-1　生駒市の人口推移（国勢調査をもとに作成）

	人口	増加率（%）
1970 年	35,550	
1975 年	48,848	37.4
1980 年	70,461	44.2
1985 年	86,293	22.5
1990 年	99,604	15.4
1995 年	106,726	7.2
2000 年	112,830	5.7
2005 年	113,686	0.8
2010 年	118,113	3.9
2015 年	118,233	0.1

増加率は対 5 年前比

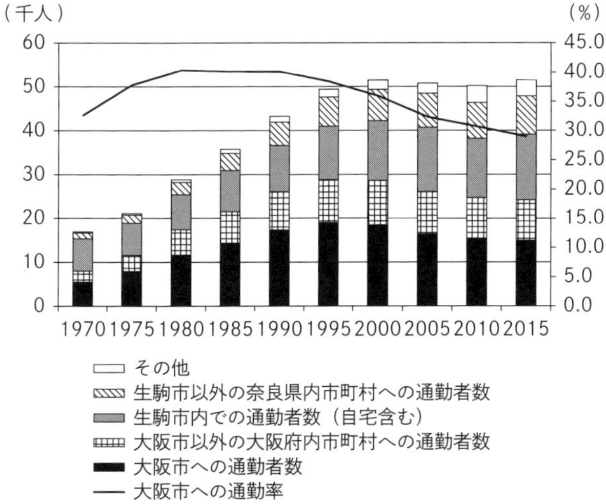

図 2-2　生駒市の就業地構成の推移（国勢調査をもとに作成）

－1990 年，1990－2000 年，2000－2010 年と記す）の就業地別就業者数（常住地ベース）の変化を性別・年齢階級別に明らかにする（**図 2-4**[6]）。

ここでは，期首と期末の同一年齢階級を比較するのではなく，同一コーホートを比較する。以下の表記において「1980－1990 年の 15－24 → 25－34 歳」とは，1980 年の 15 歳から 24 歳と 1990 年の 25 歳から 34 歳を比較した

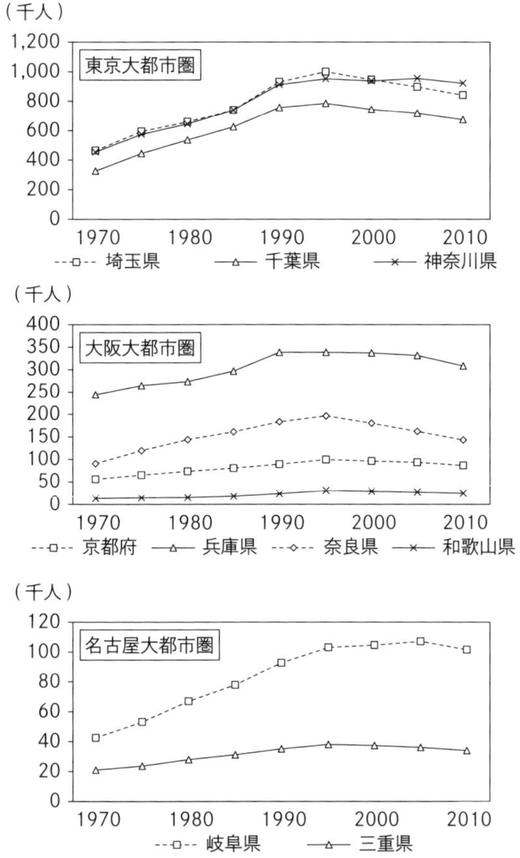

各大都市圏の中心都市は，東京大都市圏＝東京都，大阪大都市圏＝大阪府，名古屋大都市圏＝愛知県

図 2-3　三大都市圏における中心都市への通勤者数の推移（国勢調査をもとに作成）

ものを意味する。また，それぞれの期間の「5－14 → 15－24 歳」は，期首年次には非就業者であり期末年次までに新たに就業した人々である。1980－1990 年は，人口増加や大阪市への通勤率のピークは過ぎているものの，依然として二桁の人口増加を示し（**表 2-1**），大阪市への通勤者数も増加していた時期である（**図 2-2**）。そのため，1980-1990 年を人口が郊外化した時期と

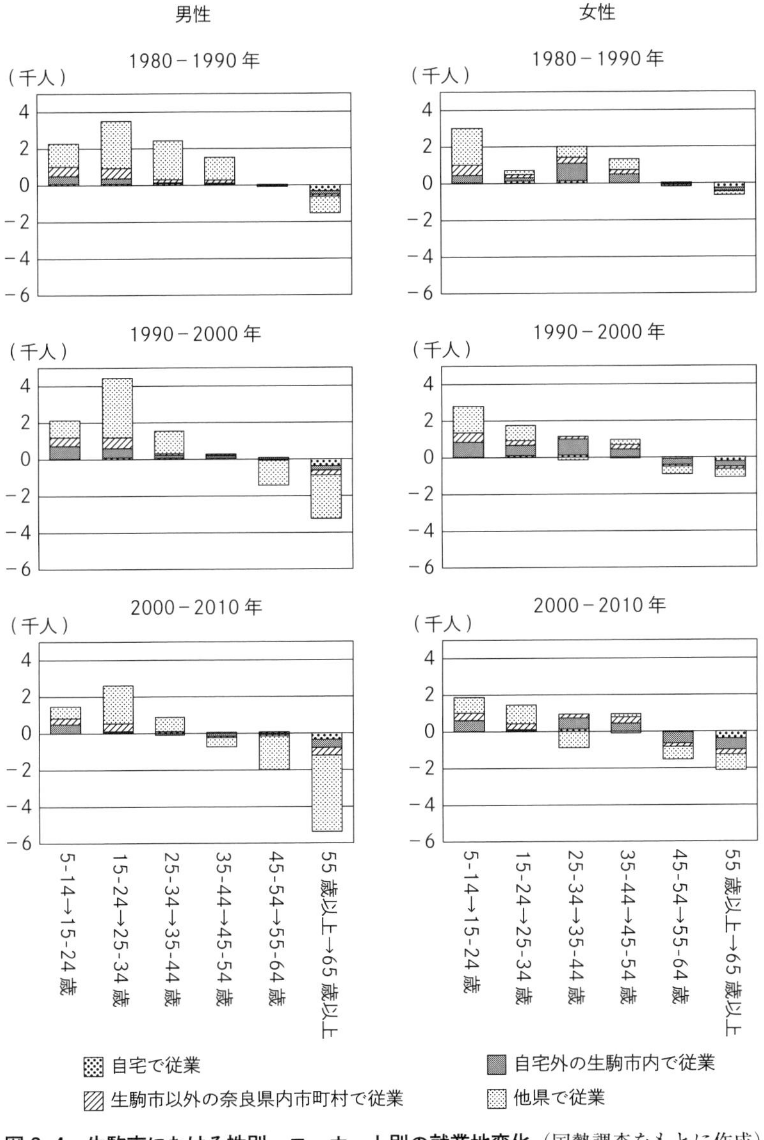

図 2-4　生駒市における性別・コーホート別の就業地変化（国勢調査をもとに作成）

みなすこととする。なお，他県の市町村への通勤者数については，性別・年齢階級別には公表されていないため，大阪市への性別・年齢階級別通勤者数は明らかにならない。そのためここでは，他県への通勤者の大半が大阪府を就業地としていることをふまえ[7]，大阪府を大阪大都市圏の中心都市とみなして考察することとした。

まず男性から検討する。第二次ベビーブーム世代が含まれる1980－1990年の5－14→15－24歳や，人口規模が縮小したものの親世代に郊外第一世代を含む1990－2000年の5－14→15－24歳においては，新規就業者数が多い。しかし，その後の世代である2000－2010年の5－14→15－24歳では，少子化の影響もあり新規就業者数が大幅に減少している。また，15歳から24歳の男性の他県への通勤率が1990年以降低下していること（1990年55.6％，2000年43.6％，2010年43.8％）も重なって，他県への通勤者数は半減している[8]。他県への通勤率の低下には，非正規雇用化が進んだことにより，自宅近隣で就業する若年者が増加したことが背景にあると考えられる（稲垣，2011a）。

1980－1990年の特徴は，15－24→25－34歳，25－34→35－44歳，35－44→45－54歳といった住宅取得層と考えられる年齢階級において就業者の増加が大きいことであり，とりわけ他県への通勤者数が増加している。大阪府で就業する男性が生駒市で住宅取得後も大阪府で就業を継続していたことが推察される。しかし，1990－2000年，2000－2010年になると，15－24→25－34歳は他県への通勤者数の増加を維持する一方で，25－34→35－44歳，35－44→45－54歳における他県への通勤者数の増加は大幅な縮小，ないしは減少へと転じている。これは，住宅取得層の中心が少産少死世代にシフトしたことにともない，人口の郊外化が弱まってきたことを反映したものと考えられる。

また，45－54→55－64歳，55歳以上→65歳以上においては，1990－2000年，2000－2010年になると大幅な就業者数の減少を示すようになり，とりわけ他県への通勤者数の減少が著しい。この減少は，他のどの性別・年齢階級における他県への通勤者数の減少よりも大きい。2000－2010年に着目すると，他の性別・年齢階級における他県への通勤者数の増加が上記年齢階級の男性における他県への通勤者数の減少を相殺できておらず，結果として2000－2010年の生駒市における他県への通勤者数は合計で3415人の大幅減少となっている。詳細は後述するが，45－54→55－64歳，55歳以上→65歳以上には定年退職を迎えた人々が多く含まれており，退職前の就業地構成が反映されている可能性がある。また1990－2000年，2000－2010年に45－54→55－64歳，55歳以上→65歳以上である人々は，人口の郊外化を牽引した郊外第一世代に相当する。郊外において集積規模の大きい同世代の退職が及ぼす影響はきわめて大きいといえる。

次いで女性を検討する。女性においても，2000－2010年に新規就業者数（5－14→15－24歳）が減少しており，少子化の影響がみてとれる。新規就業者における他県への通勤は，男性よりも女性において顕著である。男性の場合は，郊外に立地する製造業にブルーカラー雇用として従事する者が多い一方，郊外に居住する若年女性の多くが中心都市のホワイトカラー雇用に正社員として就業している可能性（稲垣，2011a）を示唆する。しかし，1990年代以降，15歳から24歳の女性における他県への通勤率の低下は男性以上に著しく（1990年66.8%，2000年51.8%，2010年45.5%），2010年の他県への通勤者数は，1990年の4割程度となっている。この要因として，若年男性以上に若年女性の非正規雇用化が顕著であったことが挙げられる（稲垣，2011a）。このように，女性の新規就業者による他県への通勤は，2000年代に入って大幅に減少している。

これ以外のコーホートをみると，1980－1990年には，結婚等にともなう離職とその後の再就職を示すと考えられる，15－24→25－34歳における就業者増加の縮小と25－34→35－44歳における生駒市内での就業者増加の拡大がみてとれる。しかし，1990－2000年においては，15－24→25－34歳の就業者増加が拡大し，とりわけ他県への通勤者数の増加が目立つ。これには，初職時年齢の上昇が背景にあるものと考えられる。2000－2010年においても15－24→25－34歳の就業者増加は継続し，他県への通勤者数の増加はさらに拡大している。1980－1990年と1990－2000年では，女性において他県への通勤者数の増加が最も大きかったのは新規就業者にあたる5－14→15－24歳であったが，2000－2010年には15－24→25－34歳が最大となった。

これも初職時年齢の上昇によって説明できる部分は少なくないと思われるが，後述するように，生駒市に居住地移動してきた既婚女性が就業を継続している可能性も挙げられる。ただし，15－24→25－34歳女性における他県への通勤者数の増加は，男性退職層を中心とする他県への通勤者数の大幅な減少を相殺するほどの量ではない。

25－34→35－44歳では，2000－2010年に他県への通勤者数が減少を示すようになる。これには，2000年時点で就業していた女性が結婚等にともなって離職したことが示唆される。しかし，女性の就業パターンが多様化する中，統計データのみからの推察には限界があるため，ここではこれ以上触れない。

女性においても，退職時期に相当する45－54→55－64歳，55歳以上→65歳以上の就業者減少が顕著であるが，50歳代での就業率が低いため，男性に比べれば就業者減少の規模は小さい。また男性のように他県への通勤者数の減少に特化するのではなく，生駒市内での通勤者数の減少が特徴的である。

以上の分析結果から，他県への通勤者数の減少をもたらす属性として第一に退職層が挙げられ，郊外第一世代の男性の退職が他県への通勤者数の大幅減少に寄与したと考えられる。また新規就業者においては，第二次ベビーブーム以降の少子化や非正規雇用化にともない，他県への通勤者の絶対数が減少してきている。さらに男性においては，住宅取得層に相当するコーホートがすでに少産少死世代であり，増加数は縮小傾向にある。一方，他県への通勤者数の増加をもたらす属性として20歳代後半から30歳代前半にさしかかる女性が挙げられる。ただし，その増加は，退職層の男性を中心とする他県への通勤者数の減少を相殺するほどの量ではない。

以上の分析から得られた結果の多くは，統計の制約上，推察にとどまる。そこで，郊外から中心都市への通勤者数減少の要因を解明するために，アンケート調査の結果に基づき詳細な検討を行う。その際，新規就業者の通勤行動については，すでに稲垣（2011a）が検討しているため，いまだ十分に検討されていない住宅取得層と退職層を対象とする。

3　アンケート調査の概要

アンケート調査では，1970年代に入居が開始された住宅地，1990年代後半以降に入居が開始された住宅地および分譲マンションの住民を対象とした。以下，それぞれの調査を，「1970年代開発住宅地調査」，「新規開発住宅地調査」，「新規開発マンション調査」と呼ぶ。また，「新規開発住宅地調査」と「新規開発マンション調査」をあわせて「新規開発2調査」と呼ぶ。本調査では，世帯主と配偶者にそれぞれ1枚ずつ調査票を用意した。調査項目は，性別，年齢など個人属性のほか，15歳時の居住地，前住地，前住地と現在の居住形態，入居直後と現在の就業地，就業形態である。

調査は，生駒市内の住宅地，および近鉄奈良線の生駒駅，東生駒駅，富雄駅，菖蒲池駅，けいはんな線の白庭台駅から徒歩10分（800m）圏内に位置する分譲マンションを対象とした[(9)]。新規開発マンション調査とは対照的に，1970年代開発住宅地調査と新規開発住宅地調査の対象地域には鉄道駅から遠距離にある住宅地も多く，それらの住宅地から大阪市都心に向かうにはバス等の公共交通機関で最寄りの鉄道駅まで出る必要がある。

1970年代開発住宅地調査と新規開発住宅地調査は2012年10月に，新規開発マンション調査は2012年11月に実施した。1970年代開発住宅地調査と新規開発住宅地調査は，100戸以上の供給量を持つ住宅地を複数選定し，郵送法にて実施した。郵送にあたっては，日本郵便が提供するサービスであるタウンプラス[(10)]を利用した。新規開発マンション調査は，該当する分譲マンションに直接調査票をポスティングし，郵送によって回収する方法を採った。配布総数は，1970年代開発住宅地調査が2895世帯，新規開発住宅地調査が2851世帯，新規開発マンション調査が2817世帯である。

本章では世代間の比較を中心に行うため，回収された調査票のうち，1970年代開発住宅地調査については60歳以上の回答者を，新規開発2調査については59歳以下の回答者を分析対象とした。以上の結果，1970年代開発住宅地調査から男性548人，女性546人，新規開発住宅地調査から男性360人，女性403人，新規開発マンション調査から男性394人，女性442人の有効回

表 2-2　アンケート調査と国勢調査の他県への通勤者割合（筆者アンケート調査および2010年国勢調査をもとに作成）

	国勢調査60歳以上	1970年代開発住宅地調査	国勢調査25-59歳	新規開発2調査
男性	59.0	56.0	69.0	73.1
女性	31.3	33.3	43.1	40.6

答が得られた[11]。配布総数に占める有効回答の割合は，1970年代開発住宅地調査が男性と女性ともに18.9%，新規開発住宅地調査が男性12.6%，女性14.1%，新規開発マンション調査が男性14.0%，女性15.7%である。

アンケート調査では，論点を明確にするために，1970年代開発住宅地調査，新規開発住宅地調査については主に一戸建て住宅から構成される地区を選定し，新規開発マンション調査については分譲マンションのみを選定している。そのため，現在の居住形態を尋ねたところ，1970年代開発住宅地調査の96.1%，新規開発住宅地調査の94.9%が持ち家一戸建てと回答し，新規開発マンション調査の94.6%が分譲マンションと回答している[12]。

他県への通勤者の割合について，本アンケート調査と2010年国勢調査[13]を比較すると（**表 2-2**[14]），両者においてほとんど差異がないことがわかる。したがって，本調査の結果は生駒市の通勤動向を反映したものであると判断できる。

4　アンケート回答者の居住歴

表 2-3は，回答者の居住歴（15歳時，前住地）を示したものである。全体的に，同一調査における性別の差異は小さく，調査間の差異が大きい。そのため，調査間の比較を中心に行う。1970年代開発住宅地調査の結果をみると，15歳時の居住地は地方圏が最も多く，次いで大阪市が多い。一方，前住地は，生駒市・奈良市，大阪府他市町村[15]とする居住者が多い。地方圏から大都市圏の中心都市に流入した人々や中心都市出身者が，郊外へと転居し，最終的に一戸建て住宅に至るという移動が推察される。

これに対し，新規開発2調査の結果は様相が異なる。ともに，15歳時の居住地が地方圏や大阪市である者が少なく，生駒市・奈良市，奈良県他市町

表 2-3　回答者の居住歴（筆者アンケート調査をもとに作成）

1970 年代開発住宅地調査

		大阪市	大阪府他市町村	生駒市・奈良市	奈良県他市町村	京阪神圏その他	他大都市圏	地方圏
男性	15 歳時	144(26.6)	80(14.8)	21(3.9)	17(3.1)	93(17.2)	33(6.1)	154(28.4)
	前住地	68(12.5)	225(41.4)	124(22.8)	19(3.5)	65(11.9)	26(4.8)	17(3.1)
女性	15 歳時	137(25.3)	91(16.8)	20(3.7)	21(3.9)	86(15.9)	27(5.0)	159(29.4)
	前住地	73(13.4)	211(38.9)	135(24.9)	21(3.9)	61(11.2)	23(4.2)	19(3.5)

新規開発住宅地調査

		大阪市	大阪府他市町村	生駒市・奈良市	奈良県他市町村	京阪神圏その他	他大都市圏	地方圏
男性	15 歳時	37(10.4)	86(24.2)	70(19.7)	39(11.0)	42(11.8)	21(5.9)	60(16.9)
	前住地	55(15.4)	98(27.5)	136(38.2)	22(6.2)	22(6.2)	17(4.8)	6(1.7)
女性	15 歳時	33(8.3)	102(25.8)	72(18.2)	39(9.8)	49(12.4)	28(7.1)	73(18.4)
	前住地	55(13.9)	110(27.7)	147(37.0)	23(5.8)	31(7.8)	20(5.0)	11(2.8)

新規開発マンション調査

		大阪市	大阪府他市町村	生駒市・奈良市	奈良県他市町村	京阪神圏その他	他大都市圏	地方圏
男性	15 歳時	26(6.7)	82(21.1)	103(26.5)	48(12.3)	55(14.1)	25(6.4)	50(12.9)
	前住地	45(11.5)	73(18.7)	191(49.0)	28(7.2)	24(6.2)	17(4.4)	12(3.1)
女性	15 歳時	40(9.1)	84(19.2)	117(26.7)	41(9.4)	51(11.6)	31(7.1)	74(16.9)
	前住地	53(12.1)	66(15.1)	227(51.9)	31(7.1)	31(7.1)	19(4.3)	10(2.3)

カッコ内は構成比（％）。

村[16]，大阪府他市町村など郊外に属する地域である者が多い。これには，親世代の動向が関わっていると考えられる。新規開発 2 調査の回答者は，郊外第二世代に相当するコーホートがかなりの部分を占めており[17]，その親世代には，1970 年代開発住宅地調査の回答者のように，住宅を求めて中心都市から郊外に居住地移動した人々が多いと考えられる。こうした人々を親に持つ郊外第二世代が，郊外内部で住宅を取得したと解釈できる。前住地をみると，生駒市・奈良市の居住者がさらに増加する[18]。

新規開発住宅地調査と新規開発マンション調査の結果を比較する。まず 15 歳時の居住地では，新規開発住宅地調査において地方圏や大阪府他市町村の割合が高く，新規開発マンション調査では生駒市・奈良市の割合が高い。

表 2-4　男性回答者の前住地での居住形態（筆者アンケート調査をもとに作成）

	賃貸住宅・借家	分譲マンション	持ち家一戸建て	社宅・寮	親・親戚の家	その他
1970 年代開発住宅地調査	128(23.4)	61(11.1)	224(40.9)	99(18.1)	19(3.5)	17(3.1)
新規開発住宅地調査	168(46.7)	61(16.9)	47(13.1)	55(15.3)	28(7.8)	1(0.3)
新規開発マンション調査	223(56.7)	37(9.4)	30(7.6)	48(12.2)	54(13.7)	1(0.3)

カッコ内は構成比（%）。

そして前住地では，新規開発住宅地調査で大阪市，大阪府他市町村の割合が高まり，新規開発マンション調査では生駒市・奈良市の割合がさらに高まる。これらの結果から，1990 年代後半以降の一戸建て住宅取得者は，居住地移動の範囲が比較的広いなど 1970 年代の一戸建て住宅取得者に相対的に類似した居住歴を持つのに対し，1990 年代後半以降の分譲マンション取得者は，近隣地域出身者を中心とする比較的狭い範囲から移動してきた人々によって構成されているといえる。

前住地の居住形態を検討する（**表 2-4**）。なお，前住地において回答者の大半はすでに配偶者と同居していたと考えられ，性別による居住形態の差異はほとんどなかった。そのため，ここでは男性回答者のみを取り上げた。1970 年代開発住宅地調査では，持ち家一戸建ての割合が 40.9% と高いのに対し，新規開発 2 調査では賃貸住宅・借家の割合が高い。1970 年代開発住宅地調査の回答者がすでに 60 歳以上であり，持ち家の二次取得を経験した世帯が含まれるのに対し，新規開発 2 調査には一次取得を行って間もない世帯も多いと考えられる(19)。もちろん，後者に関しては，不動産価格の下落により二次取得のメリットがなくなってきたという背景もあろう（中澤・川口，2001）。

新規開発住宅地調査と新規開発マンション調査の前住地での居住形態を比較すると，前者の調査では分譲マンション，持ち家一戸建ての割合が高く，後者の調査では賃貸住宅・借家，親・親戚の家の割合が高い。これは，分譲マンションを，持ち家一戸建て取得までの一時的な居住形態とみなす人々の存在を反映したものと考えられる。持ち家一戸建てを前住地とする割合が新規開発マンション調査において高くないのも，持ち家一戸建ての取得を最終ゴールとする考え方が根強く残っていることをうかがわせる。また，新規開発マンション調査において親・親戚の家を前住地とする割合が高い点についても，初離家ですぐに持ち家一戸建てを取得するのではなく，まずは分譲マンションを購入する判断が下されているとの解釈が可能である[20]。

以上から，近年の郊外においては，人口が郊外化した時代とは異なる住宅取得のプロセスを経験する人々が存在する。近年の郊外に開発される住宅地や分譲マンションの居住者は，郊外第二世代の増加にともなう郊外内部からの移動者が中心である。中心都市からの人口受け入れ地域として人口増加を経験してきたというこれまでの性格を失いつつあるのが，居住地移動からみた郊外の姿である。

5　アンケート回答者の通勤行動

(1) 男性の通勤行動の変化

男性の通勤行動ついて各調査間の比較を行う。ここでは，1970 年代と 1990 年代後半以降の通勤行動を比較することに主眼があるため，いずれの調査も入居直後を考察対象とする（**表 2-5**）。なお，入居直後の男性の就業形態は大半が正規雇用（公務員含む[21]）であるため，就業形態を区分せずに考察する。

まず，1970 年代開発住宅地調査においては大阪市への通勤率が 58.7％で，新規開発 2 調査に比べて高い。2 節の国勢調査をもとにした分析では，奈良県外の就業地を「他県」として一括していたためにその内実は明らかにできなかったが，人口の郊外化時代に郊外に流入してきた男性は，特に大阪市への通勤者が多かったと考えることができる。一方，新規開発 2 調査においては，生駒市・奈良市，奈良県他市町村などへの通勤率が高い。

1970 年代開発住宅地調査には，最寄り駅までの距離が大きい住宅地が対象に含まれているにもかかわらず，1970 年代開発住宅地調査における大阪市への通勤率は，鉄道駅から徒歩 10 分圏内である新規開発マンション調査よりも高い。人口の郊外化時代における中心都市への通勤者の中には，多少の不便さはあっても生活環境のよい郊外住宅地を求める人々がいかに多かったかがうかがい知れる。なお，先行研究では，郊外の分譲マンションに居住

表 2-5　男性回答者の入居直後の就業地構成（筆者アンケート調査をもとに作成）

	大阪市	大阪府他市町村	生駒市・奈良市	奈良県他市町村	京阪神圏その他	他大都市圏	地方圏
1970 年代開発住宅地調査	297(58.7)	111(21.9)	71(14.0)	8(1.6)	11(2.2)	5(1.0)	3(0.6)
新規開発住宅地調査	171(49.6)	86(24.9)	54(15.7)	17(4.9)	6(1.7)	10(2.9)	1(0.3)
新規開発マンション調査	176(46.1)	81(21.2)	79(20.7)	27(7.1)	11(2.9)	7(1.8)	1(0.3)

カッコ内は構成比（%）。

する世帯主は，中心都市への通勤率が高いことが示されている（久保，2015；富田，2015）。確かに，新規開発マンション調査の大阪市への通勤率（46.1%）は，国勢調査による生駒市全体の大阪市への通勤率（29.0%，**図 2-2**）よりも高く，先行研究と同様の指摘は可能である。しかし，人口の郊外化時代に住宅を取得した人々と比較することにより，ここでは鉄道駅周辺といえども近年は中心都市への通勤率が低下してきていることが明らかになった。

また，1970 年代開発住宅地調査と同様に最寄り駅までの距離が大きい住宅地が対象に含まれる新規開発住宅地調査の結果を，新規開発マンション調査のそれと比較しても，男性の大阪市への通勤率にはさほど差異がなく，その値は新規開発マンション調査の結果においてやや低い。この点について，鉄道駅周辺は都心への通勤に便利であると同時に中心市街地の一部でもあるがゆえに，分譲マンションには職住近接を指向する人々も少なからず居住していることが関係しているのかもしれない[22]。

一方で，1970 年代開発住宅地調査と比べて大阪市への通勤率が低いとはいえ，新規開発 2 調査の男性における大阪市への通勤率は，生駒市全体の大阪市への通勤率（**図 2-2**）に比べて高く，1990 年代後半以降の住宅取得層が多くの中心都市への通勤者によって構成されているのも事実である。しかしながら，先に述べたように，1990 年代後半以降の住宅取得層には郊外出身の者が多いという点で 1970 年代の住宅取得層とは性格が異なる。では，1990 年代後半以降の住宅取得層が大阪市への高い通勤率を維持している要因とはいかなるものであろうか。

2 節で検討したように，1980-1990 年と 1990-2000 年には，新規就業者に相当する 5－14 → 15－24 歳の就業者は多く，しかも他県への通勤者の割合が

表 2-6　女性回答者の入居直後の就業形態（筆者アンケート調査をもとに作成）

	正規雇用	非正規雇用	その他	無職
1970 年代開発住宅地調査	72(13.3)	59(10.9)	44(8.1)	366(67.7)
新規開発住宅地調査	90(22.4)	59(14.7)	11(2.7)	242(60.2)
新規開発マンション調査	172(38.9)	74(16.7)	16(3.6)	180(40.7)

非正規雇用には，パート，アルバイトのほか派遣や嘱託なども含まれる。
カッコ内は構成比（%）。

高かった（**図 2-4**）。新規開発 2 調査の回答者の多くが，この時期の新規就業者に相当する。[23] すなわち，新規就業時に大阪市への通勤率の高かった郊外第二世代が，職場は変えずに郊外内部で住宅を取得したことにより，郊外から大阪市への通勤率が高く維持されたと解釈される。

(2) 女性の通勤行動の変化

女性は就業形態が多様なため（**表 2-6**），就業形態別に通勤行動を検討する。1970 年代開発住宅地調査の結果では無職の割合が高いことから，1970 年代に郊外に流入してきた女性の多くは出産，育児のために離職していたと考えられる。一方で新規開発 2 調査の結果では，正規雇用の割合が高い。住宅取得後も就業する女性の割合が高まったというこの結果は，結婚によってライフコースの変更を余儀なくされてきた状況が改善されてきたとの解釈もできるが，雇用が安定していた 1970 年代とは異なり，男性世帯主の収入だけで家計を維持していくことが困難な状況を反映してもいるであろう。

新規開発 2 調査を比較すると，新規開発住宅地調査のほうが女性の正規雇用の割合が低く，無職の割合が高い。これは，1970 年代ほどではないにせよ，現在も一戸建て住宅取得世帯では，妻の離職を前提とした持ち家取得が行われてきたことを示唆する。一方，分譲マンションは居住面積の点で夫婦のみの世帯が居住しやすい。こうした子どもを持たない世帯の女性が，結婚後も正規雇用としての就業を継続しているものと考えられる。[24]

入居直後の通勤先を就業形態別にみると（**表 2-7**），全調査に共通するのは，正規雇用において大阪市への通勤率が高く，非正規雇用や「その他」において生駒市・奈良市など居住地近隣で就業する者の割合が高いという点である。[25]

表 2-7　女性回答者の入居直後の就業地構成（筆者アンケート調査をもとに作成）

1970 年代開発住宅地調査

	大阪市	大阪府他市町村	生駒市・奈良市	奈良県他市町村	京阪神圏その他	他大都市圏	地方圏
全体	49(29.5)	33(19.9)	75(45.2)	5(3.0)	4(2.4)	0(0.0)	0(0.0)
正規雇用	29(41.1)	28(40.0)	9(12.9)	1(1.4)	3(4.3)	0(0.0)	0(0.0)
非正規雇用	15(26.3)	3(5.3)	36(63.2)	2(3.5)	1(1.8)	0(0.0)	0(0.0)
その他	5(12.8)	2(5.1)	30(76.9)	2(5.1)	0(0.0)	0(0.0)	0(0.0)

新規開発住宅地調査

	大阪市	大阪府他市町村	生駒市・奈良市	奈良県他市町村	京阪神その他	他大都市圏	地方圏
全体	44(28.2)	35(22.4)	66(42.3)	7(4.5)	4(2.6)	0(0.0)	0(0.0)
正規雇用	30(34.1)	29(33.0)	22(25.0)	5(5.7)	2(2.3)	0(0.0)	0(0.0)
非正規雇用	14(24.1)	5(8.6)	36(62.1)	1(1.7)	2(3.4)	0(0.0)	0(0.0)
その他	0(0.0)	1(10.0)	8(80.0)	1(10.0)	0(0.0)	0(0.0)	0(0.0)

新規開発マンション調査

	大阪市	大阪府他市町村	生駒市・奈良市	奈良県他市町村	京阪神圏その他	他大都市圏	地方圏
全体	106(42.2)	37(14.7)	90(35.9)	12(4.8)	5(2.0)	0(0.0)	1(0.4)
正規雇用	82(49.1)	26(15.6)	46(27.5)	7(4.2)	5(3.0)	0(0.0)	1(0.6)
非正規雇用	23(31.1)	9(12.2)	39(52.7)	3(4.1)	0(0.0)	0(0.0)	0(0.0)
その他	1(10.0)	2(20.0)	5(50.0)	2(20.0)	0(0.0)	0(0.0)	0(0.0)

非正規雇用には，パート，アルバイトのほか派遣や嘱託なども含まれる。
カッコ内は構成比（%）。

ここで注目したいのは正規雇用の動向であり，特に新規開発マンション調査の正規雇用女性において大阪市への通勤率が 49.1% と非常に高い。しかもこの調査では，女性全体に占める正規雇用割合が高かったことから（**表 2-6**），女性全体における大阪市への通勤率も高くなっている。これは，新規開発 2 調査間で大阪市への通勤率にさほど差異がなかった男性とは対照的な結果である。伊藤（2001）によると，1940 年代から 1950 年代の出生者を中心とする一戸建て住宅世帯の例ではあるが，住宅取得後も妻が就業を継続する世帯では，妻の就業先を考慮して居住地選択を行うことが多いとされる。この知見から判断すると，新規開発マンション調査の対象となった鉄道駅周辺の分譲マンションには，妻の大阪市への通勤利便性を考慮して居住地を選択した

表 2-8　1970 年代開発住宅地調査の男性回答者における就業形態の変化（筆者アンケート調査をもとに作成）

			調査時の就業形態			
		合計（入居直後）	正規雇用	非正規雇用	その他	無職
	合計（調査時）	542	41	53	82	366
入居直後の就業形態	正規雇用	444	39	49	35	321
	非正規雇用	6	0	2	0	4
	その他	72	2	2	47	21
	無職	20	0	0	0	20

非正規雇用には，パート，アルバイトのほか派遣や嘱託なども含まれる。

世帯が存在するのかもしれない。

以上から，現在の郊外においては，一戸建て住宅に人口の郊外化時代と類似した通勤行動を行う女性が多く，分譲マンションに就業を継続し中心都市へ通勤する女性が多いというように，居住形態による通勤行動の差異が存在することが明らかになった。

(3) 郊外第一世代の男性の入居直後と現在の通勤行動

郊外第一世代の男性の退職が他県への通勤者数の減少に寄与することを指摘した 2 節の結果をふまえ，当該世代に相当する 1970 年代開発住宅地調査の男性の入居直後と現在の比較を行う。

表 2-8 は，1970 年代開発住宅地調査の男性の就業者数を，入居直後と現在の就業形態別に示したものである。2 時点の変化をみると，正規雇用は大幅な減少，「その他」は横ばい，非正規雇用は増加，無職はさらに大幅な増加を示していることがわかる。正規雇用の大幅減少と無職の大幅増加については，この調査の回答者が 60 歳以上であり，定年を迎え多数の人々が退職したことが要因である。「その他」には自営業など定年のない人々が含まれており，そうした人々は 60 歳以後も就業を継続しているとみられる。非正規雇用の増加の一因としては，定年退職後に嘱託として再雇用された人々が少なからずいたことが挙げられる。

表 2-9 は，同様に 1970 年代開発住宅地調査の男性の就業地構成の変化を示したものである。入居直後は，大阪市への通勤率の高い正規雇用者が就業

表 2-9　1970 年代開発住宅地調査の男性回答者における就業形態別の就業地変化（筆者アンケート調査をもとに作成）

入居直後

	大阪市	大阪府他市町村	生駒市・奈良市	奈良県他市町村	京阪神圏その他	他大都市圏	地方圏
全体	297(58.7)	111(21.9)	71(14.0)	8(1.6)	11(2.2)	5(1.0)	3(0.6)
正規雇用	288(66.4)	105(24.2)	15(3.5)	7(1.6)	11(2.5)	5(1.2)	3(0.7)
非正規雇用	3(50.0)	1(16.7)	2(33.3)	0(0.0)	0(0.0)	0(0.0)	0(0.0)
その他	6(9.1)	5(7.6)	54(81.8)	1(1.5)	0(0.0)	0(0.0)	0(0.0)

現在

	大阪市	大阪府他市町村	生駒市・奈良市	奈良県他市町村	京阪神圏その他	他大都市圏	地方圏
全体	47(29.9)	31(19.7)	67(42.7)	1(0.6)	9(5.7)	1(0.6)	1(0.6)
正規雇用	19(46.3)	10(24.4)	7(17.1)	1(2.4)	3(7.3)	1(2.4)	0(0.0)
非正規雇用	23(44.2)	15(28.8)	8(15.4)	0(0.0)	5(9.6)	0(0.0)	1(1.9)
その他	5(7.8)	6(9.4)	52(81.3)	0(0.0)	1(1.6)	0(0.0)	0(0.0)

非正規雇用には，パート，アルバイトのほか派遣や嘱託なども含まれる。
カッコ内は構成比（%）。

者の大半であったために，男性全体の大阪市への通勤率も 58.7%と高かった。しかし，正規雇用者の大半が退職したことにより，現在の大阪市への通勤率は 29.9%と大幅に低下している。2 節のコーホート別の分析では，45－54 → 55－64 歳，55 歳以上→ 65 歳以上の男性コーホートにおける他県への通勤者数が，1990 年代以降に大幅に減少したことを示した。ここでの結果に基づくと，特に大阪市への通勤者が定年退職を迎えたことによって他県への通勤者が大幅に減少したと考えることができる。

ただし，入居直後に大阪市へ通勤していた男性が，必ずしも退職まで大阪市への通勤を継続していたわけではない。現在正規雇用の男性回答者における大阪市への通勤率は 46.3%と，入居直後の同比率（66.4%）に比べて著しく低下しており，代わって生駒市・奈良市への通勤率が入居直後の 3.5%から 17.1%へと大幅に上昇している。もちろん，男性の多くは入居直後からの大阪市通勤を継続していたものと思われるが，現在までの間に，転職や転勤などで職場を自宅近隣に移した人も存在する[26]。こうした個人レベルでの雇用の郊外化も少数ではあるがみられることを指摘しておきたい。

続いて，非正規雇用に着目する。先述のように，非正規雇用に従事する男性は定年退職後に増加したといえるが（**表2-8**），その通勤先は入居直後の既婚女性の非正規雇用（**表2-7**）とは異なる。既婚女性の非正規雇用の場合，生駒市・奈良市といった自宅近隣で就業する女性がいずれの調査でも過半数であったが，1970年代開発住宅地調査の男性の場合は，現在における生駒市・奈良市への通勤率はわずか15.4%であり，大阪市への通勤率が44.2%と高い。これは，定年退職後も嘱託などとして再雇用される場合，それまでと同じ職場に勤務することが一般的であるためであろう。しかし，退職後も大阪市へ通勤する非正規雇用の男性は確かに数としては増加してはいるものの，退職後に再雇用される割合そのものはごくわずかにとどまると考えられる。また，大阪市への通勤率も，高いとはいえ入居直後の男性全体における大阪市への通勤率（58.7%）に比べれば14.5ポイントも低い。

「その他」をみると，入居直後と現在において，就業者数にも就業地構成にも大きな変化はなく，生駒市・奈良市で就業する割合が高い。「その他」の多くが自営業であることが関係していると考えられる。正規雇用であった人々が定年により退職していく一方で，定年のない自営業者が就業を継続するため，現在の就業形態をみると，「その他」が最大となっている。なお，「その他」の占める割合が高まったことは，現在の郊外第一世代の男性における大阪市への通勤率を大幅に下げる方向に作用したといえる。国勢調査によっても同様の点を確認できる。便宜的に，1970年代に生駒市へ流入してきた人々の特徴を1980年の30歳から54歳で代表し，その人々の現在の状況を2010年の60歳以上で代表すると，1980年の30歳から54歳においては他県への通勤率が73.8%であったのに対し，2010年の60歳以上では59.0%へと大幅に低下する。代わって自宅での就業者が7.6%から13.1%へ，自宅以外の生駒市内での就業者が10.2%から17.2%へと上昇している。

6　中心都市への通勤者数減少の要因

1節の分析視角で整理した四つの論点にしたがい，ここまでの分析結果にもとづいて，大都市圏の郊外から中心都市への通勤者数が減少するようになった要因を考察する。

第一の論点である郊外第一世代の動向について，郊外住宅地に流入してきた当初，男性の大半が正規雇用者であり，その中心都市への通勤率が高かったという結果（**表 2-9**）は，既存研究の成果（谷，1998）と符合する。その郊外第一世代が退職することにより，現在では中心都市への通勤者数が大幅に減少している。一方，60 歳以降に非正規雇用として就業を開始する者も少なからず存在する（**表 2-8**）。その大半は，退職前の職場で再雇用される嘱託であると考えられ，中心都市への通勤率は比較的高い（**表 2-9**）。しかし，再雇用によって発生する中心都市への通勤は，正規雇用者の退職による中心都市への通勤者数の減少に比べればわずかである。また，自営業者の多くは 60 歳以降も就業を継続するものの，もともとその実数自体が正規雇用者に比べて少ないし，自宅近隣での就業が中心のため，中心都市への通勤者数の増減にさほど影響しない。結果として，中心都市への通勤に特化していた正規雇用者の退職が，中心都市への通勤者数の減少に与えるインパクトは非常に大きかったといえる。

郊外第一世代には，中心都市出身者や中心都市に流入した地方圏出身者が，広い住宅スペースを求めて郊外へ居住地移動するというプロセスが存在していた（**表 2-3**）。そのプロセスを経た人々の多くは，郊外へ居住地移動した後も中心都市での就業を継続したと考えられる（**表 2-5**）。こうした「典型的なプロセス」を経験する人の割合はその後低下し，郊外第二世代の増加にともない郊外を出身地とする人の割合が高まった。第二の論点である，現在の住宅取得層による中心都市への通勤の内実については，この郊外第二世代の動向が重要である。

郊外第二世代のうち，新規就業時に郊外から中心都市への通勤を開始した人々の多くは，その後，中心都市の職場を変えずに郊外内部で住宅を取得した。こうした郊外第二世代の行動が一因となって，現在の住宅取得層においても中心都市への通勤率が比較的高く維持されたと考えられる。この行動は，郊外第一世代の「典型的なプロセス」に代わる「新たなプロセス」ということができる。

しかし，その中心都市への通勤率は，高いとはいえ郊外第一世代のそれに比べれば低く（**表 2-5**），その絶対数も減少している。この違いの要因の一つとして，雇用の郊外化にともない，郊外第二世代において郊外内部を通勤先とする人々の割合が高まっていること（**表 2-5**）が挙げられる。また，郊外第一世代とは違って，通勤先よりも新規就業時の住居（親元）が先に決まっている郊外第二世代にとっては，中心都市への通勤が必然的なものになるとはいえない（渡辺，1978）。こうした郊外第二世代の動向に加え，これまで郊外における住宅取得の牽引役であった地方圏出身者の割合が低下していることも，郊外から中心都市への通勤者数が減少する方向に作用している。

「新たなプロセス」を経る人々には，従来のように一戸建て住宅の取得だけでなく，分譲マンションの取得も選択肢である。第三の論点として既婚女性の通勤パターンの変化には，こうした分譲マンションの存在が大きな役割を果たしてきたと考えられる。郊外の鉄道駅周辺の分譲マンションに居住する女性には，住宅取得後も正規雇用としての就業を継続して中心都市へ通勤する人が多い（**表 2-7**）。それは，出産，育児のために離職するという従来の就業パターンにあてはまらない女性の通勤行動を可能にする居住形態といえるのかもしれない。

ここでの調査の結果のみならず，就業を継続する既婚女性の割合の上昇は，統計からも推察できる。専業主婦化が顕著であるがゆえに女性労働力率が低くなる傾向にあった郊外でも，近年の上昇は著しく，奈良県[27]における 25 ～ 49 歳既婚女性の労働力率をみると，1990 年 42.8%，1995 年 43.7%，2000 年 45.0%，2005 年 50.1%，2010 年 52.3%であり，伸び率は全国（1990 年 55.9% から 2010 年 60.1%へと 4.2 ポイント上昇）よりも大きい。これまで自宅近隣で再就職することの多かった既婚女性は，郊外内部への通勤者数を増加させる存在として理解されてきたが，近年では，中心都市への通勤者数を増加させる要素としての性格が加わりつつある。しかし，その規模は，郊外第一世代の退職にともなう中心都市への通勤者数減少を相殺しうるほど大きくはない。

最後に，第四の論点である若年者の新規就業について述べる。郊外に居住する女性の新規就業が中心都市への通勤者増加に寄与した 1980 年代後半（谷，1998），郊外の自宅近隣で非正規雇用に従事する若年者の増加が中心都市への通勤率低下に寄与した 1990 年代（稲垣，2011a；谷，2002b）のいずれの時期も，郊外第二世代が新規就業を開始する時期にあたっており，その人口規模の大きさゆえに通勤流動に及ぼす影響も大きかった。しかし，少子化により人口規模の縮小した世代が労働市場へ参入するようになった現在，新規就業者数も大幅に減少している（図 2-4）。しかも，非正規雇用化の進展により，その中心都市への通勤率も低下している。結果として，中心都市への通勤者の実数も大幅に減少するようになった。このように，少子化，非正規雇用化という社会の趨勢が，中心都市への通勤者数の減少に寄与している。

以上から，中心都市への通勤者数の減少に対し，近年の新規就業者や住宅取得層の動向が一定の寄与をしたことは確かである。しかし，中心都市への通勤者数がもともと多かった郊外第一世代の退職は，新規就業者や住宅取得層以上に中心都市への通勤者数の減少に大きく寄与した。既婚女性においては，就業継続にともない中心都市への通勤者数は増加したものの，他の属性による中心都市への通勤者数の減少を相殺するほどの増加数ではない。結果として，郊外第一世代の退職を中心とする中心都市への通勤者数の減少が，通勤流動からみた現在の大都市圏郊外のトレンドであると結論づけられる。

7　おわりに

現在の大都市圏の郊外は，人口の郊外化時代とは違い，人口が停滞し，中心都市への通勤者も減少する局面にある。これについて本章では，奈良県生駒市を中心に，国勢調査をもとにした性別・年齢階級別による就業者数の変化を検討した上で，郊外第一世代と 1990 年代後半以降の住宅取得層に対して実施したアンケート調査の結果から，中心都市への通勤者数減少の要因を考察した。

本章では，特定のコーホート，入居時期，居住形態などに対象を限定してきた従来の研究に対し，複数の世代，居住形態へのアンケート調査を実施し比較するという方法を通じて，現在の郊外における中心都市への通勤者数減少の内実を明らかにした。

現在では，地方圏出身者の減少にともない，中心都市の職場を変えずに住宅取得のために郊外に流入してくる人口が減少している。また，雇用の郊外化の影響を受けて，郊外第二世代は郊外第一世代よりも郊外の職場を指向した。さらに，少子化や非正規雇用化の進展にともない，新規就業時における中心都市への通勤者数が減少するようになってきた。

これらの動向は，中心都市への通勤者数の増加を抑制するものといえるが，郊外第一世代の退職は，中心都市への通勤者数の大規模な絶対減少を引き起こしている。郊外第一世代には，60歳以降も就業を継続する者も存在するが，大半は退職により無業者となった。もともと中心都市への通勤に特化していた郊外第一世代の退職は，郊外から中心都市への通勤者数の減少に非常に大きく寄与した。中心都市への通勤者数を増加させる唯一の要素が，結婚後も就業を継続する既婚女性であったが，その増加は，他の属性による中心都市への通勤者数の減少を相殺するほどの規模ではなかった。結果として，郊外第一世代の退職を主たる要因として，郊外から中心都市への通勤者数が大幅に減少してきたのである。

郊外第一世代を含む多産少死世代は，その人口規模の大きさゆえに，高度経済成長期における地方から大都市圏への人口移動，中心都市から郊外への居住地移動，そして1970年代後半以降の郊外におけるパートタイム就業女性の増加など，戦後に起きた主要な人口動向を牽引した（伊藤，1984；谷，1998）。本章で明らかにしてきたように，新規就業者や住宅取得層において中心都市への通勤者数の増加が縮小したこと以上に，郊外第一世代の退職が郊外から中心都市への通勤者数の変化に大きく寄与したという事実は，郊外第一世代が現在の郊外の変容をも牽引し続けていることを意味する。

第3章

大都市圏郊外の鉄道駅周辺における居住と通勤の特性

1　はじめに

本章では，大都市圏郊外の鉄道駅周辺における通勤流動の変化について詳細に検討する。鉄道駅周辺を対象とした研究は少ないが，わずかな例として，谷（2002a）は鉄道駅に比較的近い地区を対象としてアンケート調査を実施し，大塚（2015），久保（2015），富田（2015）は，鉄道駅周辺のマンション居住者の特性を明らかにする中で通勤先に着目した。本書の第2章においても，郊外の一戸建て住宅居住者と比較する形で鉄道駅周辺のマンション居住者の通勤行動を取り上げた。しかし，これらの研究では，調査対象者が特定のコーホートに限定されていたり，マンション世帯に限定されていたりするため，鉄道駅周辺の通勤特性の全体像が十分に明らかにされたとはいえない。

また，これら鉄道駅周辺の一般市街地は，小規模な開発が積み重なって形成されたという側面も持つ。こうした市街地の特性については，スプロールの進行過程を宅地化，工業化，農地の変容などの面から詳細に検討した實（1974），ミニ開発地区居住者の高齢化や親子の居住関係について，住宅団地と比較しつつ論じた岩瀬（1999），ミニ開発の進行過程を都市計画と関連づけて検討するとともに，居住者特性について明らかにした橋詰・石毛・中村（1999），小規模開発住宅地について転出入の観点から分析し，住宅双六のプロセスの中に小規模開発住宅地を位置づけた西山（2010）などによって明らかにされている。しかし，いずれも小規模開発住宅地の形成や居住に焦点が当てられており，通勤の観点から詳細な検討はなされていない。

以上をふまえ，本章では，アンケート調査をもとに，郊外の鉄道駅周辺の一般市街地が，居住や通勤流動の面でどのような特性を持つのかを明らかにする。

2　対象地域の概要と研究方法

(1) 対象地域の概要

本章では，研究対象地域として近鉄の大和西大寺駅周辺を選定した（**図3-1**）。奈良市に位置する大和西大寺駅は，大阪難波駅から急行電車で約30分の距離にある。本格的な都市的変容がみられるようになったのは第二次世界大戦後のことである。奈良市が大阪市のベッドタウンとして位置づけられるようになった1960年代以降，丘陵地を中心に住宅地化がすすみ（北畠，1981），同様に大和西大寺駅周辺の市街化もすすんだ（千田，1978，西田，1969）。

大和西大寺駅は，ベッドタウン化していく郊外の鉄道駅という性格を有する一方で，必ずしも郊外の典型とはいえない側面も持つ。それは第一に，大和西大寺駅の設置が1914年と古く，しかも近鉄橿原線，京都線のターミナル駅として交通の要衝となっている点である。第二に，交通の要衝ゆえに，住宅に加え，オフィスや高次の商業施設である百貨店（近鉄百貨店，**写真3-1**）[1]が立地している点である。このように，大和西大寺駅周辺は，郊外の鉄道駅という性格にとどまらず，奈良市西部の都市機能の中心地としての性格も有している。

続いて，大和西大寺駅周辺の人口動向を示す。**図3-2**は，今回のアンケート対象地域が含まれる奈良市伏見地区（**図3-1**）と奈良市全体の人口増加率の推移を示したものである。1970年代から1980年代にかけては，伏見地区，奈良市全体ともに増加率が10%を超えており，大阪大都市圏の郊外として成長してきたことを物語る。1980年代後半から1990年代にかけては，伏見

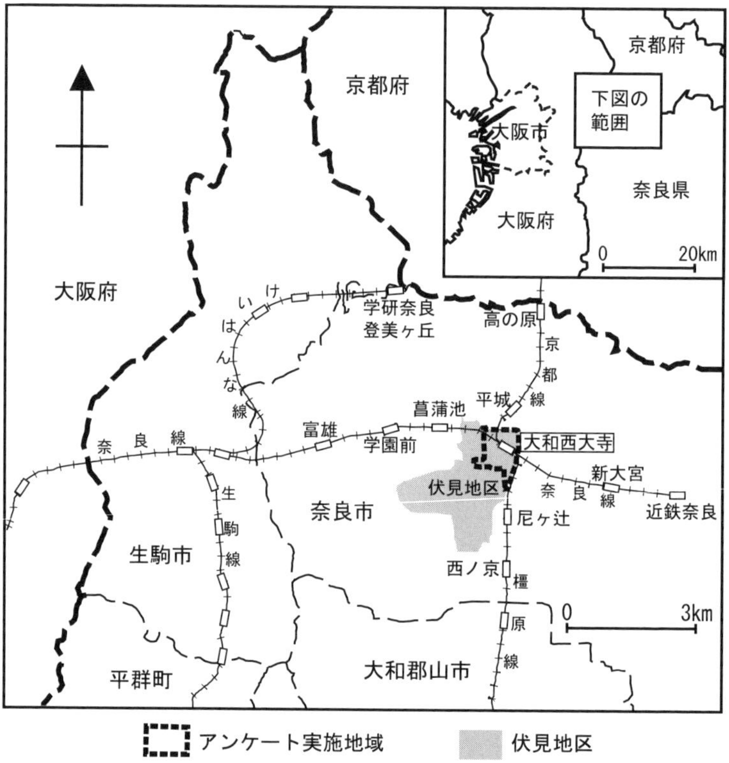

鉄道路線は近鉄線のみ表示し，駅名は奈良市内のみ表示してある。

図 3-1　対象地域

地区，奈良市全体ともに増加率が低下し始めるが，特に伏見地区の落ち込みが著しい。1990年代後半以降になると，奈良市全体の増加率がマイナスへと転じ，成長の終焉を迎えるようになる。そうした中，伏見地区の増加率は２％程度を維持しており，1970年代から1980年代ほどではないにせよ人口成長が継続している。こうした人口成長に対しては，2000年代に入ってから供給が活発化しているマンションによる部分が大きいと考えられる（**写真 3-2**）。大都市都心の人口増加はしばしば指摘されるところであるが，郊外都市においても鉄道駅周辺を中心に類似した現象がみられるといえよう。

写真 3-1　ならファミリーに入居する近鉄百貨店とイオン

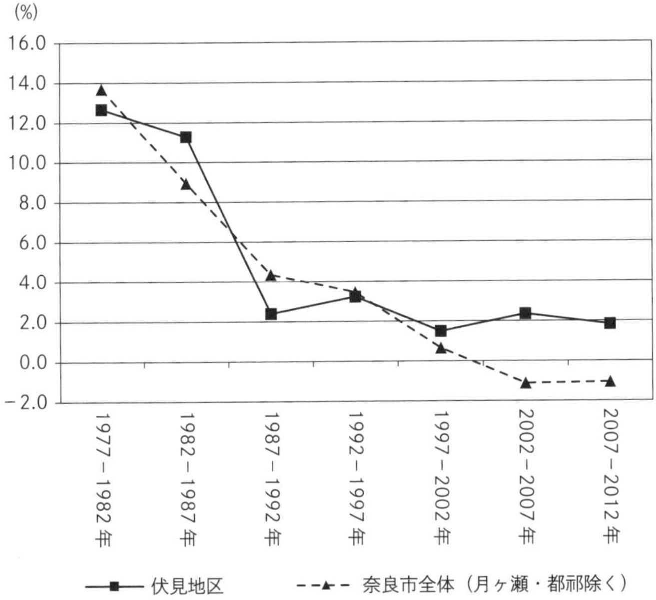

図 3-2　奈良市全体と伏見地区の人口増加率の推移（「統計なら」をもとに作成）

写真 3-2　大和西大寺駅周辺のマンション群

アンケート対象地域（後述）の居住形態（2010年国勢調査）をみると，持ち家47.6%，賃貸・借家47.1%，その他5.3%であり，必ずしも持ち家に特化していない。これに対し，奈良市全体では，持ち家64.8%，賃貸・借家31.6%，その他3.6%と，持ち家に特化した構成になっている。

(2) 研究方法と回答者の概要

本章では，郊外の鉄道駅周辺に居住する人々の居住と就業に関するデータを，アンケートによって収集した。アンケート調査では，性別，年齢，婚姻状況，出身地などの個人属性のほか，居住に関わる項目として前住地，前住地での居住形態，現住地での居住形態，入居時期などを尋ね，就業に関わる項目として職業，就業形態，就業地などを尋ねた。対象となるのは，各世帯の世帯主と配偶者である(2)。

アンケート調査は，2013年7月から8月にかけて実施した。大和西大寺駅から徒歩10分圏内（約800 m）の町丁目のうち，その大部分が商業施設，業務施設で占められている町丁目を除外して対象地域を設定したうえで（**図3-1**），その対象地域の5611世帯に対してアンケート調査票を郵送した。郵送にあたってはタウンプラスを利用した。このうち，返信があったのは991

世帯であり，回収率は17.7％である。世帯主と配偶者あわせて1590人から回答が得られた。これは，対象地域の15歳以上人口8140人（2013年6月1日現在）の19.5％に相当する。

回答世帯の居住形態をみると，持ち家が65.3％（一戸建て住宅36.0％，分譲マンション29.2％）を占めており，賃貸・借家は30.1％にとどまる。先に示したように，アンケート対象地域全体の同構成比は，持ち家が47.6％，賃貸・借家が47.1％（2010年国勢調査）であることから，回答世帯が持ち家世帯に偏っているとみることができる。この種のアンケート調査では，概して若年層や賃貸・借家において回答率が低くなることを反映していると考えられる。

回答者の年齢構成をみると，29歳以下7.3％，30－49歳26.8％，50－69歳38.1％，70歳以上27.8％となっている。一方，住民基本台帳のそれは，29歳以下18.7％，30－49歳34.7％，50－69歳27.3％，70歳以上19.4％であり，回答者の年齢構成が中高年齢層に偏っている。若年層において回答率が低くなることに加え，本調査が各世帯の世帯主と配偶者のみを対象とし，同居する子どもなどを対象外としていることが背景にあると考えられる。

回答者の職業構成をみると，管理職10.2％，専門・技術職23.8％，事務職15.3％とホワイトカラーで49.3％を占めている。アンケート対象地域の職業構成（2010年国勢調査）をみると，管理職2.3％，専門・技術職20.9％，事務職23.6％であり，これらで46.7％を占める。本調査の回答者のほうが管理職の割合が高いという特徴がある。回答者の年齢構成が中高年齢層に偏っていることから，管理職の割合が高いと思われる中高年齢層の職業構成を反映していると考えられる。

3　鉄道駅周辺の居住者特性

(1) 居住形態からみた世帯主の特性

居住形態の点から，大和西大寺駅周辺の居住者がどのような人々によって構成されているのかを明らかにする。**表3-1**は，前住地と現住地における居住形態の変化を世帯主について示したものである。賃貸・借家，社宅・寮・官舎，その他は減少しているのに対し，分譲マンション，持ち家一戸建て住

表 3-1　世帯主の居住形態の変化（筆者アンケート調査をもとに作成）

	賃貸・借家	分譲マンション	持ち家一戸建て	社宅・寮・官舎	その他
前住地	406(43.1)	65(6.9)	233(24.8)	97(10.3)	140(14.9)
現住地	296(30.1)	288(29.2)	355(36.0)	29(2.9)	17(1.7)

カッコ内は構成比（%）。

表 3-2　世帯主の居住形態別の婚姻状況（筆者アンケート調査をもとに作成）

男性

	既婚	未婚	死別・離別
賃貸・借家	102(62.6)	45(27.6)	16(9.8)
分譲マンション	195(94.7)	3(1.5)	8(3.9)
持家一戸建て	279(91.8)	8(2.6)	17(5.6)
社宅・寮・官舎	21(87.5)	3(12.5)	0(0.0)
その他	9(64.3)	5(35.7)	0(0.0)

女性

	既婚	未婚	死別・離別
賃貸・借家	5(3.8)	84(63.6)	43(32.6)
分譲マンション	10(12.7)	29(36.7)	40(50.6)
持家一戸建て	3(6.0)	6(12.0)	41(82.0)
社宅・寮・官舎	1(20.0)	3(60.0)	1(20.0)
その他	1(33.3)	1(33.3)	1(33.3)

カッコ内は構成比（%）。

宅は増加している。特に，分譲マンションは 4 倍以上となっている。このように，大和西大寺駅周辺は，持ち家一戸建て住宅を求める行動とともに，分譲マンションの取得を目的とした移動も活発であるといえる。

調査時における世帯主の婚姻状況を居住形態別にみると（**表 3-2**），男女ともに賃貸・借家において未婚率が高い。女性では，分譲マンションにおいても未婚率が高くなっている。また，どの居住形態をみても，死別・離別の割合が高いのは女性である。これは，平均寿命の性差を反映して，夫と死別した女性が回答者に多く含まれることを示唆している。

表 3-3 は，調査時における世帯主の居住形態を年齢別に示したものである。未婚者が多い 29 歳以下[3]においては，賃貸・借家が男女ともに 80% を超えて

表 3-3　世帯主の年齢別にみた居住形態（筆者アンケート調査をもとに作成）

男性

	賃貸・借家	分譲マンション	持ち家一戸建て	社宅・寮・官舎	その他
29 歳以下	35(85.4)	2(4.9)	2(4.9)	2(4.9)	0(0.0)
30 歳代	39(42.4)	35(38.0)	9(9.8)	7(7.6)	2(2.2)
40 歳代	27(27.6)	37(37.8)	23(23.5)	7(7.1)	4(4.1)
50 歳代	29(28.4)	30(29.4)	33(32.4)	6(5.9)	4(3.9)
60 歳以上	33(8.8)	101(26.9)	237(63.0)	2(0.5)	3(0.8)

女性

	賃貸・借家	分譲マンション	持ち家一戸建て	社宅・寮・官舎	その他
29 歳以下	38(88.4)	2(4.7)	0(0.0)	3(7.0)	0(0.0)
30 歳代	25(89.3)	2(7.1)	0(0.0)	0(0.0)	1(3.6)
40 歳代	20(58.8)	8(23.5)	3(8.8)	1(2.9)	2(5.9)
50 歳代	18(42.9)	18(42.9)	6(14.3)	0(0.0)	0(0.0)
60 歳以上	31(25.4)	49(40.2)	41(33.6)	1(0.8)	0(0.0)

カッコ内は構成比（%）。

表 3-4　世帯主の居住形態別の入居時期（筆者アンケート調査をもとに作成）

男性

	1979 年以前	1980 － 89 年	1990 － 99 年	2000 年以降
賃貸・借家	5(3.1)	6(3.7)	13(8.0)	139(85.3)
分譲マンション	10(5.0)	22(10.9)	21(10.4)	149(73.8)
持ち家一戸建て	154(51.7)	52(17.4)	39(13.1)	53(17.8)
社宅・寮・官舎	1(4.2)	0(0.0)	0(0.0)	23(95.8)
その他	5(38.5)	0(0.0)	1(7.7)	7(53.8)

女性

	1979 年以前	1980 － 89 年	1990 － 99 年	2000 年以降
賃貸・借家	5(3.8)	4(3.0)	11(8.3)	112(84.8)
分譲マンション	9(11.5)	8(10.3)	12(15.4)	49(62.8)
持ち家一戸建て	28(56.0)	11(22.0)	2(4.0)	9(18.0)
社宅・寮・官舎	0(0.0)	0(0.0)	1(20.0)	4(80.0)
その他	1(33.3)	0(0.0)	0(0.0)	2(66.7)

カッコ内は構成比（%）。

いる。社宅・寮・官舎は，入居対象が民間企業従業者や公務員など就業者であることを反映して，60 歳以上は非常に少ない。また，同じ持ち家であっても，一戸建て住宅と分譲マンションとでは年齢に大きな違いがみられる。持ち家一戸建て住宅の割合は，60 歳以上において特に高い。これは，入居時期の違いを反映していると考えられる。

表 3-4 は，世帯主の現住地への入居時期を居住形態別に示したものである。分譲マンションをみると，2000 年代以降に入居した者が男性で 70%，女性で 60% を超えている。これは，大和西大寺駅周辺における分譲マンションの供給が 2000 年代に入ってから活発化したためと思われる。一方，持ち家一戸建て住宅をみると，1979 年以前に入居した者が男女ともに半数を超えている。この時期は，大和西大寺駅周辺の人口増加が著しかった時期に相当する（**図 3-2**）。すなわち，1970 年代までの人口増加は，持ち家一戸建て住宅を取得するために居住地移動してきた人々によってもたらされたものと解釈できる。なお，賃貸・借家や社宅・寮・官舎は，住民の入れ替わりが頻繁であるため，2000 年以降の入居者が大半を占めている。

このように，似通った年齢階級の人々が同時期に入居してくることが多い郊外の一戸建て住宅地とは違い，多様な居住者特性が，鉄道駅周辺の一般市街地の特徴となっていることが確認できる。

(2) 年齢別にみた出身地の特性

第 2 章によれば，1970 年代に郊外の一戸建て住宅地に入居してきた人々の多くは，郊外地域以外の出身者によって占められていた。以下では，鉄道駅周辺の一般市街地においても同様の傾向がみられるのか否かを検討する。なお，以下では，世帯主だけでなく回答者すべてを分析対象とする。

表 3-5 は，回答者の出身地を性別・年齢別に示したものである。29 歳以下の若年層をみると，男女ともに京阪神圏以外を出身地とする者の割合が高い。先の**表 3-3** をふまえると，29 歳以下の京阪神圏以外出身者の多くは，賃貸・借家に居住していると解釈できる。こうした人々は，新規就職や進学などを契機として，単身で居住地移動してきたと推察される。

30 − 40 歳代では，奈良県を出身地とする者の割合が高くなる。この年齢

表 3-5　年齢別の出身地（筆者アンケート調査をもとに作成）

男性

	大阪市	大阪府 他市町村	奈良県	京都府	京阪神圏 その他	その他
29 歳以下	1(2.2)	4(8.9)	12(26.7)	2(4.4)	7(15.6)	19(42.2)
30 歳代	2(2.2)	9(9.8)	51(55.4)	4(4.3)	3(3.3)	23(25.0)
40 歳代	8(8.2)	9(9.3)	46(47.4)	8(8.2)	7(7.2)	19(19.6)
50 歳代	8(8.2)	14(14.3)	43(43.9)	5(5.1)	8(8.2)	20(20.4)
60 歳以上	43(11.6)	37(10.0)	153(41.4)	19(5.1)	29(7.8)	89(24.1)

女性

	大阪市	大阪府 他市町村	奈良県	京都府	京阪神圏 その他	その他
29 歳以下	0(0.0)	9(13.4)	22(32.8)	2(3.0)	6(9.0)	28(41.8)
30 歳代	4(3.7)	3(2.8)	52(48.1)	9(8.3)	5(4.6)	35(32.4)
40 歳代	5(4.3)	14(12.2)	56(48.7)	7(6.1)	8(7.0)	25(21.7)
50 歳代	11(7.3)	35(23.3)	63(42.0)	7(4.7)	10(6.7)	24(16.0)
60 歳以上	66(16.9)	45(11.5)	129(33.0)	25(6.4)	25(6.4)	101(25.8)

京阪神その他＝滋賀県，兵庫県，和歌山県
カッコ内は構成比（%）。

層は，1960－70 年代出生者にほぼ相当し，親世代による人口の郊外化を反映して，郊外出身者の占める割合が高い（稲垣，2011a）。このことから，この年齢層の奈良県出身者には，1960－70 年代に住宅を求めて奈良県に居住地移動してきた親を持つ者も少なくないと考えられる。

続いて 60 歳以上をみる。この年齢層には，高度経済成長期における大都市圏への就職・進学移動，およびその後の郊外への居住地移動を牽引した地方出身者が含まれる（谷，1997）と考えられる。しかし，京阪神圏以外出身者の割合がとりわけ高いとはいえず，奈良県出身者も一定割合を占めている。これについては，おそらく地方出身者が，本章の対象地域である鉄道駅周辺よりも，一戸建て住宅地を指向したためと考えられる[4]。また，この年齢層の奈良県出身者とは，人口の郊外化が進展する以前の奈良県内で生まれ育った人々に相当する。鉄道駅周辺の一般市街地では，こうした人々も一定割合を占めており，これがこの地域の特徴となっている[5]。

4　鉄道駅周辺居住者の通勤行動

(1) 居住形態別にみた就業と通勤行動

表3-6は，居住形態別の就業地構成を示したものである。はじめに男性をみると，分譲マンションにおいて，大阪市への通勤率が高いことがわかる。これは，本書の第2章をはじめ，富田（2015），久保（2015）で指摘されてきたことと同様である。サンプルは少ないが，社宅・寮・官舎でも大阪市への通勤率が高い。これは，大阪市に立地する企業が大和西大寺駅周辺に社宅・寮・官舎などを供給していることを示唆する[6]。

これらとは対照的な特徴を示すのが，賃貸・借家や持ち家一戸建て住宅であり，奈良市内での就業率が高い。賃貸・借家居住者には未婚者が多く（**表3-2**），就業地近辺に住居を借りている人が多いと考えられる。こうした点は，大都市へ流入した若者と同様である。ライフステージモデルでは，単身で大都市に流入してきた人々は，最初は会社の寮，賃貸アパート，借家などに居住し，最終的には郊外に一戸建て住宅を取得するとされる（渡辺，1978）。こうしたプロセスは住宅双六と呼ばれるが，雇用の郊外化が進展した現在では，郊外，とりわけ今回の対象地域のような鉄道駅周辺の一般市街地を住宅双六の出発地とする人々も増えているといえよう[7]。

また，持ち家一戸建て住宅の男性において奈良市内での就業率が高いのは，自営業者が多く存在するためである（**表3-7**）。こうした自営業者の大半は，60歳以上の高齢者である[8]。おそらく，同じ60歳以上のうち正社員であった人たちは，大阪市へ通勤する者の割合が比較的高かったと思われるが，すでに定年退職年齢に達している。そのため，定年のない自営業者の存在が，持ち家一戸建て住宅居住者の奈良市内での就業率を高めているといえる[9]。実際，就業地の判明する自営業者81人のうち，8割にあたる65人が奈良市内を就業地としている。

表は省略するが，1979年以前に現住地に入居した者の割合は，正規雇用では15.1％に過ぎないが，自営業者では49％を占める。この自営業者の中には，先述のように1970年代までにすすんだ大和西大寺駅周辺の市街化の

表 3-6　居住形態別の就業地構成（筆者アンケート調査をもとに作成）

男性

	大阪市	大阪府 他市町村	奈良市	奈良県 他市町村	京都府	その他
賃貸・借家	24(17.0)	10(7.1)	67(47.5)	19(13.5)	18(12.8)	3(2.1)
分譲マンション	48(32.7)	18(12.2)	41(27.9)	19(12.9)	13(8.8)	8(5.4)
持ち家一戸建て	35(21.9)	11(6.9)	88(55.0)	16(10.0)	5(3.1)	5(3.2)
社宅・寮・官舎	9(37.5)	1(4.2)	8(33.3)	4(16.7)	1(4.2)	1(4.2)
その他	2(15.4)	2(15.4)	6(46.2)	1(7.7)	0(0.0)	2(15.4)

女性

	大阪市	大阪府 他市町村	奈良市	奈良県 他市町村	京都府	その他
賃貸・借家	27(16.9)	5(3.1)	96(60.0)	16(10.0)	14(8.8)	2(1.3)
分譲マンション	22(20.4)	4(3.7)	56(51.9)	17(15.7)	9(8.3)	0(0.0)
持ち家一戸建て	9(8.0)	4(3.6)	79(70.5)	16(14.3)	3(2.7)	1(0.9)
社宅・寮・官舎	3(23.1)	0(0.0)	7(53.8)	1(7.7)	2(15.4)	0(0.0)
その他	0(0.0)	0(0.0)	4(57.1)	1(14.3)	2(28.6)	0(0.0)

カッコ内は構成比（%）。

表 3-7　居住形態別の就業形態（筆者アンケート調査をもとに作成）

男性

	正規雇用	非正規雇用	自営業	その他
賃貸・借家	95(66.9)	20(14.1)	13(9.2)	14(9.9)
分譲マンション	101(68.7)	11(7.5)	17(11.6)	18(12.2)
持ち家一戸建て	55(36.7)	18(12.0)	51(34.0)	26(17.3)
社宅・寮・官舎	18(75.0)	2(8.3)	2(8.3)	2(8.3)
その他	8(57.1)	1(7.1)	2(14.3)	3(21.4)

女性

	正規雇用	非正規雇用	自営業	その他
賃貸・借家	77(49.4)	63(40.4)	6(3.8)	10(6.4)
分譲マンション	44(42.3)	46(44.2)	7(6.7)	7(6.7)
持ち家一戸建て	24(24.7)	37(38.1)	23(23.7)	13(13.4)
社宅・寮・官舎	7(53.8)	5(38.5)	0(0.0)	1(7.7)
その他	1(16.7)	3(50.0)	2(33.3)	0(0.0)

カッコ内は構成比（%）。

写真 3-3　大和西大寺駅南口の商店

際に，商店などを開業した人々が少なからず存在すると考えられる（**写真 3-3**）。

女性をみると，分譲マンションにおいて大阪市への通勤率が高い点（**表 3-6**）や，持ち家一戸建て住宅において自営業の割合が高い点（**表 3-7**）など，男性と類似した特徴を指摘できる。一方で，男性に比べて全体的に大阪市への通勤率が低く，奈良市内など近隣での就業者の割合が高いという特徴がある。これは，既存の研究（谷，1998）が指摘するように，自宅近隣で非正規雇用として就業する女性の存在を反映したものであると考えられる。

(2) 出身地域別にみた就業と通勤行動

3 節で明らかにしたように，本対象地域においては，いわゆる郊外第二世代が多く含まれる 30－40 歳代において奈良県出身者が多い。また，60 歳以上においても，大部分が一戸建て住宅で占められている地域に比べ，奈良県出身者の占める割合が高かった。そこで，出身地による通勤行動の違いを検討するため，上記の二つの年齢層に絞った分析を行う。

表 3-8 は，奈良県出身者と奈良県外出身者（以下，「県外出身者」）の就業地構成を，30－40 歳代と 60 歳以上について示したものである。まず 30－40

表 3-8　出身地別にみた就業地構成（筆者アンケート調査をもとに作成）

30 ～ 40 歳代─男性

	大阪市	大阪府 他市町村	奈良市	奈良県 他市町村	京都府	その他
奈良県出身	18(19.8)	11(12.1)	37(40.7)	13(14.3)	6(6.6)	6(6.6)
奈良県外出身	32(36.4)	8(9.1)	21(23.9)	14(15.9)	10(11.4)	3(3.4)

30 ～ 40 歳代─女性

	大阪市	大阪府 他市町村	奈良市	奈良県 他市町村	京都府	その他
奈良県出身	13(16.7)	2(2.6)	42(53.8)	14(17.9)	7(9.0)	0(0.0)
奈良県外出身	17(22.7)	3(4.0)	37(49.3)	9(12.0)	8(10.7)	1(1.3)

60 歳以上─男性

	大阪市	大阪府 他市町村	奈良市	奈良県 他市町村	京都府	その他
奈良県出身	7(9.3)	3(4.0)	52(69.3)	9(12.0)	3(4.0)	1(1.3)
奈良県外出身	26(31.0)	8(9.5)	39(46.4)	5(6.0)	4(4.8)	2(2.4)

60 歳以上─女性

	大阪市	大阪府 他市町村	奈良市	奈良県 他市町村	京都府	その他
奈良県出身	3(7.7)	0(0.0)	28(71.8)	7(17.9)	1(2.6)	0(0.0)
奈良県外出身	3(6.3)	2(4.2)	37(77.1)	5(10.4)	1(2.1)	0(0.0)

カッコ内は構成比（%）。

歳代をみると，奈良県出身者の奈良県内での就業率（奈良市と奈良県他市町村を合計したもの）が，県外出身者よりも高い傾向がみられる。特に男性において，出身地による奈良県内での就業率の差が明確である。これは，奈良県出身者の新規就職時における地元就職の存在を反映したものと推察される[(10)]。一方，県外出身者には，大阪市に職場を持ちつつ本対象地域に居住地を移した人々が少なからずいると考えられる。こうしたことから，県外出身者においては大阪市への通勤率が高くなるものと考えられる。

続いて，60 歳以上について，まずは男性について検討する。30－40 歳代に比べ，出身地を問わず奈良市内での就業率が高い。これは，60 歳以上において，職住近接傾向の強い自営業者の割合が高いことが関係している。表示していないが，30－40 歳代の男性においては，自営業者の割合はわずか 5.6％であるのに対し，60 歳以上の男性のそれは 56.0％にのぼる。

出身地別にみると，奈良県出身者において奈良市内での就業率が高い。これには，奈良県出身者のほうが自営業者の割合がやや高いこと[11]が関係していると思われる。県外出身者においては，奈良市内での就業率が低い分，大阪市への通勤率が高くなっている。

次いで 60 歳以上の女性についてであるが，男性でみられたような出身地間での就業地構成の違いは大きくない（**表 3-8**）。この要因として，60 歳以上の女性のうち，自営業以外の多くが，自宅近隣を職場とするパートであることが関係していると思われる[12]。対照的に 60 歳以上の男性の場合，自営業以外の雇用形態として，退職まで勤めていた会社での嘱託の割合が高く[13]，もともとの勤務先を反映して大阪市への通勤率が高くなるものと推察される。

5　おわりに

従来の郊外地域における通勤流動に関する研究の対象が，一戸建て住宅中心の地域に偏っていたことをふまえ，本章では，大和西大寺駅周辺において実施したアンケート調査の分析を行った。明らかになった点は以下の通りである。

賃貸・借家に居住する人々が比較的多いのが鉄道駅周辺の特徴であるが，現在では分譲マンションの形で持ち家を取得する人々も一定数を占めるようになっている。こうした分譲マンションには，既婚者だけでなくシングル女性も居住する傾向がみられ，大都市と類似した居住スタイルが，郊外の鉄道駅周辺でも顕在化していることが確認できた。

持ち家の中でも，一戸建て住宅と分譲マンションとでは，居住者の属性や入居時期に違いがみられた。持ち家一戸建て住宅には，高齢層の割合が高く，彼（彼女）らの多くは大和西大寺駅周辺の人口増加が顕著であった 1970 年代以前に入居した。一方，分譲マンション居住者の多くは 30－40 歳代であり，その大半は大和西大寺駅周辺における分譲マンションの供給が活発化した 2000 年代以降に入居を開始した人々であった。

郊外第二世代に相当する30－40歳代には，奈良県出身者が多く存在した。一方，60歳以上においても，大部分が一戸建て住宅で占められる地域に比べれば，奈良県出身者の割合は高かった。この奈良県出身者は，人口の郊外化以前から奈良県内に居住していた人々に相当する。こうした人々の存在が，郊外における鉄道駅周辺の一般市街地の特徴といえる。

分譲マンションでは，既存の研究と同様，大阪市への通勤率が高くなる傾向がみられた。一方，持ち家一戸建て住宅では，奈良市内での就業率が高い。持ち家一戸建て住宅には自営業者が多く，これら自営業者の中には，大和西大寺駅周辺の市街化がすすんだ1970年代までに，当地域で商店などを開業した人々が多く含まれると考えられる。このため，自宅近隣で就業する者の割合が高くなったと考えられる。

出身地別にみると，30－40歳代においては，新規就職時の地元就職者の存在ゆえに，奈良県出身者において奈良市内での就業者が卓越する結果となった。60歳以上の男性においては，自営業者の割合が高い奈良県出身者において奈良市内就業者の割合が高かった。60歳以上の女性については，自宅近隣で就業するパートが自営業以外の雇用の中心であるため，出身地間の就業地構成に大きな差はなかった。

郊外の外延的拡大が終わりを迎え，新たな宅地開発が少なくなりつつある現在，鉄道駅周辺に着目する必要性は高まっている。本章は，そうした必要性をふまえた試みの一つである。本章の結果を，従来から調査対象とされてきた典型的な郊外住宅地の分析結果と対比させることで，郊外の鉄道駅周辺，郊外住宅地双方のよりよい理解が得られるものと思われる。

第4章

大都市圏外縁部における新旧住民の通勤行動

1　はじめに

三大都市圏のいずれをみても，人口増加は大都市へとシフトする傾向にあり（第1章），郊外化の終焉と呼ぶべき状況は明瞭にみられるようになっている。しかし，そうした中でも局地的に人口増加を示す市町村が大都市圏外縁部にいくつか存在していることも事実である。こうした地域における人々の生活行動とはいかなるものであるのか，本章では通勤流動に着目して検討する。

ここで対象とするのは京都府木津川市である（**図4-1**）。木津川市は，旧山城町，旧木津町，旧加茂町が合併して2007年に誕生した都市である。大阪大都市圏という点でみると，第2章，第3章で取り上げてきた近鉄奈良線沿線よりもさらに外側（北東）に位置し，大阪大都市圏の外縁部とみなすことができる(1)。市内には，1980年代以降に開発がすすめられた大規模住宅地が数多く存在している。そのうち最も早いものが，1981年に入居が開始された旧加茂町の南加茂台（**写真4-1**）である。その後，1980年代半ば頃から1990年代にかけて旧木津町域西部において住宅地開発が本格化し，日本住宅公団が開発した相楽ニュータウンの一部である兜台，相楽台や，近鉄による開発である木津川台において入居が開始された。1990年代に入ってからは，

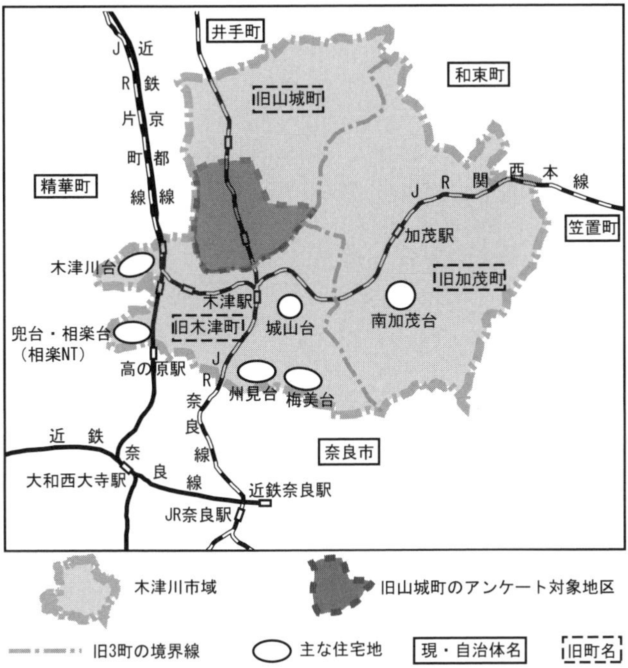

図 4-1　対象地域

写真 4-1　南加茂台（旧加茂町）

写真 4-2　梅美台（旧木津町）

写真 4-3　旧山城町（上狛駅方面）

旧木津町域東部において開発がすすみ，1990 年代半ばには州見台，2000 年代に入ってからは梅美台（**写真 4-2**）において入居が開始された（香川，2006）。最新のものは，JR 木津駅東側の城山台であり，2012 年に入居が開始されている。いずれも，一戸建て住宅を中心とした供給がなされている。以上のように，住宅地開発が全国的に停滞する2000年代に入っても，活発な住宅供給がすすんできたのが木津川市の実態である。一方で木津川市内には伝統的な集落も数多く存在している。合併前の3町のうち，旧山城町域には大規模な住宅地はなく，旧来からの集落景観を残している（**写真4-3**）。

木津川市（厳密には合併前の町）を取り上げた研究として藤井（1989），香川（2006）が挙げられるが，これらの研究が明らかにしたように，木津川市においては通勤や消費行動の面で，近接する奈良市に依存する傾向が強い。これは，木津川市内を走る路線バスや鉄道（JR，近鉄）の多くが奈良市内と結んでいることや，主要道路を通じて奈良市内とのアクセスがよいことが影響している。

以下では，第一に基礎的作業として，大都市圏外縁部の人口動向，通勤流動の変化について国勢調査をもとに長期的な観点から考察する。その上で，アンケート調査をもとにした検討を行う。

2　人口増減と人口移動

(1) 人口増減

図4-2は，国勢調査をもとに，旧山城町，旧木津町，旧加茂町，および木津川市全域における1980年以降の人口推移を示したものである。2010年以降は，町丁目別人口をもとに旧3町の人口を算出した。

1980年から1985年にかけて大幅な人口増加がみられたのは旧加茂町である。この間の人口増加は4789人であり，増加率にすると53.4%である。1節で述べたように，この時期には旧加茂町内の南加茂台で入居が始まっており，この住宅地への入居者が大幅な人口増加の主因と考えられる[(2)]。

1985年以降は，旧木津町において人口が急増する。相楽ニュータウン，木津川台，州見台，梅美台と，大規模な住宅地が継続的に供給されてきたことがその背景にある。2010－2015年の人口増加は，それまでに比べるとやや緩やかなものになっているが，2000年代に続き入居がすすんでいる梅美台や，2012年に入居が開始された城山台の影響もあり，増加率は10.0%と二桁を維持している[(3)]。

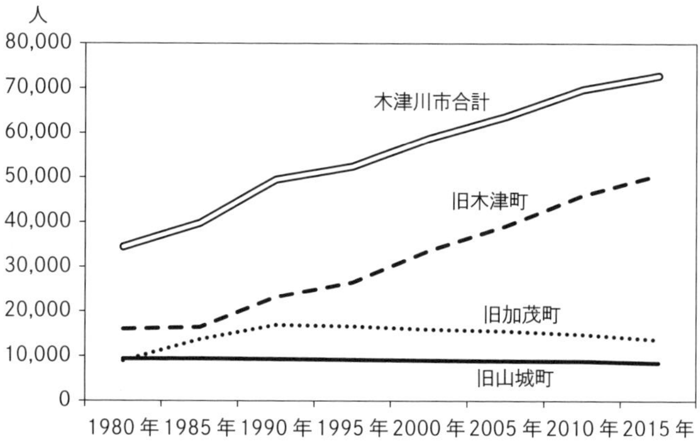

図4-2　木津川市（旧3町）の人口推移（国勢調査をもとに作成）

旧加茂町，旧木津町とは対照的に，旧山城町においては，1980年以降大幅な人口増加はなく，微減傾向が続いている。旧山城町域では，大規模な住宅地開発がなされてこなかったことが影響しているといえる。

以上のように，大都市圏外縁部のもともと人口規模が小さかった木津川市においては，人口動向に対する大規模住宅地の影響が非常に大きいことがわかる。中心都市に近い地域では，大規模住宅地の開発だけでなく，既存集落周辺においてもスプロール的な宅地開発がすすむが，大都市圏外縁部では，人口増加地域（大規模住宅地）とそうでない地域が明確に分かれている。

(2) 人口移動

図4-3は，木津川市が，各市町村との間にどの程度の転入超過数がみられたのかを示したものである。まず1990年をみると，隣接する奈良市からの転入超過数が多く，奈良市から大量の人口を受け入れてきたことがわかる。大都市圏の中心都市である大阪市からの転入超過数も多いものの，奈良市からのそれには及んでいない。つまり，木津川市は，大阪大都市圏の郊外という性格とともに，郊外都市である奈良市のベッドタウン的な性格も有していたと考えることもできる。

1990年については，合併以前の旧3町の転入超過数を算出することが可

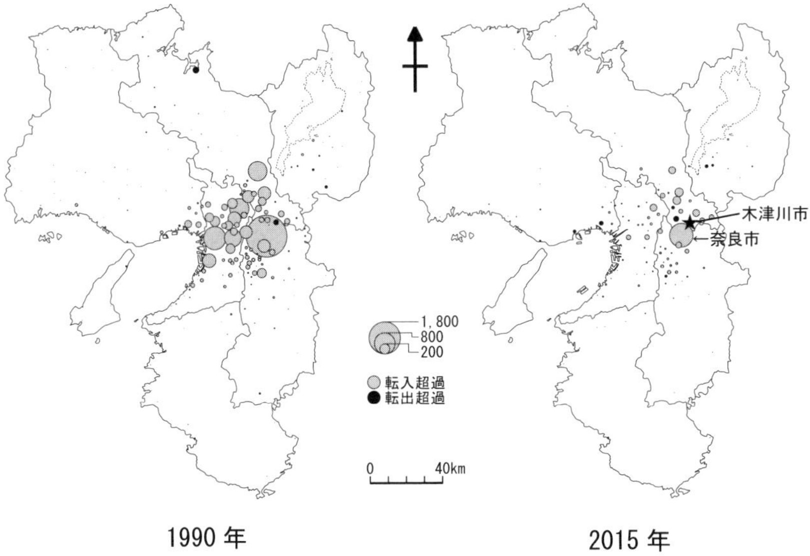

＊ 1990 年は旧 3 町の合計

図 4-3　木津川市における転入超過数の変化（1990 年・2015 年）（国勢調査をもとに作成）

能なので，ここでは旧 3 町の図も示しておく（**図 4-4**）。旧木津町と旧加茂町において大幅な人口増加がみられた当時の状況を反映し，これら旧 2 町において転入超過数が多い。転入超過数の地域的特徴は，木津川市全体（**図 4-3**）と同様に奈良市からの転入超過数が多い。一方，この時期に人口が微減であった旧山城町をみると，大阪市や奈良市をはじめ多くの市町村に対して転出超過の状況にある。1990 年当時の木津川市域におけるベッドタウン的な性格は，旧山城町には及んでいなかったことが明瞭である。

再び**図 4-3** に戻り，2015 年の状況を確認する。1990 年に比べ，各市町村からの転入超過数が大幅に縮小している。ただし，すべての市町村で一律に縮小しているわけではない。特に縮小が目立つのは大阪府の市町村である。大阪市を例にとると，1990 年には大阪市から 614 人の転入超過がみられたのに対し，2015 年にはわずか 53 人と大幅な縮小となった。一方，隣接する

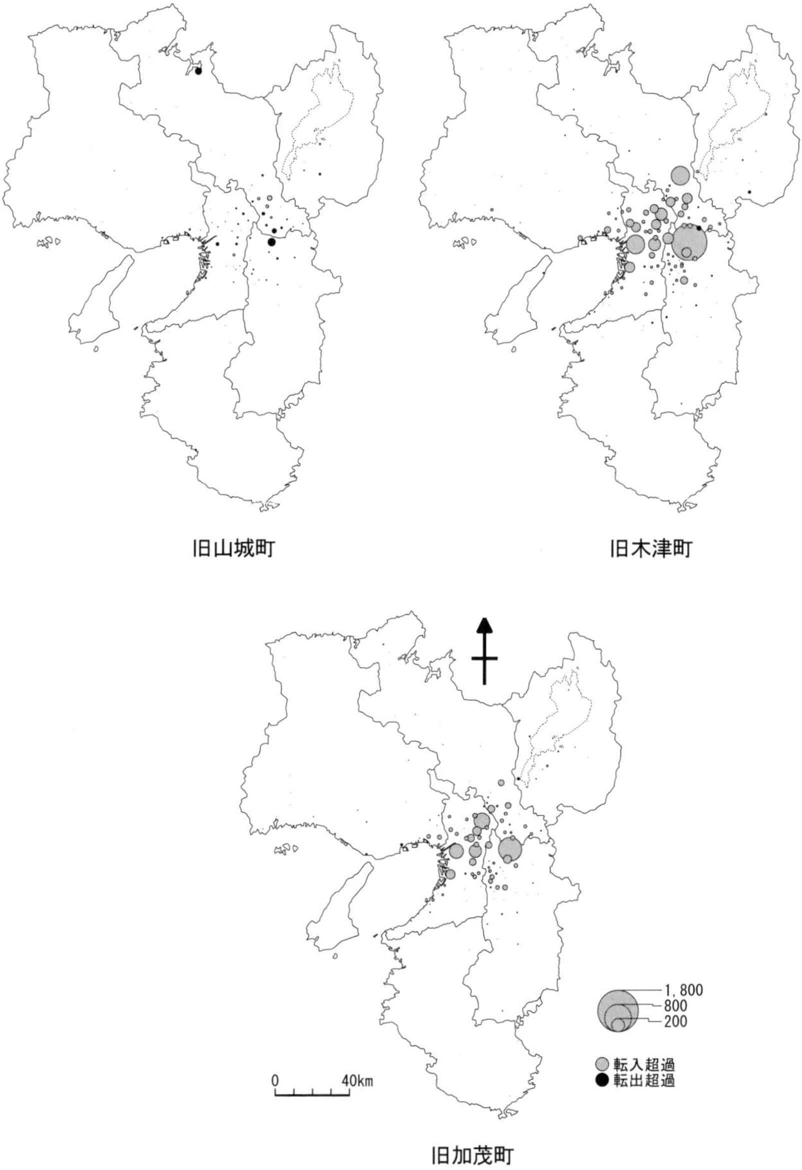

図 4-4　木津川市旧 3 町の転入超過数（1990 年）（国勢調査をもとに作成）

奈良市との間の転入超過数は，1990 年の 1940 人から 2015 年の 1006 人へと縮小しているものの，縮小幅は大阪市に比べれば小さい。この結果，現在の木津川市は，奈良市居住者が住宅を求める場所としての性格を，以前にも増して相対的に強めてきたと解釈できる。

3　木津川市の通勤流動

表 4-1，**4-2**，**4-3** は，旧 3 町における常住就業者の就業地構成を示したものである。ここでは，3 町が存在していた 2005 年までの国勢調査を用いる。まず，旧 3 町の中で最も早く人口増加を経験した旧加茂町をみると（**表 4-1**），1980 年から 1990 年にかけて，大阪市への通勤者数，通勤率が大幅に増加，上昇している。この時期に開発された南加茂台に，大阪市への通勤者が多く入居してきたことを反映している（藤井，1989）。しかし，1990 年代に入ると，大阪市への通勤者数，通勤率が減少，低下傾向であり，大阪市のベッドタウン的性格は急速に失われている。

旧加茂町に次いで人口増加がすすんだ旧木津町をみると（**表 4-2**），1985 年から 1995 年にかけて大阪市への通勤者数，通勤率が増加，上昇した。1995

表 4-1　旧加茂町における就業地構成の変化（国勢調査をもとに作成）

	1980 年	1985 年	1990 年	1995 年	2000 年	2005 年
常住就業者	4485	6232	7428	7784	7697	7689
加茂町（自宅）	1553(34.6)	1466(23.5)	1377(18.5)	1170(15.0)	1052(13.7)	1038(13.5)
加茂町(自宅外)	956(21.3)	1288(20.7)	1371(18.5)	1454(18.7)	1434(18.6)	1604(20.9)
山城町	56(1.2)	62(1.0)	65(0.9)	94(1.2)	97(1.3)	102(1.3)
木津町	254(5.7)	237(3.8)	287(3.9)	364(4.7)	429(5.6)	458(6.0)
京都市	103(2.3)	147(2.4)	187(2.5)	211(2.7)	233(3.0)	227(3.0)
精華町	23(0.5)	53(0.9)	77(1.0)	66(0.8)	88(1.1)	133(1.7)
京都府その他	246(5.5)	309(5.0)	400(5.4)	492(6.3)	556(7.2)	615(8.0)
奈良市	668(14.9)	928(14.9)	1225(16.5)	1455(18.7)	1425(18.5)	1390(18.1)
奈良県その他	157(3.5)	301(4.8)	446(6.0)	471(6.1)	484(6.3)	496(6.5)
大阪市	308(6.9)	919(14.7)	1300(17.5)	1263(16.2)	1150(14.9)	945(12.3)
大阪府その他	138(3.1)	462(7.4)	635(8.5)	613(7.9)	613(8.0)	507(6.6)
その他	23(0.5)	60(1.0)	58(0.8)	131(1.7)	136(1.8)	174(2.3)

旧 3 町が合併する前の最新年である 2005 年までを表示。
カッコ内は構成比（%）。

表 4-2　旧木津町における就業地構成の変化（国勢調査をもとに作成）

	1980 年	1985 年	1990 年	1995 年	2000 年	2005 年
常住就業者	7220	7453	10301	12590	15732	18127
木津町（自宅）	1720(23.8)	1613(21.6)	1591(15.4)	1432(11.4)	1378(8.8)	1369(7.6)
木津町（自宅外）	1625(22.5)	1687(22.6)	1929(18.7)	2345(18.6)	2885(18.3)	3278(18.1)
山城町	103(1.4)	127(1.7)	131(1.3)	157(1.2)	176(1.1)	209(1.2)
加茂町	55(0.8)	78(1.0)	121(1.2)	129(1.0)	140(0.9)	180(1.0)
京都市	408(5.7)	433(5.8)	653(6.3)	831(6.6)	1026(6.5)	1238(6.8)
精華町	124(1.7)	212(2.8)	248(2.4)	364(2.9)	565(3.6)	755(4.2)
京都府その他	426(5.9)	500(6.7)	777(7.5)	964(7.7)	1160(7.4)	1485(8.2)
奈良市	936(13.0)	983(13.2)	1585(15.4)	2088(16.6)	2947(18.7)	3733(20.6)
奈良県その他	284(3.9)	335(4.5)	618(6.0)	764(6.1)	1239(7.9)	1503(8.3)
大阪市	939(13.0)	910(12.2)	1743(16.9)	2286(18.2)	2600(16.5)	2630(14.5)
大阪府その他	539(7.5)	507(6.8)	782(7.6)	1012(8.0)	1282(8.1)	1344(7.4)
その他	61(0.8)	68(0.9)	123(1.2)	218(1.7)	334(2.1)	403(2.2)

旧 3 町が合併する前の最新年である 2005 年までを表示。
カッコ内は構成比（%）。

表 4-3　旧山城町における就業地構成の変化（国勢調査をもとに作成）

	1980 年	1985 年	1990 年	1995 年	2000 年	2005 年
常住就業者	4463	4566	4545	4683	4481	4257
山城町（自宅）	1347(30.2)	1150(25.2)	1106(24.3)	996(21.3)	787(17.6)	805(18.9)
山城町（自宅外）	881(19.7)	974(21.3)	868(19.1)	996(21.3)	1020(22.8)	966(22.7)
木津町	190(4.3)	190(4.2)	239(5.3)	236(5.0)	267(6.0)	235(5.5)
加茂町	33(0.7)	41(0.9)	42(0.9)	55(1.2)	59(1.3)	54(1.3)
京都市	422(9.5)	415(9.1)	406(8.9)	367(7.8)	343(7.7)	298(7.0)
精華町	53(1.2)	104(2.3)	105(2.3)	129(2.8)	149(3.3)	165(3.9)
京都府その他	578(13.0)	721(15.8)	799(17.6)	849(18.1)	881(19.7)	857(20.1)
奈良市	392(8.8)	436(9.5)	422(9.3)	411(8.8)	385(8.6)	333(7.8)
奈良県その他	105(2.4)	120(2.6)	135(3.0)	165(3.5)	157(3.5)	148(3.5)
大阪市	265(5.9)	237(5.2)	230(5.1)	257(5.5)	236(5.3)	203(4.8)
大阪府その他	163(3.7)	149(3.3)	165(3.6)	180(3.8)	159(3.5)	141(3.3)
その他	34(0.8)	29(0.6)	28(0.6)	42(0.9)	38(0.8)	52(1.2)

旧 3 町が合併する前の最新年である 2005 年までを表示。
カッコ内は構成比（%）。

年の大阪市への通勤率は 18.2% と，奈良市へのそれ（16.6%）を上回った。このように，1995 年までの旧木津町は，大阪市のベッドタウンとしての人口増加を示してきたとみることができる。しかし，1995 年以降の性格は異なる。旧木津町は，1995 年以降も人口増加が継続しているが，大阪市への

表 4-4　木津川市における就業地構成の変化（国勢調査をもとに作成）

	1980 年	1985 年	1990 年	1995 年
常住就業者	16168	18251	22274	25057
自市町村（自宅）	4620(28.6)	4229(23.2)	4074(18.3)	3598(14.4)
自市町村(自宅外)	4153(25.7)	4684(25.7)	5053(22.7)	5830(23.3)
京都市	933(5.8)	995(5.5)	1246(5.6)	1409(5.6)
精華町	200(1.2)	369(2.0)	430(1.9)	559(2.2)
京都府その他	1250(7.7)	1530(8.4)	1976(8.9)	2305(9.2)
奈良市	1996(12.3)	2347(12.9)	3232(14.5)	3954(15.8)
奈良県その他	546(3.4)	756(4.1)	1199(5.4)	1400(5.6)
大阪市	1512(9.4)	2066(11.3)	3273(14.7)	3806(15.2)
大阪府その他	840(5.2)	1118(6.1)	1582(7.1)	1805(7.2)
その他	118(0.7)	157(0.9)	209(0.9)	391(1.6)

	2000 年	2005 年	2010 年	2015 年
常住就業者	27910	30073	29374	31178
自市町村（自宅）	3217(11.5)	3212(10.7)	2682(9.1)	2710(8.7)
自市町村(自宅外)	6507(23.3)	7086(23.6)	7127(24.3)	7577(24.3)
京都市	1602(5.7)	1763(5.9)	1865(6.3)	2101(6.7)
精華町	802(2.9)	1053(3.5)	1287(4.4)	1362(4.4)
京都府その他	2597(9.3)	2957(9.8)	3110(10.6)	3426(11.0)
奈良市	4757(17.0)	5456(18.1)	5380(18.3)	5832(18.7)
奈良県その他	1880(6.7)	2147(7.1)	2089(7.1)	2216(7.1)
大阪市	3986(14.3)	3778(12.6)	3365(11.5)	3236(10.4)
大阪府その他	2054(7.4)	1992(6.6)	1795(6.1)	1800(5.8)
その他	508(1.8)	629(2.1)	674(2.3)	918(2.9)

就業地不詳は除く。
1980 年～ 2005 年は山城町，木津町，加茂町を合計した数値。
カッコ内は構成比（%）。

通勤率は低下傾向で，2005 年には 14.5%となった。対照的に奈良市への通勤率は上昇傾向にあり，2005 年には 20.6%と，大阪市へのそれを上回っている。郊外都市の成長により，その都市の通勤圏が外側へ広がる現象については超郊外化として言及されることがあるが，旧木津町と奈良市の関係はその一つとみなすことができる。

大規模な住宅地開発が行われてこなかった旧山城町をみると（**表 4-3**），大阪市への通勤率は 1980 年から 2005 年まで大きな変化はない。通勤率が上昇している地域は，現木津川市内や隣接する精華町，京都府その他（旧山城町の近隣が大半）である。つまり，大阪大都市圏の外延的拡大の影響を受けていない旧山城町は，旧加茂町や旧木津町とは異なり，1980年代以降，通勤先の範囲は継続して近隣化してきたといえる。

つぎに，木津川市全体の就業地構成の変化を検討する（**表4-4**）。大阪市への通勤率は，1995年にピークを迎えた後は低下し続けているが，2000年以降は，通勤率の低下だけでなく通勤者数自体も減少するようになった。対照的に2000年以降に通勤率が上昇している地域は，奈良市，精華町など近隣市町村である。特に奈良市への通勤率は，1995年に大阪市への通勤率を上回って以降，木津川市内を除き最大となっている。ちなみに，奈良市への通勤率を市町村別に示した**図4-5**によると，最も高い通勤率を示すのが木津川市である。人口移動のところでみたように，最近の木津川市は大阪市からの転入超過数が大幅に縮小し，相対的に奈良市からの転入超過数が卓越する状況にある（**図4-3**）。このことからも，木津川市が，郊外中心都市である奈良市の通勤圏に組み込まれるようになり，奈良市のベッドタウンとして人口増加を示しているとの解釈も可能である。

4　アンケート分析

(1) アンケート調査の方法

前節まででみてきたように，木津川市においては，住宅地開発の結果として人口増加を経験してきた地域と，そうした開発が行われてこなかった地区とに明確に分かれている。そこで本節では，それぞれの特徴を持つ地区を対象にアンケート調査を実施し分析する。

アンケート調査は，2000年代以降に住宅地開発のなされた旧木津町の梅美台地区と，開発がなされず伝統的な村落景観の残る旧山城町の南部地区において実施した（**図4-1**）。梅美台は，西側で隣接する州見台とともに木津南特定土地区画整理事業によって開発がすすめられた地区である。いち早く入居が開始された州見台に続き，梅美台でも2000年代に入って入居が開始されるようになった（香川，2006）。一方，旧山城町の対象地域には，新たな住宅地開発はほとんどみられず，旧来からの集落の典型であるといえる。

主な質問項目は，高級服，普段着，生鮮食料品などの買い物先に関するも

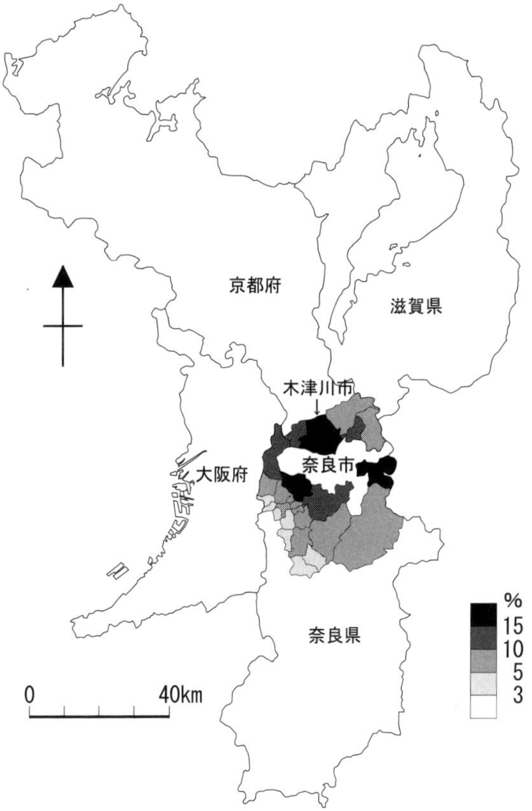

図 4-5　奈良市の通勤圏（2015 年）（国勢調査をもとに作成）

の，および就業地，前住地，出身地など居住・就業に関するものである。このうち本節では，居住・就業に関するデータを分析対象とする。

両地区ともに，タウンプラスを利用して郵送を行った。1 世帯につき 2 通の調査票を同封し，世帯主と配偶者それぞれに回答を求めた。旧山城町調査においては，2017 年 8 月に 2286 世帯に対して郵送し，26.4％に相当する 604 世帯から回答が得られた。梅美台調査においては，2018 年 6 月に 1698 世帯に対して郵送し，19.7％に相当する 335 世帯から回答が得られた。

表 4-5　回答者の年齢層（筆者アンケート調査をもとに作成）

旧山城町調査

	29 歳以下	30 歳代	40 歳代	50 歳代	60 歳代	70 歳以上
男性	6(1.3)	29(6.1)	38(8.0)	66(13.9)	133(28.1)	202(42.6)
女性	9(1.7)	35(6.5)	55(10.3)	82(15.3)	162(30.3)	192(35.8)

梅美台調査

	29 歳以下	30 歳代	40 歳代	50 歳代	60 歳代	70 歳以上
男性	6(1.9)	68(21.9)	130(41.8)	42(13.5)	37(11.9)	28(9.0)
女性	4(1.3)	88(27.6)	117(36.7)	42(13.2)	43(13.5)	25(7.8)

カッコ内は構成比（%）。

(2) 回答者の年齢構成と居住歴

表 4-5 は，アンケート回答者の年齢構成を示したものである。いずれのアンケートでも世帯主と配偶者に対して回答を求めたため，20 歳代以下の回答者はごく少数である。旧山城町は，男女ともに 60 歳代以上が約 7 割を占めており，伝統的な集落としての性格が明瞭である。一方，梅美台は，2000 年代に入ってから入居が開始された新興住宅地であるため，住宅取得時期を反映して 30 歳代や 40 歳代の割合が高くなっている。

このように，両地区における回答者の年齢構成には大きな差異があるため，回答者をひとまとめにした分析は適切とはいえない。そこで以下では，両地区ともに回答者を 50 歳代以下と 60 歳代以上に区分し，年齢による差異についても検討する。

表 4-6，4-7 は，回答者の前住地を示したものである。まず旧山城町をみると（**表 4-6**），男性では現住所のままであったり，木津川市内から転居してきた割合が高いことがわかる。この傾向は，60 歳代以上において特に高い。旧山城町には木津川市内を出身地とする者が多いため[4]，それらの人々が親との同居や近居などを含め，近隣で転居を行ったものと思われる。

一方，2000 年代に入居が開始された住宅地である梅美台には，現住所のままである人は存在しないし，木津川市を前住地とする割合をみても，旧山城町に比べると低いことがわかる（**表 4-7**）。これに対し，奈良市を前住地とする割合は非常に高い。特に，60 歳代以上において奈良市を前住地とする

表 4-6　回答者の前住地（旧山城町調査）（筆者アンケート調査をもとに作成）

男性

	木津川市	精華町・京田辺市	京都府南部	京都市	奈良市
50 歳代以下	58(41.7)	16(11.5)	16(11.5)	4(2.9)	5(3.6)
60 歳代以上	149(45.2)	13(3.9)	33(10.0)	16(4.8)	14(4.2)

	奈良県その他	大阪市	大阪府その他	その他	現住地のまま
50 歳代以下	3(2.2)	2(1.4)	10(7.2)	11(7.9)	14(10.1)
60 歳代以上	7(2.1)	5(1.5)	19(5.8)	26(7.9)	48(14.5)

女性

	木津川市	精華町・京田辺市	京都府南部	京都市	奈良市
50 歳代以下	51(28.2)	23(12.7)	21(11.6)	13(7.2)	14(7.7)
60 歳代以上	139(39.7)	16(4.6)	43(12.3)	18(5.1)	17(4.9)

	奈良県その他	大阪市	大阪府その他	その他	現住地のまま
50 歳代以下	6(3.3)	6(3.3)	21(11.6)	22(12.2)	4(2.2)
60 歳代以上	25(7.1)	8(2.3)	19(5.4)	45(12.9)	20(5.7)

カッコ内は構成比（%）。

表 4-7　回答者の前住地（梅美台調査）（筆者アンケート調査をもとに作成）

男性

	木津川市	精華町・京田辺市	京都府南部	京都市	奈良市
50 歳代以下	58(23.7)	13(5.3)	7(2.9)	9(3.7)	72(29.4)
60 歳代以上	13(20.0)	4(6.2)	2(3.1)	0(0.0)	25(38.5)

	奈良県その他	大阪市	大阪府その他	その他
50 歳代以下	36(14.7)	6(2.4)	17(6.9)	27(11.0)
60 歳代以上	10(15.4)	0(0.0)	4(6.2)	7(10.8)

女性

	木津川市	精華町・京田辺市	京都府南部	京都市	奈良市
50 歳代以下	68(27.1)	13(5.2)	9(3.6)	11(4.4)	68(27.1)
60 歳代以上	13(19.1)	4(5.9)	3(4.4)	0(0.0)	22(32.4)

	奈良県その他	大阪市	大阪府その他	その他
50 歳代以下	32(12.7)	6(2.4)	16(6.4)	28(11.2)
60 歳代以上	13(19.1)	0(0.0)	6(8.8)	7(10.3)

カッコ内は構成比（%）。

割合が高く，奈良市に居住していたリタイア層が梅美台を指向する様子が読み取れる。大阪市や大阪府その他など，大阪大都市圏の中心都市方面を前住地とする割合は非常に低い。先に国勢調査データをもとに，1990 年から 2015 年にかけて大阪府内からの転入超過数が大幅に縮小したことを指摘したが（**図 4-3**），本アンケートの結果はそうした状況を反映したものと考えることができる。このように，現在の大都市圏外縁部の新興住宅地が，中心都市住民の受け入れ先として機能していないことは明瞭である。

(3) 回答者の就業地構成

表 4-8，**4-9** は，回答者の就業地構成を示したものである。まず男性について検討する。旧山城町においては，木津川市内就業率が高いのが特徴であり，特に 60 歳代以上で顕著である。これは，農業を中心とした自営業者の割合の高さが関係している。表示していないが，旧山城町の 60 歳代以上男性の自営業割合は 38.6％であり，梅美台の 60 歳代以上男性の 11.8％と比べて高い。このように，職住近接を基本とする自営業の存在が，木津川市内就業率を高めていると考えられる。一方，50 歳代以下男性の自営業割合は，旧山城町 16.3％，梅美台 6.6％と，60 歳代以上男性のそれに比べると低いものの，やはり旧山城町において同割合が高い。このため，旧山城町における 50 歳代以下男性の木津川市内就業率（26.9％）が，梅美台のそれ（12.3％）よりも高くなっていると解釈できる。

ただし，旧山城町における木津川市内就業率の高さを，すべて自営業割合の高さで説明できるわけではない。その他の要因として，先述のとおり旧山城町において木津川市出身者の割合が高いことが挙げられる。木津川市出身者には，新規就職時に地元である木津川市内で就職した者が多く含まれると考えられるためである。これは，第 3 章で指摘した点と同様である。

両地区において大きな差異がみられるもう一つの点は，奈良市への通勤率である。旧山城町では，奈良市への通勤率が 50 歳代以下男性 8.2％，60 歳代以上男性 3.7％とわずかであるのに対し，梅美台では 50 歳代以下男性 23.9％，60 歳代以上男性 21.9％ときわめて高い。同様の傾向は，奈良県その他への通勤率においてもみられる。国勢調査をもとにした**表 4-4** でみたよう

表 4-8　回答者の就業地構成(旧山城町調査)(筆者アンケート調査をもとに作成)

男性

	木津川市	精華町・京田辺市	京都府南部	京都市	奈良市
50 歳代以下	36(26.9)	9(6.7)	18(13.4)	16(11.9)	11(8.2)
60 歳代以上	111(59.4)	8(4.3)	14(7.5)	7(3.7)	7(3.7)

	奈良県その他	大阪市	大阪府その他	その他
50 歳代以下	7(5.2)	9(6.7)	16(11.9)	12(9.0)
60 歳代以上	8(4.3)	9(4.8)	12(6.4)	11(5.9)

女性

	木津川市	精華町・京田辺市	京都府南部	京都市	奈良市
50 歳代以下	74(52.1)	23(16.2)	13(9.2)	5(3.5)	16(11.3)
60 歳代以上	74(69.2)	6(5.6)	11(10.3)	2(1.9)	8(7.5)

	奈良県その他	大阪市	大阪府その他	その他
50 歳代以下	1(0.7)	4(2.8)	4(2.8)	2(1.4)
60 歳代以上	2(1.9)	0(0.0)	2(1.9)	2(1.9)

カッコ内は構成比 (%)。

表 4-9　回答者の就業地構成 (梅美台調査) (筆者アンケート調査をもとに作成)

男性

	木津川市	精華町・京田辺市	京都府南部	京都市	奈良市
50 歳代以下	30(12.3)	9(3.7)	13(5.3)	15(6.2)	58(23.9)
60 歳代以上	9(28.1)	2(6.3)	1(3.1)	0(0.0)	7(21.9)

	奈良県その他	大阪市	大阪府その他	その他
50 歳代以下	39(16.0)	23(9.5)	28(11.5)	28(11.5)
60 歳代以上	5(15.6)	5(15.6)	0(0.0)	3(9.4)

女性

	木津川市	精華町・京田辺市	京都府南部	京都市	奈良市
50 歳代以下	71(40.6)	15(8.6)	5(2.9)	3(1.7)	63(36.0)
60 歳代以上	5(25.0)	2(10.0)	0(0.0)	0(0.0)	8(40.0)

	奈良県その他	大阪市	大阪府その他	その他
50 歳代以下	11(6.3)	2(1.1)	3(1.7)	2(1.1)
60 歳代以上	2(10.0)	3(15.0)	0(0.0)	0(0.0)

カッコ内は構成比 (%)。

に，木津川市全体でも奈良市や奈良県その他への通勤率は上昇傾向にある。これは，梅美台居住者をはじめ，新たに木津川市に居住地移動してきた人々の多くが奈良市をはじめとする奈良県内への通勤者であることが関係していると考えられる。

これに対し，大阪大都市圏の中心都市である大阪市への通勤率は，さほど高いとはいえない。第2章でみたように，大阪市に近い郊外都市である生駒市では，市全体よりも新興住宅地居住の男性のほうが，中心都市である大阪市への通勤率は高かった（第2章の**図2-2**および**表2-5**を参照）。しかし，ここでの結果をみると，木津川市全体における大阪市への通勤率（2015年）が10.4％であるのに対し，梅美台のそれは9.5％とやや低くなっている。これは，一般的に考えられている傾向とは対照的なものといえる。大都市圏外縁部におけるこうした傾向は，従来からみられるものなのだろうか。

そこで以下では，木津川市内において1980年代に実施された通勤先に関するアンケート調査と本章のアンケート調査とを比較して，上記の点をより詳細に検討する。木津川市の一部である旧加茂町では，1987年に旧加茂町に立地する中学校を通じて通勤先や買い物行動に関するアンケートを実施しており，その結果は藤井（1989）によってまとめられている。ここでは，藤井（1989）が示した結果と本アンケート調査結果を比較する。

表4-10は，旧加茂町と本アンケート調査の結果を示したものである。旧加茂町のアンケート調査は，町域全体が通学圏となっている中学校の保護者を対象に実施したものである。そのため，回答者が30－40歳代に特化していると考えられる。そこで，本アンケート調査においても30－40歳代に分析対象を限定した。また通勤先は，世帯単位で調査されているため，主に男性世帯主のデータであると考えられる。そこで，本アンケート調査についても男性の通勤先を示した。藤井（1989）は，1980年代に開発された南加茂台地区と他の地区に回答者を区分して就業地構成を示している。当時の新興住宅地である南加茂台と他の地区の関係は，本アンケート調査における梅美台と旧山城町の関係に相当する。**表4-10**では，本アンケート調査の結果を藤井（1989）の就業地区分に合わせて示してある。

表4-10によれば，旧加茂町調査では，当時の新興住宅地である南加茂台

表 4-10　1980 年代の調査と筆者アンケートの比較（男性の就業地構成）（旧加茂町のアンケート調査，および筆者アンケート調査をもとに作成）

旧加茂町調査（1987 年実施）

	旧加茂町	京都府その他	奈良市	大阪市	大阪府その他	その他
南加茂台	7(9.0)	4(5.1)	14(17.9)	40(51.3)	12(15.4)	1(1.3)
他の地区	13(23.6)	15(27.3)	12(21.8)	7(12.7)	5(9.1)	3(5.5)

筆者アンケート調査（2017 年，2018 年実施）

	木津川市	京都府その他	奈良市	大阪市	大阪府その他	その他
梅美台	22(11.2)	30(15.3)	48(24.5)	20(10.2)	25(12.8)	51(26.0)
旧山城町	14(21.5)	22(33.8)	3(4.6)	8(12.3)	11(16.9)	7(10.8)

カッコ内は構成比（％）。
旧加茂町調査は，1987 年に旧加茂町が実施したアンケート調査（藤井，1989）をもとに作成。
旧加茂町調査の回答者の年齢層に合わせるため，筆者アンケート調査の 30－40 歳代を抽出した。

のほうが，他の地区に比べて大阪市への通勤率が高く，その割合は 50％以上にも及んでいた。大都市圏外縁部の住宅地開発が，中心都市のベッドタウン化の外延的拡大を意味するものであったことがわかる。これに対し，本アンケート調査では，現在の新興住宅地である梅美台における大阪市への通勤率はわずか 10％程度であり，旧山城町（12.3％）よりもやや低くなっている。梅美台において通勤率が高いのは奈良市（24.5％）であり，旧山城町のそれ（4.6％）を大きく上回る。旧加茂町調査では，奈良市への通勤率が，南加茂台（17.9％）よりも他の地区（21.8％）のほうが高かったこととは対照的である。もちろん，梅美台は奈良市に隣接しており，奈良市内へのアクセスが非常に良い[(5)]ことも背景にあると思われるが，そのことを考慮しても，梅美台と旧山城町の奈良市への通勤率の差異は際立っている[(6)]。

再び**表 4-8**，**4-9** に戻り，女性の通勤先をみる。女性の大阪市への通勤率は男性に比べて低く[(7)]，中心都市との通勤による関係は非常に弱いことがわかる。男性に比べて木津川市内就業率が高くなっているのは，パート・アルバイト就業者の割合が高いことによる[(8)]。就業形態別に就業地構成を示した**表 4-11**[(9)] によれば，パート・アルバイトの木津川市内就業率が特に高いことが明瞭である。

表 4-11　就業形態別にみた就業地構成（筆者アンケート調査をもとに作成）

旧山城町調査

	木津川市	精華町・京田辺市	京都府南部	京都市	奈良市
男性－正社員	11(10.9)	11(10.9)	14(13.9)	12(11.9)	8(7.9)
女性－正社員	14(31.8)	9(20.5)	5(11.4)	2(4.5)	8(18.2)
女性－パート・アルバイト	66(60.0)	17(15.5)	13(11.8)	2(1.8)	9(8.2)

	奈良県その他	大阪市	大阪府その他	その他
男性－正社員	8(7.9)	9(8.9)	16(15.8)	12(11.9)
女性－正社員	1(2.3)	3(6.8)	2(4.5)	0(0.0)
女性－パート・アルバイト	0(0.0)	1(0.9)	0(0.0)	2(1.8)

梅美台調査

	木津川市	精華町・京田辺市	京都府南部	京都市	奈良市
男性－正社員	13(7.2)	6(3.3)	9(5.0)	10(5.5)	46(25.4)
女性－正社員	6(13.3)	1(2.2)	0(0.0)	2(4.4)	23(51.1)
女性－パート・アルバイト	55(45.8)	11(9.2)	3(2.5)	1(0.8)	42(35.0)

	奈良県その他	大阪市	大阪府その他	その他
男性－正社員	33(18.2)	20(11.0)	23(12.7)	21(11.6)
女性－正社員	8(17.8)	2(4.4)	2(4.4)	1(2.2)
女性－パート・アルバイト	3(2.5)	3(2.5)	1(0.8)	1(0.8)

カッコ内は構成比（%）。

奈良市への通勤率が旧山城町よりも梅美台において高いことは男性と同様である（**表 4-8, 4-9**）。ここで，女性における奈良市への通勤者とはどのような人々であるかを検討しておく。**表 4-11** をみると，旧山城町，梅美台ともに，奈良市への通勤率が高いのは女性の正社員であることがわかる。特に梅美台においては，正社員の女性の半数以上（51.1%）が奈良市への通勤者である。このように，奈良市は，木津川市に居住する女性の中でも，新興住宅地に居住する正社員の女性の通勤先としての性格が比較的強いといえる。

5　おわりに

以上から，大都市圏外縁部における新興住宅地の位置づけは，1980 年代

連邦制の逆説？—効果的な統治制度か—

松尾秀哉・近藤康史・溝口修平・柳原克行編　統合と分離という二つのベクトルに注目し、現代における連邦制の意義を問い直す。A５判　3800円

岐路に立つ欧州福祉レジーム—EUは市民の新たな連帯を築けるか？—

福原宏幸・中村健吾・柳原剛司編　新しい社会政策の展開の中で、社会から排除された人々は連帯の輪に入ることができるのか。　A５判　4000円

紛争と和解の政治学

松尾秀哉・臼井陽一郎編　「和解」の系譜をたどり、国内外の紛争の事例をもとに和解の可能性を探る紛争解決のための政治学。　A５判　2800円

戦争と戦争のはざまで—E・H・カーと世界大戦—

山中仁美著／佐々木雄太監訳　卓越した思想家 E. H. カー。「三人のカー」と言われ難解とされたカーの思考枠組みを読み解く。　A５判　4600円

ウェストファリア史観を脱構築する—歴史記述としての国際関係論—

山下範久・安高啓朗・芝崎厚士編　ウェストファリア体制に現在の国際システムの起源を見る国際関係論の限界に挑む。　A５判　3500円

欧州周辺資本主義の多様性—東欧革命後の軌跡—

ボーレ＆グレシュコヴィッチ／堀林巧他訳　中東欧の旧社会主義圏11ヵ国の体制転換を、ポランニー理論に基づいて分析する。　A５判　4800円

日本型福祉国家再編の言説政治と官僚制—家族政策の「少子化対策」化—

西岡晋　1990年代以後、家族政策を拡充してきた日本型福祉国家。この政策変容はどのようにもたらされたのか。　A５判　4000円

近代日本政治思想史—荻生徂徠から網野善彦まで—

河野有理編　江戸期国学者たちから1970年代まで、近現代の日本を舞台に繰り広げられた論争を軸に思想史を読み解く。　A５判　4000円

立法学のフロンティア

井上達夫編集代表　より良き立法はいかにして可能か。民主社会における立法の意義を問い直し、立法学の再構築を目指す。全３冊　A５判　各3800円

功利主義の逆襲

若松良樹編　ロールズをはじめとする批判の集中砲火のなか、功利主義は論破されたのか？　気鋭の論者たちが逆襲の狼煙を上げる。A５判　3500円

逞しきリベラリストとその批判者たち —井上達夫の法哲学—

瀧川裕英・大屋雄裕・谷口功一編　井上達夫の法哲学世界を、著書別キーワード別に解説。その全体像を明らかにする。　**A5判　3000**

リバタリアニズムを問い直す —右派／左派対立の先へ—

福原明雄　自由主義か平等主義か。右派左派に引き裂かれたリバタリアズムの議論状況を整理し、自由とは何かを根底から問う。**四六判　3500**

ロールズを読む

井上彰編　正しい社会のあり方とは。人文社会科学に巨大な影響を与続けるロールズ正義論の全貌を明らかにする決定版。　**A5判　3800**

ウォーミングアップ法学［第2版］

石山文彦・山本紘之・堀川信一編　日本の法制度全般について学ぶたの最初の一冊、入門の入門、待望の第2版。　**A5判　3000**

法学ダイアリー

森本直子・織原保尚編　日常のよくある身近な事例を日記形式で取りげ、そこから基本的な法律知識を学ぶ法学入門テキスト。**B5判　2000**

憲法判例クロニクル

吉田仁美・渡辺暁彦編　日本国憲法を理解する上で重要な79の判例を選。概要、意義、背景、用語を見開きでコンパクトに解説。**B5判　2300**

裁判員時代の刑事手続に関する法教育基礎理論序説

佐藤伸彦　法教育はどのような観点から行われるべきか。法的発達理に依拠しながら、法教育の理論的な基礎づけを試みる。**A5判　4800**

日米の流域管理法制における持続可能性への挑戦 —日米水法の比較法的研究—

松本充郎　洪水による被害を抑制しながら、水資源と流域環境の持続利用をどのように実現できるのか。　**A5判　4500**

作動する法／社会 —パラドクスからの展開—

林田幸広・土屋明広・小佐井良太・宇都義和編　法システムが作動す時、社会・人・法はどう動くか。今日の問題を例に探究。**四六判　2500**

人文学宣言

山室信一編　人文系学部の危機、大学の危機が声高に喧伝される時代おいて、人文・社会科学の存在意義とは何か。　**四六判　2200**

モダン京都 ―〈遊楽〉の空間文化誌―

加藤政洋編　漱石や谷崎らが訪れた宿、花街や盛り場の景観。文学作品や地図などをもとに京都における遊楽の風景を再構成。**四六判　2200円**

大恐慌期における日本農村社会の再編成 ―労働・金融・土地とセイフティネット―

小島庸平　大恐慌を契機とした、農村社会の紐帯に依存した独特な福祉国家システムの形成過程を、実証的に明らかにする。　**A 5 判　5800円**

堀田善衞　乱世を生きる

水溜真由美　戦争や内戦、歴史への関心、第三世界との関わり。乱世を描き、知識人のあり方を問い続けた作家の全体像に迫る。**四六判　3800円**

他者論的転回 ―宗教と公共空間―

磯前順一・川村覚文編　排除された者の公共性はいかにして可能か。他者と共存する複数性の領域としての公共性を模索する。**A 5 判　3800円**

未来創成学の展望 ―逆説・非連続・普遍性に挑む―

山極壽一・村瀬雅俊・西平直編　生命・物質・心の世界、社会・教育・経済を貫く普遍法則、創発原理を探究する壮大な知的冒険。**A 5 判　3500円**

つながりが生み出すイノベーション ―サードセクターと創発する地域―

菅野　拓　東日本大震災の被災地で大きな役割を果たしたNPOなどのサードセクター。その実態を詳細な調査をもとに解明。**A 5 判　3800円**

ポスト 3・11の科学と政治

中村征樹編　東日本大震災が浮き彫りにしたさまざまな問題を、「科学をめぐるポリティクス」という観点から考察する。　**四六判　2600円**

責任ある科学技術ガバナンス概論

標葉隆馬　科学技術政策の現状と課題､倫理的・法的・社会的課題(ELSI)など、科学と政策、社会に関わる議論を包括的に解説。**A 5 判　3200円**

災禍をめぐる「記憶」と「語り」

標葉隆馬編　公的な記録からこぼれ落ちていく、災禍をめぐる経験や感思考。それらを社会に留め、記憶を継承していくために。**四六判　3600円**

ポスト 3・11のリスク社会学 ―原発事故と放射線リスクはどのように語られたのか―

井口暁　ルーマンのリスク論と対話論の再検討を通じ、ポスト３・11の論争空間を分析する。　**四六判　3400円**

日本の動物政策

打越綾子　愛玩動物、野生動物、動物園動物から実験動物、畜産動物まで、日本の動物政策・行政のあり方をトータルに解説。**Ａ５判　3500円**

人と動物の関係を考える―仕切られた動物観を超えて―

打越綾子編　動物への配慮ある社会を実現するには。動物実験、畜産、自治体、野生動物、動物園、各現場からの報告と対話。**四六判　2000円**

フードスタディーズ・ガイドブック

安井大輔編　食について考えるうえで欠かせない49冊を徹底紹介。食を総合的に考えるための初の本格的ブックガイド。**Ａ５判　2600円**

食の共同体―動員から連帯へ―

池上甲一・岩崎正弥・原山浩介・藤原辰史　食の機能が資本と国家によって占拠されたいま、食の連帯の可能性を探る。**四六判　2500円**

食と農のいま

池上甲一・原山浩介編　食べることと農業の多様なつながりから世界を読み解く。遺伝子組換えからフードポリティクスまで。**四六判　3000円**

フランスの生命倫理法―生殖医療の用いられ方―

小門穂　生命倫理について包括的な規則を法で定めるフランス方式は有効か。その実態を明らかにし今後の展望をうらなう。**四六判　3800円**

観光学ガイドブック―新しい知的領野への旅立ち―

大橋昭一・橋本和也・遠藤英樹・神田孝治編　観光学ってどんな学問？方法論や観光事象をわかりやすくまとめた絶好の入門書。**Ａ５判　2800円**

地域文化観光論―新たな観光学への展望―

橋本和也　観光学にアクターネットワーク理論（ANT）を用いた分析を導入する最新テキストブック。**Ａ５判　2600円**

若者と地域観光―大都市のオルタナティブな観光的魅力を探る―

杉本興運・磯野巧編著　原宿・渋谷，ナイトクルーズ，ソロキャンプ……，いま若者が選ぶ場とその理由を地理学の方法論で分析。**Ａ５判　2300円**

深掘り観光のススメ―読書と旅のはざまで―

井口　貢　正しい読書との相乗効果によって、知的に積極的な旅が生まれる。柳田國男に学びつつ人文学的旅の可能性を拓く。**四六判　2200円**

産業集積と制度の地理学 —経済調整と価値づけの装置を考える—

立見淳哉　産業が集積する制度的な基盤を捉え直し、その意味を理論と経験的研究から明らかにする。　**A５判　3200円**

生きられるアート —パフォーマンス・アート《S/N》とアイデンティティ—

竹田恵子　夭折の芸術家、古橋悌二が関与したダムタイプの傑作《S/N》を関係者インタビューを交えながら考察。　**四六判　3200円**

メディア・コンテンツ・スタディーズ —分析・考察・創造のための方法論—

岡本健・田島悠来編　身近でなじみのあるメディア・コンテンツについてリサーチし、理解するためのガイドブック。　**A５判　2600円**

メディアコミュニケーション学講義 —記号／メディア／コミュニケーションから考える人間と文化—

松本健太郎・塙幸枝　技術的環境の変化と、私たちと私たちの文化の変容を読み解くテキストブック。　**A５判　2400円**

ポスト情報メディア論

岡本健・松井広志編［シリーズ］メディアの未来　人・モノ・場所のハイブリッドな関係性を読み解く視点を提示　**四六判　2400円**

音響メディア史

谷口文和・中川克志・福田裕大著［シリーズ］メディアの未来　音のメディアの変遷、そして技術変化と文化の相互作用。　**四六判　2300円**

ポピュラー音楽の社会経済学

高増明編　なぜ日本の音楽はつまらなくなったのか。音楽産業の構造からロックの歴史、Ｊポップの構造までトータルに解説。**A５判　2800円**

日本の社会政策〔改訂版〕

久本憲夫　失業、非正規雇用、年金、介護、少子高齢化など、日本が直面するさまざまな問題と政策動向をトータルに解説。　**A５判　3200円**

日本の外国人労働者受け入れ政策 —人材育成指向型—

佐藤忍　人材育成指向型による受け入れへと舵を切った日本の移民政策その実態と変化を詳細に分析する。　**A５判　4800円**

イタリア現代都市政策論 —都市－農村関係の再編—

井上典子　都市開発を抑制し持続可能な都市発展を目指すイタリアの大都市圏政策を考察する。　**A５判　3600円**

マクロ経済学入門

韓　福相　基礎理論を学んでいけば、いま日本や世界が直面する経済問題の意味が見えてくる。自分で一から学べる入門書。　**A５判　2500円**

入門社会経済学［第２版］—資本主義を理解する—

宇仁宏幸・坂口明義・遠山弘徳・鍋島直樹　ポスト・ケインズ派、マルクス派等、非新古典派の理論を体系的に紹介する決定版。**A５判　3000円**

現代の政治経済学—マルクスとケインズの総合—

鍋島直樹　ポスト・ケインズ派やマルクス派をはじめ、現代の政治経済学の理論を平易に解説。豊かで平等な社会の実現のために。**A５判　2700円**

認知資本主義—21世紀のポリティカル・エコノミー—

山本泰三編　フレキシブル化、金融化、労働として動員される「生」——非物質的なものをめぐる「認知資本主義」を分析。**四六判　2600円**

制度経済学—政治経済学におけるその位置—

.R.コモンズ／中原隆幸・宇仁宏幸他訳　制度学派の創始者、コモンズの主著の待望の完訳（全３冊）。　**A５判　上4500、中6500、下6500円**

入門制度経済学

シャバンス　宇仁宏幸他訳　古典から最新の経済理論まで、制度をめぐる経済学の諸潮流をコンパクトに解説する。　**四六判　2000円**

ポストケインズ派経済学入門

M.ラヴォア　宇仁宏幸ほか訳　新古典派、新自由主義への強力な対抗軸たるその理論と政策を平易に解説する待望の入門書。**四六判　2400円**

福祉の経済思想家たち［増補改訂版］

小峯敦編　福祉＝理想社会の設計をめぐって格闘した、経済学者たちの軌跡。ベーシックインカムはじめ、最新のトピックも充実。**A５判　2400円**

テキストマイニングから読み解く経済学史

小峯敦編　経済学は人々の間にどのように浸透し、受容されていったのか。「計量テキスト分析」から明らかにする。　**A５判　3500円**

貨幣論の革新者たち—貨幣と信用の理論と歴史—

古川　顕　「貨幣とは何か？」を変えた偉大な７人の理論を紐解き、貨幣論が「信用論」へと深化してきた過程を明らかにする。**A５判　3500円**

と現在とでは大きく異なっていることがわかる。郊外中心都市の雇用が拡大し，その都市で就業する人々の居住地が外縁部に形成されるようになってきた。特に新興住宅地に居住する人々が郊外中心都市を指向する傾向が明らかになった。

1980年代以降，日本の大都市圏外縁部における現象は，アメリカ合衆国の超郊外化との関連で議論がなされてきたが，藤井（1989）が明らかにしたように，1980年代の大都市圏外縁部への居住地移動者は，中心都市と通勤によって結びつくことが多く，大都市圏の外延的拡大と見なされる部分が多かった。しかし，現在の大都市圏外縁部では，中心都市と通勤によって結びつく人々は少数であり，確実に郊外内部を指向する人々が多数派となっている。もちろん，アメリカ合衆国の郊外地域で成長したような郊外核と，本章における郊外中心都市の事例である奈良市を同一視することはできないが，郊外における雇用成長とその外側地域における新たな関係は明確になったと考えることができる。

第5章

都心の人口回復と職住関係

1　はじめに

都心居住に対する関心とは対照的に，都心居住者の就業や職住関係に着目した研究は少ない。都心居住者へのアンケートで補足的に通勤に関するデータを収集したものはあるが，これらの研究の多くは，都心マンション居住者の職住近接傾向を指摘しており，近年の都心の人口回復が職住近接をともなった現象として位置づけられているとみなすことができる。

こうした中，富田（2015）は，国勢調査を用いて都心への人口再集中化を検討する中で，都心の従業地ベース就業者数が1990年代後半以降減少していることを明らかにしている[(1)]。また高山（2007）は，事業所・企業統計を用いて，大阪市都心の従業地ベース就業者数が2000年代に減少傾向にあることを指摘している。こうした都心における従業地ベース就業者数の減少と，居住者の増加（川相，2005；富田，2015；山神，2003；Yabe，2004）という事実をふまえると，都心居住者全体では，職住近接よりもむしろ職住分離がすすんでいる可能性も考えられる。

このように，都心居住者の職住関係について，アンケート調査と各種統計の間で一見すると矛盾するような知見が得られるのはなぜだろうか。それは，アンケート調査を用いた研究の多くが分譲マンション居住者のみを取り上げたものであることに起因していると考えられる。つまり，これらの研究が指摘する分譲マンション居住者の職住近接とは，郊外に居住し都心に通勤するという従来型の通勤者像と比較した場合にあてはまるものであり，都心に居住する他の居住形態と比べて分譲マンション居住者が職住近接傾向にあることを必ずしも意味しない。住宅双六に代表されるような均質的な居住者像を描きやすい郊外(2)とは違い，都心には多様な居住形態が存在すると考えられる。そのため，都心居住者の職住関係を分譲マンション居住者のそれで代表させることは困難である。

また，通勤先は，必ずしも個人の自由な就業地選択によって決定されるのではなく，雇用分布の変化に影響されている部分も大きい(3)。都心居住者の職住関係に関するこれまでの研究は，アンケート調査にもとづく個人レベルの通勤先の把握にとどまっており，大都市圏全体における雇用分布の変化と結びつけた検討はなされてこなかった。また，先述の富田（2015）や高山（2007）の研究は，都心における従業地ベース就業者数の減少を示しているものの，郊外を含めた大都市圏全体における雇用分布の変化については明らかにしていない。都心居住者の職住が近接しているのか，あるいは分離しているのか，そしてその要因を考察するには，大都市圏全体における雇用分布の変化を明確にした上で，アンケート調査等で得られた結果と関連づけることが必要であろう。

そこで，論点を次のように整理しておく。第一に，都心居住者全体の職住関係の変化を明確にしておく必要がある。先述のように，この点については，都心における従業地ベース就業者数の減少と居住者の増加から推察されているだけであり，その実態については明らかにされていない。豊富に存在する郊外の通勤流動研究では，就業地に関する唯一の全数調査である国勢調査を利用し，常住地ベースでの各地域への通勤者数や構成比をもとにして，職住近接や職住分離の程度を明らかにしてきた（石川，1991；谷，2002b；藤井，1985；山神，2013）。都心居住者の職住関係の変化を正確に評価するためには，これら郊外を対象とした研究と同じ土俵に上がり，常住地ベースによる同指標を用いた検討が有効であろう。

その上で，表章される属性が限定的な国勢調査を補うべく，アンケート調査を用いた検討が必要となる。その際，マンション居住者など特定の居住形態に限定せずにアンケート調査を実施し，そこから職住関係に関する特性を居住形態別に検討していくことが重要である。さらに，都心居住者の職住関係の変化を，大都市圏における雇用分布と関連づけて考察することにより，その変化要因が明確になると考えられる。

以上をふまえ，本章では，都心の人口回復がすすむ中，都心居住者の職住近接がすすんでいるか否かを国勢調査を利用して明らかにした上で，一定地区すべての世帯へのアンケート調査を実施し，詳細な職住関係やその変化要因の考察を行う。

2　国勢調査からみた大阪市福島区における職住関係

(1) 福島区の概要と居住特性

本章では，大阪市の都心[4]の中でも，大阪市福島区を中心に検討する（**図5-1**）。大阪市の都心の一角をなす福島区（**写真5-1**）では，西日本最大の鉄道ターミナルである梅田地区（北区）に近接する利便性ゆえに，オフィス等の集積がすすんできた。昼夜間人口比率は124.3（2015年）であり，就業地としての性格が強い地域である。**表5-1**によると，1970年代には人口減少を示していたが，2000年代に入ってからは大幅な人口増加に転じている。この傾向は，都心6区全体においても同様である。

このように，福島区は，就業地としての機能に特化しつつも居住人口の回復がすすんでいるという点で，現在の都心の典型的な性格を有しているとみなせる。以下では，福島区の居住特性を明確にするため，年齢階級別・性別人口，および居住形態の変化を，都心6区全体と比較しつつ論じる。

図5-2は，都心6区および福島区の年齢階級別人口増減を性別に示したものである。ここでの年齢階級別人口増減とは，期首と期末の同一年齢階級を比較したものではなく，同一コーホートを比較したものである[5]。以下の記述では，期末時の年齢階級のみ示す。

基本的な特徴には，都心6区と福島区の間に，また男女の間に大きな差異がないことが分かる。1970年から1980年にかけての5－14歳，つまり1980年の5－14歳人口をみると，他の期間の5－14歳人口に比べて規模が大きい。こ

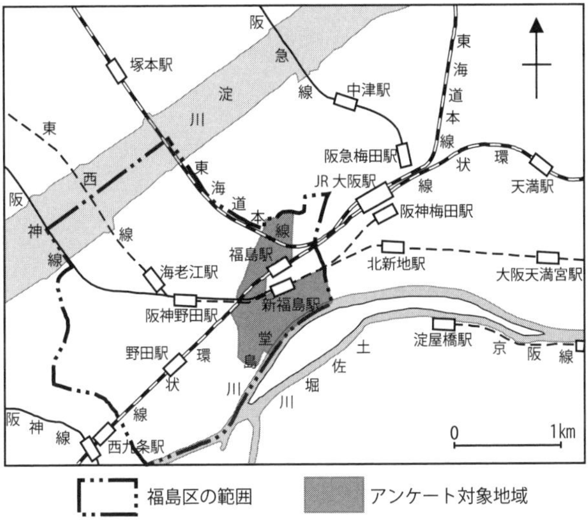

図 5-1　対象地域

写真 5-1　JR 福島駅周辺の遠景

れは，当該コーホートが，第二次ベビーブームを含む規模の大きい集団であることによるものである。その後は少子化によって 5－14 歳人口は縮小している。

25－34 歳，35－44 歳をみると，1970 年から 1980 年にかけての時期には

表 5-1　都心 6 区および福島区の人口推移（国勢調査をもとに作成）

	1970 年	1980 年	1990 年	2000 年	2010 年
都心 6 区	451,225	371,237 (-17.7)	364,150 (-1.9)	375,411 (3.1)	470,947 (25.4)
福島区	71,995	60,101 (-16.5)	56,252 (-6.4)	55,733 (-0.9)	67,290 (20.7)

カッコ内は増加率（対 10 年前比）

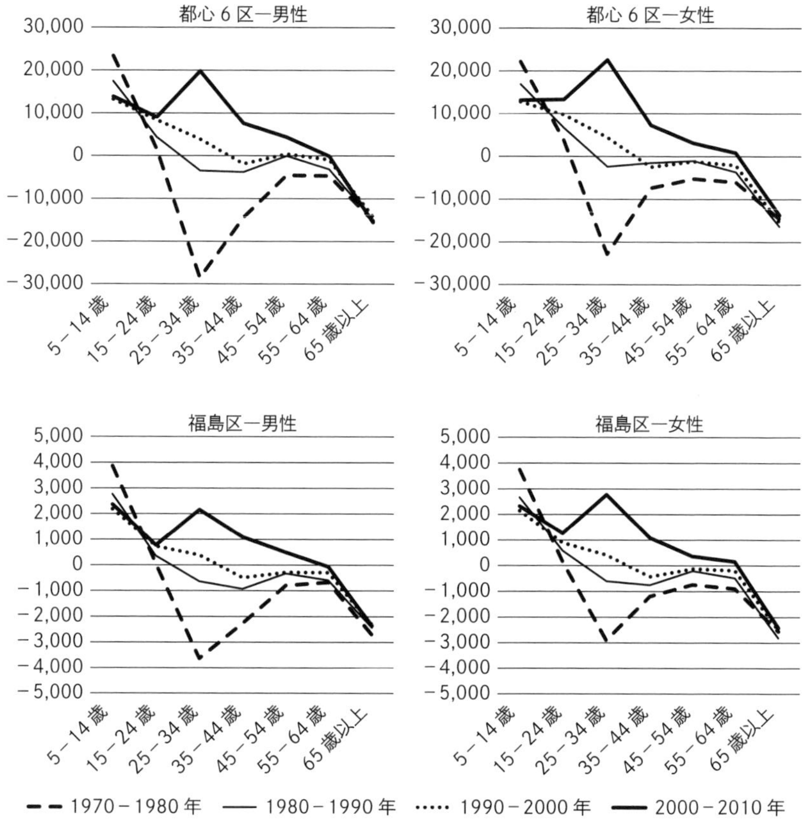

同一年齢階級ではなく，同一コーホートを比較したものを示している。
表示してある年齢階級は，期末における年齢階級。

図 5-2　都心 6 区および福島区における年齢階級別の人口増減（国勢調査をもとに作成）

表 5-2　都心 6 区および福島区における居住形態の変化（国勢調査をもとに作成）

都心 6 区

	2000 年		2010 年		
	実数	構成比（%）	実数	構成比（%）	増加率
持ち家（一戸建）	81,686	22.8	73,862	16.1	-9.6
持ち家（共同住宅）	79,674	22.3	137,437	29.9	72.5
持ち家（その他）	12,096	3.4	7,556	1.6	-37.5
借家（公営･都市再生機構･公社）	29,835	8.3	28,061	6.1	-5.9
借家（民営の共同住宅）	125,398	35.0	186,923	40.7	49.1
借家（一戸建・長屋建）	11,746	3.3	8,092	1.8	-31.1
給与住宅	13,756	3.8	12,618	2.7	-8.3
間借り	3,855	1.1	4,727	1.0	22.6
合計	358,046	100.0	459,276	100.0	28.3

福島区

	2000 年		2010 年		
	実数	構成比（%）	実数	構成比（%）	増加率
持ち家（一戸建）	16,245	29.9	16,964	25.6	4.4
持ち家（共同住宅）	10,869	20.0	18,828	28.5	73.2
持ち家（その他）	4,555	8.4	2,879	4.4	-36.8
借家（公営･都市再生機構･公社）	3,725	6.9	4,066	6.1	9.2
借家（民営の共同住宅）	12,614	23.2	18,581	28.1	47.3
借家（一戸建・長屋建）	3,742	6.9	2,450	3.7	-34.5
給与住宅	1,952	3.6	1,750	2.6	-10.3
間借り	652	1.2	644	1.0	-1.2
合計	54,354	100.0	66,162	100.0	21.7

合計には不詳は含まない。

大幅な減少を示しており，住宅取得層が住宅を求めて都心から流出していったことを示唆する。ただし，その後はそうした状況は弱まりをみせ，2000 年から 2010 年には増加に転じた。この年齢階級は，既存研究においても都心の人口回復を牽引する人々とされており（富田，2015；宮澤・阿部，2005；矢部，2003），ここでも同様の指摘ができる。

続いて，都心の人口回復が顕著になった 2000 年代に焦点を絞り，居住形態の観点から検討する。**表 5-2** は，都心 6 区および福島区における居住形態別の居住者数の変化を示したものである。都心 6 区に比べ，福島区では「持ち家（一戸建）」の割合が高く，その分賃貸住宅に相当する「借家（民営の共同住宅）」の割合が低くなっている。

写真 5-2　タワーマンション

写真 5-3　持ち家（一戸建て）の卓越する地区

一方，都心6区と福島区に共通する点として，分譲マンションに相当する「持ち家（共同住宅）」の増加率が最大で，次いで「借家（民営の共同住宅）」の増加率が高いことが挙げられる[6]。この二つの居住形態は，都心6区，福島区いずれにおいても，2010年には構成比の上位2位までを占めるようになった。

「持ち家（一戸建)」は，都心 6 区で減少，福島区で微増であるが，どちらも構成比としては大幅な低下がみられる。とはいえ，2010 年においても，都心 6 区で 16.1%，福島区で 25.6% と一定割合を維持している。

以上のように，居住形態からみれば，2000 年以降の都心の人口回復は分譲マンションの立地（**写真 5-2**）によってもたらされた部分が大きく，居住特性に着目する既存研究の多くが分譲マンション居住者に焦点を当ててきた点は妥当といえる。ただし，「借家（民営の共同住宅)」，「持ち家（一戸建)」（**写真 5-3**）の割合も決して小さいとはいえず，本章のように都心居住者の職住関係を把握するという目的に照らし合わせれば，分譲マンション居住者に対象を限定することは適切ではない。

(2) 福島区常住者の就業地変化

表 5-3 は，都心 6 区，福島区それぞれの常住地ベースによる就業地別就業者数と構成比を，**表 5-4** は就業地別就業者数の増加率を示したものである[7]。都心 6 区と福島区の特徴に大きな差異はなく，就業地の動向についても福島区が都心としての性格を有していると判断できる。そこで，以下では福島区の動向について述べる。

1970 年代をみると，自宅での就業者が大幅に減少している。この減少は，その後 2010 年に至るまで一貫して続き，1970 年に 32.7% であった構成比が，2010 年には 7.9% にまで低下している。一方，都心 6 区を除く大阪市内や大阪市外への通勤者は増加している。1980 年代に，自宅を除く都心 6 区への通勤者の増加率が 3.3% とわずかながら増加に転じたものの，1990 年代には再び減少を示すようになった。1970 年代から 1990 年代までを通じて，増加の中心は都心 6 区を除く大阪市内や大阪市外への通勤者であった[8]。

続く 2000 年代の就業地の変化をみると，自宅を除く都心 6 区への通勤者が再び増加に転じた。この時期に，都心に立地する分譲マンション居住者の増加が顕著になったこと（**表 5-2**）をふまえると，分譲マンション居住者による都心内通勤が，自宅を除く都心 6 区への通勤者増加に寄与しているとの解釈も成り立ちそうである。しかし，増加率は 5.0% にとどまっており，都心 6 区を除く大阪市内や大阪市外への通勤者の増加率のほうが高い。特に，

表 5-3　都心 6 区および福島区における就業地別就業者数と構成比（常住地ベース）（国勢調査をもとに作成）

都心 6 区

	1970 年	1980 年	1990 年	2000 年	2010 年
自宅	110,100(42.6)	65,378(32.2)	43,758(22.0)	32,135(17.1)	19,641(10.5)
自宅を除く都心 6 区	113,604(44.0)	99,239(48.8)	110,308(55.6)	109,903(58.5)	112,152(60.2)
都心6区を除く大阪市	19,712(7.6)	20,726(10.2)	23,466(11.8)	23,804(12.7)	26,360(14.1)
大阪市外	14,773(5.7)	17,965(8.8)	21,040(10.6)	22,048(11.7)	28,252(15.2)
合計	258,189(100.0)	203,308(100.0)	198,572(100.0)	187,890(100.0)	186,405(100.0)

福島区

	1970 年	1980 年	1990 年	2000 年	2010 年
自宅	12,949(32.7)	8,042(25.4)	5,431(17.8)	3,824(13.3)	2,325(7.9)
自宅を除く都心 6 区	20,195(50.9)	16,625(52.5)	17,167(56.4)	16,637(57.8)	17,472(59.4)
都心6区を除く大阪市	3,579(9.0)	3,697(11.7)	4,094(13.4)	4,321(15.0)	4,693(16.0)
大阪市外	2,932(7.4)	3,318(10.5)	3,766(12.4)	4,020(14.0)	4,901(16.7)
合計	39,655(100.0)	31,682(100.0)	30,458(100.0)	28,802(100.0)	29,391(100.0)

カッコ内は，常住就業者総数に占める各就業地の構成比（%）。

表 5-4　都心 6 区および福島区における就業地別就業者数の増加率（国勢調査をもとに作成）

都心 6 区

	1970 − 1980 年	1980 − 1990 年	1990 − 2000 年	2000 − 2010 年
自宅	-40.6	-33.1	-26.6	-38.9
自宅を除く都心 6 区	-12.6	11.2	-0.4	2.0
都心 6 区を除く大阪市	5.1	13.2	1.4	10.7
大阪市外	21.6	17.1	4.8	28.1
合計	-21.3	-2.3	-5.4	-0.8

福島区

	1970 − 1980 年	1980 − 1990 年	1990 − 2000 年	2000 − 2010 年
自宅	-37.9	-32.5	-29.6	-39.2
自宅を除く都心 6 区	-17.7	3.3	-3.1	5.0
都心 6 区を除く大阪市	3.3	10.7	5.5	8.6
大阪市外	13.2	13.5	6.7	21.9
合計	-20.1	-3.9	-5.4	2.0

大阪市外への通勤者の増加率は21.9%と非常に高く，この数値は，他のどの期間における大阪市外への通勤者の増加率をも上回っている。2010年国勢調査には就業地不詳が多いため，同年における各就業地への通勤者数は実際よりも少なく示されているといえる。にもかかわらず，大阪市外への通勤者の増加率が非常に高いという点は特筆すべきである。ちなみに，都心6区常住就業者の就業地変化をみても，大阪市外への通勤者の増加率は28.1%と非常に高い一方で，自宅を除く都心6区への通勤者は，わずか2.0%の増加を示すにとどまる。

このように，分譲マンション居住者の増加にともなう都心の人口回復がすすんできた2000年以降も，都心居住者の通勤は短距離化するどころか，むしろ長距離化しているとみられる。次節以降では，都心居住者の通勤が長距離化する内実を明らかにするため，アンケート調査を用いて都心居住者の詳細な職住関係を検討する。

3 アンケート調査の概要と回答者の居住特性

(1) アンケート調査の概要

いうまでもなく，職住関係を明らかにするためには，居住，就業の両面に関する詳細なデータの収集が不可欠である。そこで，アンケート調査によって必要なデータを収集する。先述のように，これまでの研究で実施されてきたアンケート調査は，分譲マンションを中心に特定の居住形態のみを対象としたものが多い。また，対象地区すべての世帯を対象としていても，世帯主（もしくは世帯の代表者）への調査にとどまる研究が多い。稼得者が世帯主のみという形態が崩れつつある現在，世帯主の職住関係に限定することは，都心居住者の職住関係の全体像を見誤ることになりうる。そこで，対象地区すべての世帯に対し，1世帯につき2枚の調査票を用意することとした。

アンケート調査は，福島区のJR福島駅およびJR新福島駅に近接する地区，具体的には福島区福島1，2，3，4，7，8丁目[9]を対象とした（**図5-1**）。鉄道駅に近接する利便性により，2000年代には超高層マンションが多数立地するようになった地区でもある。上記地区の全世帯である7515世帯に対し，タウンプラスを利用して調査票を郵送した。回収世帯は684世帯，回収率は

9.1%であり，回答のあった1015人を分析対象とする。

回答者の基本属性を国勢調査と比較することで，回答者の位置づけを明確にしておく(10)。回答者の性別は男性45.3%，女性54.7%であり，国勢調査の男性46.5%，女性53.5%と大きな差違はない。一方，年齢構成や職業構成には差違がみられる。国勢調査の年齢構成は，29歳以下24.7%，30－59歳49.8%，60歳以上25.5%であるのに対し，回答者のそれは，29歳以下9.1%，30－59歳62.2%，60歳以上28.7%と，回答者の29歳以下の割合が非常に小さい。職業をみると，国勢調査ではホワイトカラー45.4%，グレーカラー29.5%，ブルーカラー10.8%，その他14.3%(11)であるのに対し，回答者ではホワイトカラー64.7%，グレーカラー9.4%，ブルーカラー2.1%，その他10.5%，自営業13.3%である(12)。アンケート調査では，ホワイトカラーの割合が高い。都心の分譲マンション居住者がホワイトカラーに特化していることを指摘する既存研究（小泉・西山・久保ほか，2011；榊原・松岡・宮澤，2003；長沼・荒井，2010；矢部，2003）をふまえると，本アンケート調査においては分譲マンション居住者からの回収率が高かった可能性がある。

(2) アンケート回答者の居住特性

以下では，回答者の居住特性を概観する。なお，居住特性については，世帯主と同居世帯員の間で重複するところが多いため，ここでは世帯主のみを取り上げる。**表5-5**は，居住形態別(13)に現住地への入居時期を示したものである。賃貸住宅は，2000年代に入ってからの入居者が大半である。分譲マンションについても，2000年以降に入居した者が8割を超えている。2000年以降における都心の人口回復は分譲マンション居住者によってもたらされた部分が大きいが（**表5-2**），ここでの結果もそれと符合する。これに対し，持ち家一戸建てをみると，2000年以降に入居した者はわずか30%であり，1979年以前からの居住者が42%と最大を占める。

こうした入居時期の違いは，年齢構成にも反映されている（**表5-6**）。賃貸住宅には29歳以下の若い世帯主が多い。加齢とともに賃貸住宅から退去していった人の後に，また若い人々が入居してくるといったように，居住者の入れ替わりが頻繁に発生すると考えられる。このため，入居開始年が最近の

表 5-5　居住形態別にみた世帯主の現住地への入居時期（筆者アンケート調査をもとに作成）

	1979 年以前から居住	1980－1999 年に入居	2000 年以降に入居
賃貸住宅	3(1.3)	8(3.4)	221(95.3)
分譲マンション	10(3.7)	37(13.7)	224(82.7)
持ち家一戸建て	42(42.0)	28(28.0)	30(30.0)
その他	9(17.3)	3(5.8)	40(76.9)

カッコ内は構成比（%）。

表 5-6　居住形態別にみた世帯主の年齢構成（筆者アンケート調査をもとに作成）

	29 歳以下	30 歳代	40 歳代	50 歳代	60 歳代	70 歳以上
賃貸住宅	54(23.1)	84(35.9)	52(22.2)	25(10.7)	13(5.6)	6(2.6)
分譲マンション	8(2.9)	58(20.8)	76(27.2)	48(17.2)	51(18.3)	38(13.6)
持ち家一戸建て	0(0.0)	5(5.0)	10(9.9)	17(16.8)	35(34.7)	34(33.7)
その他	12(21.4)	13(23.2)	9(16.1)	8(14.3)	6(10.7)	8(14.3)

カッコ内は構成比（%）。

者が大半を占めると解釈できる（**表 5-5**）。分譲マンションは，30 歳代から 50 歳代までの年齢階級で約 65％を占めており，従来であれば郊外に住宅を求めていた住宅取得層が都心を指向するようになってきたことを示唆する。ただし，60 歳以上の割合も 3 割を超えており，決して低い数値とはいえない[14]。持ち家一戸建ては，60 歳以上が約 7 割と，高齢層に特化している。先述のように，持ち家一戸建ての 4 割以上は 1979 年以前からの居住者であり（**表 5-5**），その人々がそのまま居住し続けることにより，持ち家一戸建て世帯の高齢化がすすんできたと考えられる。

4　アンケート回答者の職住関係

(1) 年齢階級別にみた就業地構成

本節では，世帯主だけでなく回答者すべてを分析対象とし，都心居住者の職住関係の詳細を検討する。一般的に，性別や年齢と通勤行動には関係があることから（有留・小方，1997；谷，1998），ここではまず性別・年齢階級別の就業地構成を検討する（**表 5-7**）。

いずれの年齢階級をみても，女性のほうが男性よりも都心就業率が高く，

表 5-7　年齢階級別にみた回答者の就業地構成
（筆者アンケート調査をもとに作成）

男性

	都心 6 区	都心 6 区を除く大阪市	大阪市外
29 歳以下	16(53.3)	7(23.3)	7(23.3)
30 歳代	59(60.2)	17(17.3)	22(22.4)
40 歳代	66(64.7)	8(7.8)	28(27.5)
50 歳代	50(69.4)	9(12.5)	13(18.1)
60 歳代	51(78.5)	5(7.7)	9(13.8)
70 歳以上	33(89.2)	3(8.1)	1(2.7)

女性

	都心 6 区	都心 6 区を除く大阪市	大阪市外
29 歳以下	36(63.2)	10(17.5)	11(19.3)
30 歳代	90(72.6)	14(11.3)	20(16.1)
40 歳代	67(72.8)	9(9.8)	16(17.4)
50 歳代	46(74.2)	9(14.5)	7(11.3)
60 歳代	42(79.2)	5(9.4)	6(11.3)
70 歳以上	27(93.1)	1(3.4)	1(3.4)

カッコ内は構成比（%）。

職住近接傾向にあることがわかる。女性の職住近接傾向の背景として，家庭責任との兼ね合いから，非正規雇用（パートタイム）として自宅付近の職場を選択する女性の存在が指摘されてきた（有留・小方，1997；谷，1998）。本アンケート調査でも，男性の非正規雇用者割合は 6.3％であるのに対し，女性のそれは 24.0％を占めており，既存研究と同様の背景が考えられる。

29 歳以下の若年者をみると，まず男性は，大阪市外への通勤率が 40 歳代に次いで高い数値となっている。同じく 29 歳以下の女性をみると，すべての年齢階級の中で大阪市外への通勤率が最も高い。大都市における住みかえモデルにおいては，大都市で就業する若年者は，職場付近に居住する存在とされてきた（渡辺，1978）。しかし，ここでの結果をみるかぎり，現在の若年者は，そうしたモデルに当てはまっているとはいえず，むしろ職住分離が顕著な存在といえる。

高齢層をみると，都心就業率が非常に高い。この背景として，自営業者の割合が高齢層において高いこと[15]が考えられる。職住一体あるいは職住近接を特徴とする自営業者の存在は，当然のことながら都心就業率を高める方向に作用する。全国的にも，若年層による自営業への新規参入がすすまない一方で，自営業者の高齢化が進展していることが指摘されており（金澤，2009），本アンケート調査の結果と符合する。

(2) 居住形態別にみた就業地構成

都心には分譲マンションだけでなく，持ち家一戸建て，賃貸住宅などさまざまな居住形態が存在している（**表 5-2**）。先述のとおり，都心の分譲マンション居住者が職住近接であるか否かを検証するためには，他の居住形態と比較することが必要である。そこで以下では，居住形態別の分析を行う。

表 5-8　居住形態別にみた回答者の就業地構成
（筆者アンケート調査をもとに作成）

男性

	都心６区	都心６区を除く大阪市	大阪市外
賃貸住宅	80(74.8)	11(10.3)	16(15.0)
分譲マンション	112(60.9)	26(14.1)	46(25.0)
持ち家一戸建て	47(70.1)	5(7.5)	15(22.4)
その他	31(77.5)	6(15.0)	3(7.5)

女性

	都心６区	都心６区を除く大阪市	大阪市外
賃貸住宅	113(72.0)	17(10.8)	27(17.2)
分譲マンション	126(71.2)	23(13.0)	28(15.8)
持ち家一戸建て	39(78.0)	5(10.0)	6(12.0)
その他	27(90.0)	3(10.0)	0(0.0)

カッコ内は構成比（%）。

表 5-8 は，居住形態別の就業地構成を性別に示したものである。男性をみると，分譲マンション居住者において都心就業率が特に低く，大阪市外への通勤率が高いことがわかる。既存研究においては，郊外から都心への長距離通勤者を想定した上で，都心の分譲マンション居住者がそれに比べて職住近接傾向にあることを指摘してきた（1 節）。しかし，都心に居住する他の居住形態に比べれば，分譲マンション居住者はむしろ職住分離傾向にある。

女性の分譲マンション居住者においても，男性ほどではないにせよ，都心就業率が低く，大阪市外への通勤率が高い傾向がみられる。ただし，女性の場合は，賃貸住宅においても同様の傾向がみられ，大阪市外への通勤率は，同じ賃貸住宅の男性よりもわずかではあるが高い。賃貸住宅は，女性居住者の割合が他の居住形態に比べて高く[16]，2000 年以降に入居してきた賃貸住宅居住者にも女性が多いと考えられる[17]。こうしたことから，2000 年代における大阪市外への通勤者の増加には，男性の分譲マンション居住者ほどではないにせよ，女性の分譲マンション居住者および賃貸住宅居住者の通勤行動が寄与した部分もあると考えられる。

対照的に，持ち家一戸建て，そのうちの特に女性は，職住近接を実現してきた人々といえる。先述のように，持ち家一戸建てには 1979 年以前からの居住者が多く存在していたが（**表 5-5**），1979 年以前はまだ自宅就業者数が多かった時代でもある（**表 5-3**）。このことから，職住一体の生活をしている人々が，現在においても持ち家一戸建てに一定数居住していることが推察される。この点の詳細については，次節において検討することとする。

(3) 職業別にみた就業地構成

以上から，分譲マンション居住者は，2000 年代以降の都心居住者の職住分離の主因となっていることが示された。そこで次に，こうした分譲マンション居住者が，他の居住形態と比べてどのような職業上の特性を持っており，その特性が通勤行動とどのような関係にあるのかを検討する。

表 5-9 は，居住形態別の職業構成を性別に示したものである。分譲マンションの男女と賃貸住宅の女性においては，専門技術・事務職の割合の高さが特徴的である。特に分譲マンション居住者のこうした特徴は，既存研究（小泉・西山・久保ほか，2011；榊原・松岡・宮澤，2003；長沼・荒井，2010；矢部，2003）と合致する。こうした職業は，通勤行動の点からはどのような特性をもっているのであろうか。**表 5-10** は，職業別の就業地構成を性別に示したものである。専門技術・事務職は，男女ともに都心就業率が低く，大阪市外への通勤率が高いという職住分離傾向を特徴としている。つまり，分譲マンション居住者の職住分離傾向（**表 5-8**）は，彼（彼女）らの職種を反映している部分も少なからずあるといえる[18]。

専門技術・事務職の職住分離傾向は，全国の大都市にもみられる現象である。平成 23 年社会生活基本調査によると，人口 100 万以上の市における主要な職業の平均通勤時間は，管理職 42 分，専門技術職 58 分，事務職 56 分，販売職 47 分，サービス職 44 分である。管理職において平均通勤時間が短くなっている一因として，自営業主がその中に含まれることが考えられ，こうした自営業主を除けば，管理職の平均通勤時間は長くなると解釈される[19]。こうしたことから，専門技術・事務職を中心に，ホワイトカラーは職住分離がすすんでいる職種と考えられる。

表 5-9 に戻ると，持ち家一戸建てでは自営業の割合が高い。持ち家一戸建てを性別にみると，男性では管理職，専門技術・事務職のホワイトカラーで 56.9％を占めているのに対し，女性ではホワイトカラーは 30.6％にとどまり，

表 5-9　居住形態別にみた回答者の職業構成（筆者アンケート調査をもとに作成）

男性

	ホワイトカラー					
	管理職	専門技術・事務職	グレーカラー	ブルーカラー	自営業	その他
賃貸住宅	33(31.1)	30(28.3)	17(16.0)	7(6.6)	10(9.4)	9(8.5)
分譲マンション	54(29.3)	76(41.3)	10(5.4)	5(2.7)	27(14.7)	12(6.5)
持ち家一戸建て	14(21.5)	23(35.4)	1(1.5)	1(1.5)	17(26.2)	9(13.8)
その他	14(37.8)	12(32.4)	4(10.2)	1(2.7)	6(16.2)	0(0.0)

女性

	ホワイトカラー					
	管理職	専門技術・事務職	グレーカラー	ブルーカラー	自営業	その他
賃貸住宅	8(5.3)	101(66.4)	22(14.5)	1(0.7)	10(6.6)	10(6.6)
分譲マンション	15(8.7)	102(59.0)	15(8.7)	1(0.6)	11(6.4)	29(16.8)
持ち家一戸建て	3(6.1)	12(24.5)	2(4.1)	1(2.0)	18(36.7)	13(26.5)
その他	2(7.4)	16(59.3)	4(14.8)	0(0.0)	2(7.4)	3(11.1)

カッコ内は構成比（%）。

自営業の割合（36.7%）のほうが高い。

女性の自営業においては，都心就業率が 92.7% と非常に高い（**表 5-10**）。この要因として，職住一体的な生活をする自営業の女性の存在が挙げられる。**表 5-11** は，自営業における通勤時間を性別に示したものである。自宅就業者が大幅に減少してきた現在（**表 5-3**，**表 5-4**）においても，通勤時間 0 分，すなわち職住一体的な生活をしている者は，男性で 27.6%，女性で 43.6% と一定割合存在し，特に女性

表 5-10　職業別にみた回答者の就業地構成（筆者アンケート調査をもとに作成）

男性

	都心 6 区	都心 6 区を除く大阪市	大阪市外
管理職	81(69.8)	11(9.5)	24(20.7)
専門技術・事務職	82(56.9)	20(13.9)	42(29.2)
グレーカラー	24(77.4)	4(12.9)	3(9.7)
ブルーカラー	6(42.9)	4(28.6)	4(28.6)
自営業	51(83.6)	7(11.5)	3(4.9)
その他	19(76.0)	3(12.0)	3(12.0)

女性

	都心 6 区	都心 6 区を除く大阪市	大阪市外
管理職	21(77.8)	3(11.1)	3(11.1)
専門技術・事務職	154(66.7)	35(15.2)	42(18.2)
グレーカラー	33(76.7)	6(14.0)	4(9.3)
ブルーカラー	2(66.7)	0(0.0)	1(33.3)
自営業	38(92.7)	1(2.4)	2(4.9)
その他	32(76.2)	3(7.1)	7(16.7)

カッコ内は構成比（%）。

において割合が高い。先にみたように，持ち家一戸建ての女性においては都心就業率が高かったが（**表 5-8**），この背景として，持ち家一戸建てに居住する女性の多くが，職住一体あるいは職住近接を指向する自営業者であることが挙げられる。

5　職住関係の変化要因の分析

(1) 職住関係の変化に寄与した属性

2 節において，自宅就業者の減少，都心以外への通勤者の増加といった 2000 年代における都心居住者の職住関係の変化を明らかにした。本節では，こうした変化に対して，どのような人々が寄与したのかを整理するとともに，それら変化の背景，要因について，これまでのアンケート調査の分析や既存統計をふまえつつ検討する。

まず，自宅就業者の減少について，職住一体を特徴としてきた自営業者の動向に着目する。自宅就業とは，自営業者の職住一体を意味し，かつては都心において特徴的な職住スタイルであった（大阪市総合計画局，1971）。その自宅就業が大幅に減少してきたことは 2 節で示したとおりである。ただし，自宅就業の減少には，自営業者自体が減少するという側面と，自営業者の職住分離がすすむという二つの側面がある。

2000 年から 2010 年にかけて，福島区の自宅就業者は 39.2％の減少を示していた（**表 5-4**）。これに対し，同時期における福島区の自営業者[20]の減少率は 20.3％であり，自宅就業者ほど大きな減少を示していない[21]。すなわち，自宅就業者の減少は，自営業者の減少だけでは説明できず，自営業者が職場を自宅から自宅外へ移し職住分離をすすめたことも背景にあると考えられる[22]。このことは，**表 5-11** に示すように，自営業者には職住一体型のスタイルがまだ一定数存在するものの，多くはすでに通勤者であることからも確認できる。職住を分離させた自営業者には，大阪市外など遠隔地ではなく都心 6 区内に職場を持つ者が多い（**表 5-10**）。

なお，自宅就業者は，特に高齢層において割合が高いと考えられる。このことは，自営業者の割合が高齢層において高いことを示した前節の結果から

表 5-11　自営業者の通勤時間（筆者アンケート調査をもとに作成）

	0 分	0－10 分	10－30 分	30－60 分	60 分以上
男性	16(27.6)	12(20.7)	18(31.0)	11(19.0)	1(1.7)
女性	17(43.6)	10(25.6)	11(28.2)	1(2.6)	0(0.0)

カッコ内は構成比（%）。

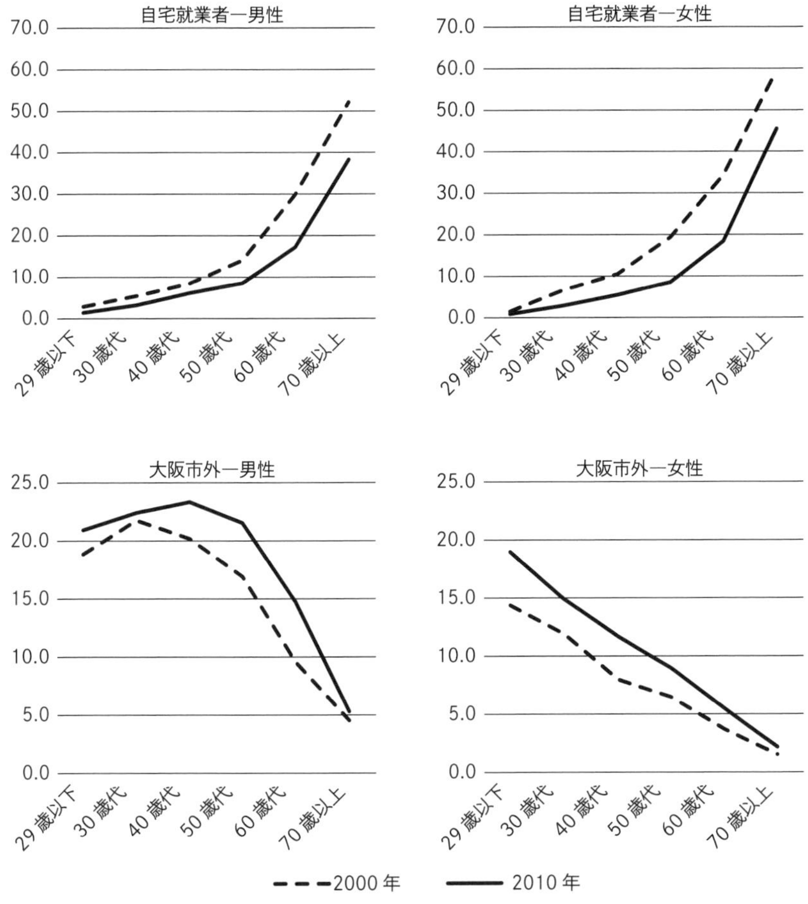

図 5-3　福島区における年齢階級別の就業地構成の変化（国勢調査をもとに作成）

も推察できるが，ここでは，国勢調査をもとに，福島区における自宅就業者，および大阪市外への通勤者の割合を年齢階級別，性別に示した（**図5-3**[23]）。これによると，男女ともに年齢が高まるほど自宅就業者割合が高いことがわかる。一方で，高齢層の自宅就業者割合は低下も顕著である。このことから，もともと自宅就業者割合の高かった高齢層における自宅就業者の大幅減少が，福島区における自宅就業者の大幅減少につながったものと考えられる。

続いて，都心以外への通勤者の増加について検討する。アンケート調査の分析から，大阪市外への通勤率が高かった主な属性として，若年層と分譲マンション居住者が挙げられる。まず若年層について，**表5-7**でみたように，都心に居住する29歳以下の若年層における大阪市外への通勤率は，男性では40歳代に次いで高く，女性ではすべての年齢層の中で最も高かった。

こうした若年層の職住分離傾向を国勢調査から確認しておく（**図5-3**）。2010年をみると，29歳以下の男性は，30～50歳代よりも大阪市外への通勤率がやや低いが，それほど大きな差ではない。29歳以下の女性は，すべての年齢階級で同割合が最も高く，アンケート調査と同様である。また，29歳以下の男女ともに，2000年から2010年にかけて，大阪市外への通勤率は上昇しており，特に29歳以下の女性はその上昇が顕著である。このように，都心に居住する若年層の就業地は，2000年代には大阪市外へと拡大する傾向にあり，このことが都心居住者全体の職住分離傾向（**表5-3**，**表5-4**）に寄与したと考えられる。

分譲マンション居住者，中でも男性は，他の居住形態に比べ大阪市外への通勤率が高く，職住分離がすすんだ存在であった（**表5-8**）。分譲マンションには，世帯主が30歳代から50歳代の年齢層である割合が高かったが（**表5-6**），この年齢層は，大阪市外への通勤率が，男性では最も高く，女性においても29歳以下の若年層に次いで高い（**図5-3**）。また，2000年から2010年にかけては，同割合の上昇幅も大きい。さらに，**表5-2**でみたように，分譲マンション居住者は，福島区の人口増加が顕著になった2000年代に増加しており，本アンケート調査においても，分譲マンション居住者の約8割は2000年代に入ってから入居してきた人々であった（**表5-5**）。こうした点をふまえると，都心居住者における大阪市外への通勤者増加率が2000年代に非

表 5-12　近畿圏における常住地ベース，従業地ベースの就業者数と就従比（国勢調査をもとに作成）

		2000 年			2010 年		
		都心 6 区	都心 6 区を除く大阪市	大阪市外	都心 6 区	都心 6 区を除く大阪市	大阪市外
常住地	合計	187,890	1,043,345	8,596,618	209,779	933,610	8,101,756
	うち管理職	8,790	26,985	258,384	8,800	20,848	195,360
	うち専門技術・事務職	61,886	321,295	2,907,587	79,173	294,027	2,738,984
	うちグレーカラー	74,092	310,587	2,151,058	64,288	259,387	2,096,705
	うちブルーカラー	38,483	361,151	2,778,101	30,339	254,578	2,260,432
従業地	合計	1,201,451	1,050,317	7,582,052	1,025,383	952,629	7,263,701
	うち管理職	52,337	35,614	205,847	34,712	26,352	163,342
	うち専門技術・事務職	537,432	334,159	2,422,399	490,100	307,829	2,314,061
	うちグレーカラー	421,247	286,565	1,828,586	326,949	247,560	1,844,410
	うちブルーカラー	162,713	367,307	2,649,452	118,955	264,088	2,160,722
就従比	合計	639.4	100.7	88.2	488.8	102.0	89.7
	うち管理職	595.4	132.0	79.7	394.5	126.4	83.6
	うち専門技術・事務職	868.4	104.0	83.3	619.0	104.7	84.5
	うちグレーカラー	568.5	92.3	85.0	508.6	95.4	88.0
	うちブルーカラー	422.8	101.7	95.4	392.1	103.7	95.6

近畿圏＝大阪府，京都府，兵庫県，滋賀県，奈良県，和歌山県。

常に高くなったという事実（**表 5-4**）は，新たに分譲マンションに入居した人々，とりわけ男性居住者によってもたらされた部分が大きいと考えられる。

(2) 雇用分布の変化との関係

以上のような都心居住者の職住分離がすすんでいる背景を，以下では，大都市圏における雇用分布の変化との関係から考察する。**表 5-12** は，近畿圏を都心 6 区，都心 6 区を除く大阪市，大阪市外に区分し，それぞれの地域の常住地ベース就業者数，従業地ベース就業者数，および就従比を職業別に示したものである。就従比とは，「従業地ベース就業者数／常住地ベース就業者数× 100」で算出したものであり，この数値が大きいほど就業地としての性格が強い地域とみなせる。

「都心 6 区」はいずれの職業においても就従比が高く，対照的に大阪市外では低い。つまり，就業地としての性格が強い都心と居住地としての性格が強い郊外という大都市圏の基本構造は，現在においても維持されている。ただし，2000年から2010年にかけての変化をみると，こうした基本構造が弱まる傾向にある。いずれの職業も都心6区の就従比は低下傾向にあり，特に管理職，専門技術・事務職といったホワイトカラーで大幅に低下している。

都心6区におけるホワイトカラーの就従比低下の内実について検討しておく。都心6区の常住地ベース就業者数は，他の職業が減少している中で，管理職はわずかながら増加，専門技術・事務職は大幅な増加を示している。この背景として，2000年代以降に供給された分譲マンションにホワイトカラーの人々が入居してきたこと（**表5-9**）が考えられる。一方で，労働力削減をともなうリストラが都心のオフィスにおいてすすんだこと（高山，2007）などを背景に，都心6区の従業地ベース就業者数は，管理職，専門技術・事務職ともに減少を示している。なお，こうした動向は郊外にもあてはまり，大阪市外においても管理職，専門技術・事務職の従業地ベース就業者数は減少している。ただし，都心6区ほど減少率は大きくなく，これらホワイトカラーの雇用は，相対的に郊外の比重が高まっているとみなせる(24)。すなわち，ホワイトカラーを中心に都心の分譲マンションでの居住がすすんでも，都心の雇用そのものは減少しているため，都心居住者の職場が大阪市外，すなわち近郊や郊外に及んでいると解釈できる。

グレーカラーは，ホワイトカラーに比べて都心就業率が高かったが（**表5-10**），この点について就従比から検討する。グレーカラーの就従比も都心6区では低下しているが，ホワイトカラーほどの低下ではない。これは，従業地ベース就業者数がホワイトカラーと同様に都心6区で大幅に減少しているものの，グレーカラーの場合は常住地ベース就業者数も同様に減少しているためである。つまり，都心のグレーカラー雇用は減少しているが，都心居住のグレーカラーも減少しているため，都心居住のグレーカラーは郊外ではなく，都心の雇用に吸収される余地が大きいと解釈できる(25)。

ブルーカラーは，グレーカラーと同様に都心6区における就従比の低下はそれほど大きくないが，もともと大阪市外の就従比が比較的高く，郊外での雇用立地がすすんでいる(26)。そのため，都心居住者でも郊外へ通勤する割合が比較的高くなる（**表5-10**）といえよう。

以上のように，雇用の郊外化は，都心居住者の都心以外への通勤を促進する方向に作用している。特にホワイトカラーにおいてこの傾向が強く，ホワイトカラーによる都心居住の増加と都心雇用の減少が，都心において職住分離がすすむ背景となったと考えられる。

6　おわりに

本章では，大都市の都心居住者の職住関係の変化を，国勢調査およびアンケート調査を用いて明らかにしてきた。2000年代以降，都心の人口回復がすすんできたが，職住関係に目を向けると，必ずしも都心の人口回復が職住近接と結びついているわけではなく，むしろ都心居住者の職住分離傾向が強まる結果となった。こうした事実は，国勢調査にもとづく常住地ベースでの就業地分析という，郊外で行われてきた研究手法を都心にあてはめることで，はじめて明らかにできた点である。

都心居住者の職住分離がすすんだ背景の一つとして，自営業者の動向がある。自営業者の多くは，1970年代以前に創業し，都心に持ち家一戸建てを取得した人々であり，職住が一体となった生活を送っていたと考えられる。しかし，その後はこうした自営業者自体が減少するとともに，残された自営業者も職住分離をすすめていった。このように，都心の職住関係を特徴付けてきた自営業者の生活スタイルの変化が，都心における職住分離を促進することになったといえる。

また，若年者や分譲マンション居住者など，これまで職住近接を指向するとされてきた人々が，都心の他の属性に比べると職住分離のすすむ存在であることが明らかになった。特に分譲マンション居住者は，既存研究において，都心における職住近接を実現する主体として描かれてきた。しかし，現実には，ホワイトカラーの割合が高い分譲マンション居住者は，2000年代以降も続くホワイトカラー雇用の郊外化の影響もあり，むしろ郊外方面への通勤率が高い傾向にあった。こうした通勤行動が，2000年代以降における都心居住者の職住分離傾向に大きな影響を及ぼしたと判断できる。

大都市圏構造に関するこれまでの研究は，郊外の居住と職住関係，および都心の居住について詳細に明らかにしてきた一方で，都心の職住関係についてはほとんど関心を向けてこなかった。この背景として，「都心居住＝職住近接」という図式を当然視するあまり，十分な検証がすすんでこなかったことがあると考えられる。本章では，この図式を再考し，職住近接とは相反する状況が都心において生じていることを詳細に明らかにすることができた。

第6章

大都市圏郊外における買い物行動の縦断分析

1　はじめに

郊外地域における買い物行動を取り上げるにあたって，これまでの郊外でみられた買い物環境の変化の概要を示しておく。郊外において小売業の立地がすすむようになった背景として，高度経済成長期における郊外人口の増加にともなう消費需要の増大が挙げられる。戦前から大都市都心に店舗を構えてきた百貨店も，郊外の消費需要に対応して，もしくは後述する総合スーパーに対抗する形で，郊外の駅前や中心市街地などに出店をすすめた。

高度経済成長期以前からの郊外の中小小売業者（商店街）にとっては，百貨店よりも総合スーパーのインパクトのほうがはるかに大きかった。高度経済成長期に成長した総合スーパーは，人口増加の顕著であった郊外の駅前や中心市街地に積極的に進出した。最寄品を多く扱う郊外の商店街にとっては，買回品を中心とする百貨店よりも，最寄品を中心とする総合スーパーのほうが直接的脅威となった。このため，地元の中小小売業者からは，総合スーパーの出店規制を求める動きが顕著になってきた。こうした動きを受けて1973年に成立したのが大規模小売店舗法（大店法）である。大店法の目的は，消費者利益の保護に配慮することと，中小小売業の事業活動の機会を確保することにあった。具体的には，売場面積が1500㎡以上（政令指定都市などでは

3000㎡以上）の店舗を対象に，開店日，売場面積，年間休日数，閉店時刻などに制限を設けるものであった。

1990年代に入ると，アメリカ合衆国との間に生じた貿易摩擦問題や，大店法規制の有効性に疑問が呈されたことなどを背景に，規制の強化から緩和へと流通政策が大きく変化していった。これにより，1990年代以降は大型店の出店が増加した。出店数が増加するだけでなく，出店地域にも変化がみられた。1960年代，1970年代に総合スーパーが進出したのは，郊外の中でも駅前や中心市街地などに相当する部分であったが，1990年代以降は，モータリゼーションを背景としてより周辺部への出店が顕著になった（伊藤，2007；安倉，2004）。

2000年には，大店法が廃止され，新たに大規模小売店舗立地法（大店立地法）が施行された。大店法が，中小小売業者の保護のために出店調整を行うという経済的規制であったのに対し，大店立地法は，立地地域の生活環境の保持を目的とする社会的規制であった。直接的な出店調整が失われた結果，大型店の出店はさらにすすんだ。

以上のような買い物環境の変化をふまえつつ，郊外居住者の具体的な買い物行動の変化を考察していく。対象とするのは，大阪大都市圏の郊外に位置する奈良市の平城ニュータウンである（**図6-1**）。

2　対象地域の概要と調査方法

(1) 平城ニュータウンの概要

平城ニュータウンは，奈良市北部の平城山丘陵において，日本住宅公団によって開発された大規模住宅団地である（**図6-1**，**写真6-1**）。北側で接する相楽ニュータウン（京都府木津川市，精華町）とは一体的な開発がなされており，両者をあわせて「平城・相楽ニュータウン」と総称される。入居開始は，平城ニュータウンが1972年，相楽ニュータウンが1986年であった[1]。ニュータウンの開発にあわせ，1972年に近鉄京都線・高の原駅（**写真6-2**）が開設された。高の原駅を中心とする地区は，平城・相楽ニュータウンの地区センターに位置づけられており，各種の小売施設，行政施設，医療施設が集中し

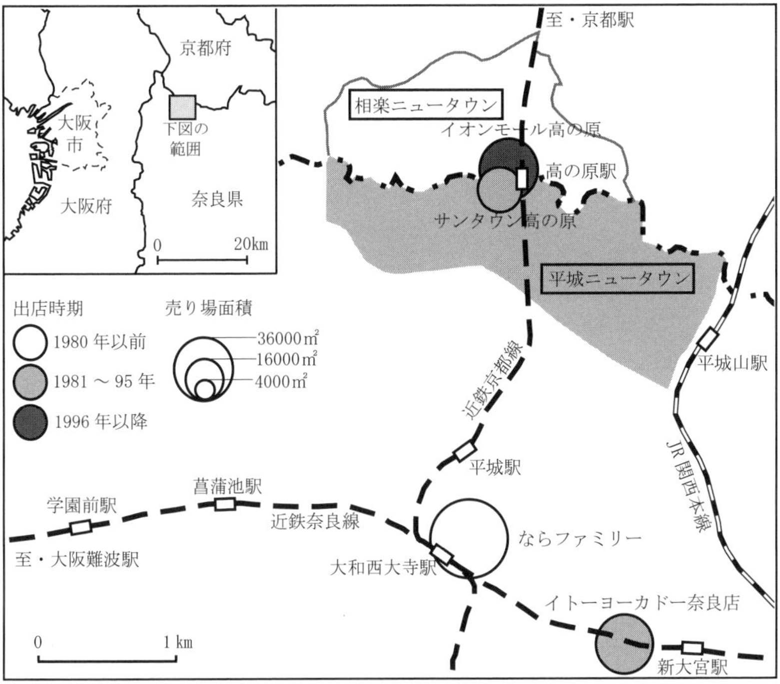

ならファミリーは，近鉄百貨店奈良店とイオン奈良店からなる。

図 6-1　対象地域と周辺の大型店（『全国大型小売店総覧 2017』をもとに作成）

ている。

図 6-2 は，平城ニュータウンにおける人口と世帯数の推移を示したものである。人口，世帯数ともに 1970 年代から 1990 年代までは継続的に増加を示してきたが，2000 年以降になると人口は減少傾向にある。これは，子ども世代の離家や初期入居者の死亡・転出による部分が大きいと考えられる。一方，世帯数は，緩やかながら 2000 年以降も増加を継続しており，新規入居者が一定数存在することを示唆する。このように，平城ニュータウンでは，1970 年代から現在に至るまで，程度の差こそあれ絶えず新規入居者が流入してきており，さまざまな世代が混在する状況にある。

写真 6-1　平城ニュータウンの右京地区

写真 6-2　近鉄高の原駅　左はイオン高の原

(2) アンケート調査の方法

本章では，アンケート調査により，郊外居住者の買い物行動に関する縦断データを収集する。従来の研究では，主に世帯の代表者一人の買い物行動を取り上げる事例が中心であり，その対象の多くは女性（配偶者）であった。これは，「男性＝就業，女性＝買い物（家事）」という図式を想定したものと考えられるが，このような図式は不正確であり，男性も買い物を行う主体で

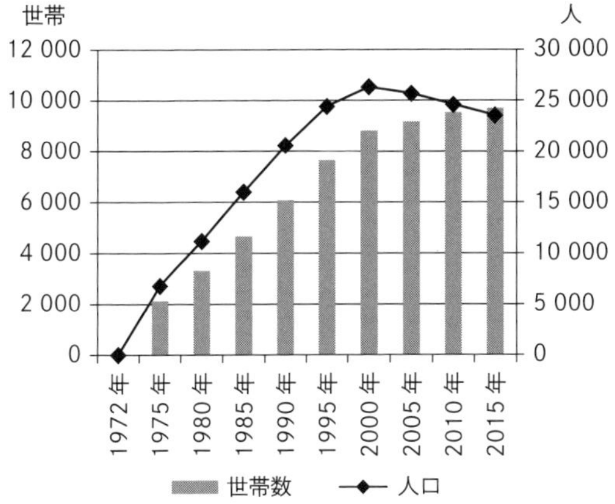

図6-2　平城ニュータウンの人口と世帯数の推移（「奈良市統計書」，「統計なら」をもとに作成）

ある。そこで本章では，男性の買い物行動にも着目する。

先に示したように，平城ニュータウン居住者の入居時期は一様でなく，入居が開始された1970年代からの居住世帯もあれば，最近になって入居してきた世帯も存在する（**図6-2**）。そこで，入居時期の違いも考慮に入れることとする。具体的には，1980年以前，1981－95年，1996年以降それぞれの時期に入居したグループごとに分析を行う。入居時期によってサンプルを区分することには，当初からの入居者とその後の入居者との間の差違を検討できるという意義がある。

調査する買い物行動の時点については，1980年，1995年，そして調査時である2016年の3時点とした。1980年以前入居者は1980年，1995年，2016年の3時点，1981－95年入居者は1995年，2016年の2時点，1996年以降入居者は2016年の1時点における買い物行動について回答してもらった(2)。

また，縦断的な分析や，居住者の入居時期による買い物行動の差異に着目することを重視する観点から，数多くの品目を取り上げるよりも，品目を絞って調査を行った。すなわち，買回品，最寄品の事例としてそれぞれ高級服，普段着を取り上げ(3)，それぞれについて最もよく購入する店舗の業態，買

表 6-1　入居時期別にみた回答者の年齢構成（筆者アンケート調査をもとに作成）

	40 歳代以下	50 歳代	60 歳代	70 歳代以上
1980 年以前入居	2.8	3.4	20.5	73.3
1981－95 年入居	2.2	13.0	42.4	42.4
1996 年以降入居	33.6	26.7	27.7	12.0

単位は％。

い物先の地域などを分析する。

アンケート調査はタウンプラスを利用し，平城ニュータウンの全世帯（9541 世帯）に対して 2016 年 8 月に郵送した。1 世帯につき 2 通の調査票を同封し，世帯主と配偶者それぞれに回答を求めた。この結果，配付世帯の 23.1％に相当する 2204 世帯から返信があった。なお，回答者の中には賃貸住宅や分譲マンションの居住者も存在するが，本章では，現住所への定着者であると考えられる一戸建て住宅居住者のみに対象を限定する。このため，最終的な分析対象は，1155 世帯の 2107 人である。入居時期ごとの年齢構成は**表 6-1** に示すとおりであり，居住期間の長い 1980 年以前入居者の高齢者割合は高く，居住期間の短い 1996 年以降入居者では 40 歳代以下や 50 歳代が多い。

3　買い物店舗の業態構成の変化

(1) 高 級 服

本節では，買い物先である店舗の業態がどのように変化してきたのかに着目する。まず高級服から検討する（**表 6-2**）。性別による差異をみると，いずれの時点でも女性の百貨店指向が強い。男性において衣料品専門店の利用割合が高いのは，紳士服専門店の存在によるものと考えられる。

1980 年以前入居者について，1980 年から 1995 年にかけての利用店舗の業態構成には大きな変化はなく，男性の約 80％，女性の約 90％が百貨店を利用する状況である。1995 年はバブル経済崩壊後に相当するが，少なくとも高級服の買い物に対してはバブル経済崩壊の影響がまだそれほど及んでいなかった。

表 6-2　高級服の購入店舗の業態（筆者アンケート調査をもとに作成）

		1980 年	1995 年		2016 年		
		1980 年以前入居	1980 年以前入居	1981－95 年入居	1980 年以前入居	1981－95 年入居	1996 年以降入居
男性	百貨店	105(80.2)	113(79.0)	268(75.5)	96(69.6)	217(63.3)	206(61.9)
	総合スーパー	11(8.4)	11(7.7)	19(5.4)	19(13.8)	53(15.5)	43(12.9)
	衣料品専門店	11(8.4)	12(8.4)	44(12.4)	17(12.3)	48(14.0)	53(15.9)
	その他	4(3.1)	7(4.9)	24(6.8)	6(4.3)	25(7.3)	31(9.3)
女性	百貨店	149(89.8)	160(91.4)	377(89.5)	141(80.6)	343(80.5)	292(77.9)
	総合スーパー	7(4.2)	3(1.7)	12(2.9)	19(10.9)	37(8.7)	47(12.5)
	衣料品専門店	4(2.4)	5(2.9)	12(2.9)	7(4.0)	23(5.4)	15(4.0)
	その他	6(3.6)	7(4.0)	20(4.8)	8(4.6)	23(5.4)	21(5.6)

カッコ内は構成比（%）。

1981 ～ 95 年入居者をみると，1995 年時点における利用店舗の業態構成は，1980 年以前入居者のそれと大きな差異はない。すなわち，1995 年時点では，いずれの時期の入居者においても高級服を購入するのに百貨店を利用するという買い物行動が定着していたといえよう。

このような状況は，1995 年から 2016 年にかけて大きく変化する。1980 年以前入居者，1981－95 年入居者の男女いずれをみても，百貨店の利用割合が約 10 ポイント低下している。対照的に利用割合が上昇したのは総合スーパーである。この時期は，1990 年代の大店法規制緩和や 2000 年の大店法廃止にともない，一般に大型総合スーパーの立地がすすんだ時期でもある（伊藤，2007；安倉，2004）。このように，一部ではあるものの，高級服の買い物先が百貨店から総合スーパーへとシフトしている。

2016 年時点について，1996 年以降入居者の百貨店利用割合をみると，1980 年以前入居者，1981－95 年入居者に比べやや低く，最も新しく平城ニュータウンに入居してきた人々は，入居当初から百貨店指向が弱い。このことから，近年における百貨店の衰退は，百貨店指向の強かった人々（1980 年以前入居者，1981－95 年入居者）の百貨店離れだけでなく，バブル経済崩壊後に住宅を取得した人々（1996 年以降入居者）を新たに取り込むことができなかったことも関係していると考えることができる。

表 6-3　普段着の購入店舗の業態（筆者アンケート調査をもとに作成）

		1980 年	1995 年		2016 年		
		1980 年以前入居	1980 年以前入居	1981 ～ 95 年入居	1980 年以前入居	1981 ～ 95 年入居	1996 年以降入居
男性	百貨店	36(26.7)	29(19.6)	63(16.8)	12(7.7)	20(5.2)	22(6.2)
	総合スーパー	55(40.7)	72(48.6)	195(52.1)	108(69.7)	248(64.6)	252(71.0)
	衣料品専門店	28(20.7)	30(20.3)	78(20.9)	31(20.0)	88(22.9)	58(16.3)
	その他	16(11.9)	17(11.5)	38(10.2)	4(2.6)	28(7.3)	23(6.5)
女性	百貨店	51(30.7)	35(19.8)	99(22.8)	20(10.9)	50(11.2)	29(7.4)
	総合スーパー	62(37.3)	90(50.8)	207(47.7)	110(59.8)	273(61.1)	271(68.8)
	衣料品専門店	26(15.7)	29(16.4)	64(14.7)	34(18.5)	80(17.9)	67(17.0)
	その他	27(16.3)	23(13.0)	64(14.7)	20(10.9)	44(9.8)	27(6.9)

カッコ内は構成比（%）。

(2) 普 段 着

表 6-3 は，普段着における利用店舗の業態構成を示したものである。高級服（**表 6-2**）と比較すると，総合スーパーや衣料品専門店の割合が高いのが特徴である。ただし，1980 年には，1980 年以前入居者の 4 分の 1 以上（男性 26.7%，女性 30.7%）が百貨店を利用しており，高級服ほどではないものの，普段着においても百貨店を指向する傾向にあったことがわかる。

1995 年になると，1980 年以前入居者の百貨店利用割合が大幅に低下し，その分総合スーパーが上昇している。高級服では，1980 年から 1995 年にかけて店舗の業態構成に大きな変化はなかったが（**表 6-2**），普段着では早くもこの時期に百貨店離れが生じている。すなわちバブル経済崩壊以降の百貨店離れは，すべての商品で一律にすすんだわけではなく，まずは最寄品の買い物先を総合スーパーなどに変更することですすんだものと解釈できる。(4) 1981－95 年入居者においても，1980 年以前入居者とほぼ同様の構成比となっている。

2016 年になると，1980 年以前入居者，1981－95 年入居者のいずれにおいても百貨店の割合はさらに低下し，男性は 7.7%，5.2%，女性は 10.9%，11.2%となっている。1996 年以降入居者も同様であり，普段着を百貨店で購入するというスタイルは，現在においてはほぼ失われている。百貨店に代わって大幅な上昇を示しているのが総合スーパーであり，どの入居時期，性

表 6-4　高級服の買い物場所（筆者アンケート調査をもとに作成）

		1980年	1995年		2016年		
		1980年以前入居	1980年以前入居	1981～95年入居	1980年以前入居	1981～95年入居	1996年以降入居
男性	平城・相楽 NT	7(5.4)	15(10.7)	27(7.5)	24(17.5)	60(17.4)	43(12.8)
	大和西大寺駅周辺	58(44.6)	62(44.3)	156(43.5)	63(46.0)	148(43.0)	135(40.3)
	平城・相楽 NT 周辺市町村	14(10.8)	9(6.4)	42(11.7)	10(7.3)	37(10.8)	28(8.4)
	京都市都心	2(1.5)	2(1.4)	17(4.7)	5(3.6)	13(3.8)	31(9.3)
	難波・心斎橋	34(26.2)	32(22.9)	64(17.8)	21(15.3)	42(12.2)	51(15.2)
	大阪駅周辺	7(5.4)	8(5.7)	19(5.3)	9(6.6)	15(4.4)	17(5.1)
	大阪市その他	5(3.8)	9(6.4)	22(6.1)	5(3.6)	14(4.1)	9(2.7)
	その他	3(2.3)	3(2.1)	12(3.3)	0(0.0)	15(4.4)	21(6.3)
女性	平城・相楽 NT	9(5.4)	9(5.3)	15(3.6)	22(12.8)	41(9.8)	37(9.8)
	大和西大寺駅周辺	76(45.8)	79(46.2)	209(49.6)	82(47.7)	195(46.5)	149(39.6)
	平城・相楽 NT 周辺市町村	7(4.2)	13(7.6)	40(9.5)	5(2.9)	21(5.0)	17(4.5)
	京都市都心	14(8.4)	13(7.6)	35(8.3)	14(8.1)	46(11.0)	53(14.1)
	難波・心斎橋	42(25.3)	41(24.0)	82(19.5)	29(16.9)	69(16.5)	54(14.4)
	大阪駅周辺	9(5.4)	11(6.4)	14(3.3)	10(5.8)	21(5.0)	28(7.4)
	大阪市その他	5(3.0)	2(1.2)	18(4.3)	5(2.9)	17(4.1)	19(5.1)
	その他	4(2.4)	3(1.8)	8(1.9)	5(2.9)	9(2.1)	19(5.1)

平城・相楽 NT 周辺市町村とは，奈良市・木津川市・精華町のうち平城・相楽 NT，大和西大寺駅周辺を除いたものであり，大阪市その他とは，大阪市のうち難波・心斎橋，大阪駅周辺を除いたもの（以下，同様）。
カッコ内は構成比（%）。

別をみても 6－7 割にのぼる。カテゴリーキラーの成長により総合スーパーが不振に陥っていることが指摘されるが（月泉，2007），ここでみる限りは総合スーパーに一定の優位性がみられる[5]。

4　買い物先の空間的特性

(1) 高 級 服

本節では，買い物行動の空間的側面に着目し，買い物を行う場所がどのように変化していったのかを検討する。**表 6-4** は，高級服を購入する場所について示したものである。1980 年以前入居者の 1980 年における買い物場所をみると，大和西大寺駅周辺，次いで難波・心斎橋の割合が高くなっている。難波・心斎橋は，百貨店をはじめ小売施設が集中する大阪大都市圏の上位中心地であり，高の原駅から大阪難波駅までは，近鉄京都線，奈良線を利用して約45分で到着できる[(6)]。一方，大和西大寺駅周辺は奈良市内の商業中心の一つであり，大阪大都市圏というスケールでは下位中心地に位置づけることができる。大和西大寺駅前に立地する近鉄百貨店が開業したのは1972年であるが，この時期は，当該地域のみならず，高度経済成長や人口の郊外化を背景に，百貨店の郊外立地がすすんだ時期でもある。なお，難波・心斎橋とならぶ大阪市の都心である大阪駅周辺の割合が高くないのは，平城ニュータウンからはやや遠く，大阪駅までの間に難波・心斎橋が存在するためである。

1980年以前入居者の1980年と1995年の買い物場所には，大和西大寺駅周辺と難波・心斎橋の二つを指向するという点で大きな変化はない。1981－95年入居者についてもほぼ同様の傾向であり，高級服をこれら上位，下位中心地で購入するという買い物パターンが1995年時点まで継続していたと考えられる[(7)]。

ここで，1980年から1995年にかけての具体的な買い物場所の地域間変化についてフローデータをもとに検討する。**表6-5**は，1980年以前入居者について，1980年と1995年の買い物場所の変化状況を示したものである[(8)]。これによると，1980年に大和西大寺駅周辺や難波・心斎橋で買い物をしていた人の大半は，1995年においても同じ場所を利用しており，買い物場所を変更した人は少ない。ここからも，1980年から1995年にかけての高級服の買い物行動に大きな変化がみられなかったことが確認できる。

再び**表6-4**に戻り，1995年から2016年にかけての時期について検討する。1980年以前入居者，1981－95年入居者のいずれも，難波・心斎橋の割合が大幅に低下している。一方，もう一つの都心である大阪駅周辺は，もともと割合は高くないものの，この期間に目立った低下はみられない。商業統計をもとに，難波・心斎橋と大阪駅周辺がそれぞれ含まれる大阪市中央区と北区の小売業売り場面積を1994年と2014年とで比較すると，中央区は46万4042㎡から38万5428㎡へと減少しているのに対し，北区は35万9306㎡から50万4034㎡へと大幅に増加している。これは，近年になって大阪駅周辺に大型小売施設の新規立地や増床がすすんだことが関係していると考えられる。一方，難波・心斎橋においてこのような動きはみられず，いわゆる「ミ

表 6-5　高級服の買い物場所の地域間変化（1980 年→ 1995 年）（筆者アンケート調査をもとに作成）

1980 年以前入居―男性

		1995 年							
		A	B	C	D	E	F	G	H
1980年	A. 平城・相楽 NT	6	1	0	0	0	0	0	0
	B. 大和西大寺駅周辺	6	49	1	0	0	0	1	0
	C. 平城・相楽 NT 周辺市町村	2	3	6	0	0	0	0	0
	D. 京都市都心	0	0	0	1	1	0	0	0
	E. 難波・心斎橋	0	2	0	0	28	1	1	1
	F. 大阪駅周辺	0	1	0	0	1	4	1	0
	G. 大阪市その他	0	0	0	1	0	0	4	0
	H. その他	0	0	0	0	0	1	1	1

1980 年以前入居―女性

		1995 年							
		A	B	C	D	E	F	G	H
1980年	A. 平城・相楽 NT	4	5	0	0	0	0	0	0
	B. 大和西大寺駅周辺	5	57	5	0	3	1	1	1
	C. 平城・相楽 NT 周辺市町村	0	4	1	1	0	0	0	0
	D. 京都市都心	0	2	0	10	1	1	0	0
	E. 難波・心斎橋	0	5	1	0	32	1	0	1
	F. 大阪駅周辺	0	0	1	0	1	7	0	0
	G. 大阪市その他	0	1	1	0	1	0	1	0
	H. その他	0	0	1	1	0	1	0	1

ナミ（難波・心斎橋）の地盤沈下」（宮城，2013）が，郊外居住者の買い物行動からも示されたといえる(9)。

1995 年から 2016 年にかけて割合が上昇したのは平城・相楽 NT である。男性では，1980年以前入居者，1981－95年入居者のいずれにおいても，平城・相楽 NT が難波・心斎橋を上回るようになった。男性に限定されるとはいえ，伝統的な大阪大都市圏の上位中心地とニュータウン内の利用割合の逆転が，買回品である高級服においてみられるようになってきたことは注目される。

以上みてきたように，1995 年から 2016 年にかけては，1980 年から 1995 年にかけての期間に比べ，主要な買い物場所の変化が顕著であった。そこで，1980 年から 1995 年の期間（**表 6-5**）と同様，買い物場所の地域間変化を 2 時点間のフローデータをもとに検討する。**表 6-6** は，1980 年以前入居者およ

表 6-6　高級服の買い物場所の地域間変化（1995 年→ 2016 年）（筆者アンケート調査をもとに作成）

1980 年以前入居―男性

		2016 年							
		A	B	C	D	E	F	G	H
1995年	A. 平城・相楽 NT	12	3	0	0	0	0	0	0
	B. 大和西大寺駅周辺	9	47	2	1	0	0	0	0
	C. 平城・相楽 NT 周辺市町村	0	1	7	0	0	0	0	0
	D. 京都市都心	0	0	0	1	0	0	0	0
	E. 難波・心斎橋	0	7	0	2	18	2	2	0
	F. 大阪駅周辺	1	2	1	0	0	4	0	0
	G. 大阪市その他	0	0	0	0	2	1	3	0
	H. その他	1	1	0	0	0	0	0	0

1981 ～ 95 年入居―男性

		2016 年							
		A	B	C	D	E	F	G	H
1995年	A. 平城・相楽 NT	19	4	2	0	1	0	0	1
	B. 大和西大寺駅周辺	19	104	14	1	4	0	1	1
	C. 平城・相楽 NT 周辺市町村	6	12	14	0	3	2	0	1
	D. 京都市都心	0	2	1	9	2	1	0	2
	E. 難波・心斎橋	6	12	3	2	29	2	4	3
	F. 大阪駅周辺	2	3	0	0	0	10	0	0
	G. 大阪市その他	4	3	1	0	2	0	9	1
	H. その他	1	2	1	1	0	0	0	5

1980 年以前入居―女性

		2016 年							
		A	B	C	D	E	F	G	H
1995年	A. 平城・相楽 NT	6	0	0	0	2	0	0	0
	B. 大和西大寺駅周辺	11	59	0	1	2	1	0	0
	C. 平城・相楽 NT 周辺市町村	0	7	3	0	2	1	0	0
	D. 京都市都心	1	1	0	8	1	0	0	1
	E. 難波・心斎橋	2	9	2	3	18	1	3	2
	F. 大阪駅周辺	0	1	0	0	2	6	0	1
	G. 大阪市その他	0	0	0	0	0	0	1	1
	H. その他	2	1	0	0	0	0	0	0

1981 ～ 95 年入居―女性

		2016 年							
		A	B	C	D	E	F	G	H
1995年	A. 平城・相楽 NT	10	3	0	0	2	0	0	0
	B. 大和西大寺駅周辺	24	148	5	6	9	3	2	3
	C. 平城・相楽 NT 周辺市町村	3	8	7	9	4	4	3	0
	D. 京都市都心	0	5	2	21	1	2	1	2
	E. 難波・心斎橋	3	13	5	7	47	2	1	0
	F. 大阪駅周辺	0	2	0	0	0	9	1	0
	G. 大阪市その他	0	6	0	0	3	0	8	0
	H. その他	0	1	0	0	1	1	0	4

表 6-7　世帯主（男性）の通勤先構成（2016 年）（筆者アンケート調査をもとに作成）

	奈良市	奈良県（奈良市除く）	京都府	大阪府	その他
1980 年以前入居	19(43.2)	4(9.1)	3(6.8)	17(38.6)	1(2.3)
1981 ～ 95 年入居	83(44.4)	10(5.3)	22(11.8)	55(29.4)	17(9.1)
1996 年以降入居	85(28.7)	41(13.9)	63(21.3)	87(29.4)	20(6.8)

カッコ内は構成比（%）。

び 1981－95 年入居者について，1995 年から 2016 年にかけて高級服の買い物場所がどのように変化したのかを示したものである[10]。

1995 年に難波・心斎橋を利用していた人をみると，2016 年には大和西大寺駅周辺へと変更したケースが多く，平城・相楽 NT への変更は少ない。一方，1995 年に大和西大寺駅周辺を利用していた人は，平城・相楽 NT への変更が多い。先にみたように，2016 年には平城・相楽 NT の割合が高まり，難波・心斎橋のそれが低下したが（**表 6-4**），その内実は，難波・心斎橋から平城・相楽 NT への直接の変更ではなく，上位中心地の難波・心斎橋から下位中心地の大和西大寺駅周辺へ，下位中心地の大和西大寺駅周辺からニュータウン内へという，一つ下の階層への変更によるものであったことがわかる。なお大和西大寺駅周辺は，難波・心斎橋とは違って 1995 年から 2016 年にかけて利用割合は低下せず，現状を維持していた（**表 6-4**）。これは，大和西大寺駅周辺から平城・相楽 NT への変更が多かった一方で，難波・心斎橋から大和西大寺駅周辺への変更も一定数存在したためと解釈できる。

再び**表 6-4** に戻り，1996 年以降入居者の 2016 年における状況について検討する。1996 年以降入居者は，大和西大寺駅周辺の利用割合が比較的低く，京都市都心の割合が高くなっている。この背景には，通勤先の違いが関係しているものと考えられる。既存研究においては，世帯主の通勤先と買い物場所に一定の相関関係があることが指摘されている（荒井，1979；生田，2008；市南・星，1983；戸所，1981；橋，1989；林，1979；藤井，1983）。そこで，世帯主（男性）の通勤先をみると（**表 6-7**）[11]，1996 年以降入居者は奈良市内での通勤率が低く，京都府へのそれが高いことがわかる。このように，奈良市内に居住しながらも京都府に通勤する人々は，奈良市内の商業地に対する認知度，親密度が低く，利用する機会も少なくなるものと考えられる。

既存研究が明らかにしてきたもう一つの重要な点として，新住民ほど上位中心地を利用する傾向があるという指摘が挙げられる（荒井，1979；戸所，1981；藤井，1989）。この点についても検討しておきたい。**表 6-4** に示されるとおり，既存研究とは対照的に，むしろ最も居住期間の長い 1980 年以前入居者において上位中心地である難波・心斎橋の利用割合がやや高い。既存研究では，人口の郊外化がすすむ以前からの旧住民と，郊外化を牽引した新住民とを比較し，新住民の買い物行動パターンが大都市圏レベルの階層構造に組み込まれていくことを示してきた。一方ここでは，郊外化を牽引した新住民（1980 年以前入居者）と，さらにその後の新住民とを比較している。これらをふまえると，大都市圏郊外においては，郊外化を牽引した世代をピークにして，上位中心地を指向する度合いが再び弱まってきたと考えることができる。

(2) 普 段 着

表 6-8 は，普段着を購入する場所について示したものである。1980 年以前入居者の 1980 年時点における買い物場所をみると，平城・相楽 NT と大和西大寺駅周辺が中心であり，両地域を合計すると男女ともに約 7 割に達する。高級服に比べ，難波・心斎橋を利用する割合が低いのは，最寄品の特性を反映したものともいえるが，そのような特性のもとでも難波・心斎橋の割合が男性 12.7%，女性 8.5% と一定割合存在していたことが注目される。

1980 年から 1995 年をみると，大和西大寺駅周辺の割合が低下し，平城・相楽 NT のそれが上昇している。特に女性において顕著である。1980 年以前入居者について，1980 年から 1995 年にかけての普段着の買い物場所の地域間変化をフローデータでみると（**表 6-9**），大和西大寺駅周辺から平城・相楽 NT への変更が多い。同期間において買い物場所の変化が少なかった高級服とは対照的である。

1981－95 年入居者の 1995 年時点における買い物場所をみると（**表 6-8**），1980 年以前入居者に比べ，平城・相楽 NT，難波・心斎橋の利用割合が低く，平城・相楽 NT 周辺市町村の利用割合が高い。徒歩の割合の高い平城・相楽

表 6-8　普段着の買い物場所（筆者アンケート調査をもとに作成）

		1980年	1995年		2016年		
		1980年以前入居	1980年以前入居	1981～95年入居	1980年以前入居	1981～95年入居	1996年以降入居
男性	平城・相楽NT	48(35.8)	68(47.6)	162(43.2)	121(78.6)	281(73.0)	256(71.9)
	大和西大寺駅周辺	45(33.6)	43(30.1)	125(33.3)	15(9.7)	39(10.1)	21(5.9)
	平城・相楽NT周辺市町村	14(10.4)	12(8.4)	51(13.6)	11(7.1)	39(10.1)	38(10.7)
	京都市都心	1(0.7)	0(0.0)	3(0.8)	1(0.6)	2(0.5)	6(1.7)
	難波・心斎橋	17(12.7)	14(9.8)	14(3.7)	4(2.6)	4(1.0)	8(2.2)
	大阪駅周辺	3(2.2)	4(2.8)	4(1.1)	1(0.6)	3(0.8)	2(0.6)
	大阪市その他	5(3.7)	2(1.4)	6(1.6)	1(0.6)	7(1.8)	6(1.7)
	その他	1(0.7)	0(0.0)	10(2.7)	0(0.0)	10(2.6)	19(5.3)
女性	平城・相楽NT	50(30.5)	83(47.4)	180(41.6)	128(70.7)	288(65.2)	264(66.8)
	大和西大寺駅周辺	66(40.2)	51(29.1)	145(33.5)	21(11.6)	64(14.5)	36(9.1)
	平城・相楽NT周辺市町村	17(10.4)	15(8.6)	56(12.9)	14(7.7)	42(9.5)	41(10.4)
	京都市都心	6(3.7)	2(1.1)	7(1.6)	1(0.6)	8(1.8)	6(1.5)
	難波・心斎橋	14(8.5)	13(7.4)	24(5.5)	5(2.8)	13(2.9)	14(3.5)
	大阪駅周辺	3(1.8)	4(2.3)	1(0.2)	2(1.1)	1(0.2)	2(0.5)
	大阪市その他	4(2.4)	4(2.3)	8(1.8)	4(2.2)	12(2.7)	5(1.3)
	その他	4(2.4)	3(1.7)	12(2.8)	6(3.3)	14(3.2)	27(6.8)

カッコ内は構成比（%）。

NT，鉄道の利用割合が高い難波・心斎橋に対し，後者の平城・相楽NT周辺市町村は，自家用車の利用割合の高い地域である[12]。表には示していないが，1980年以前入居者，1981－95年入居者それぞれの自家用車利用割合は，男性が55.4%，73.7%，女性が39.9%，61.0%であり，1981－95年入居者のほうが高い[13]。このことから，1981－95年入居者は，自家用車で訪れやすい買い物先を指向していたものと考えられる。

1995年から2016年をみると，大和西大寺駅周辺の利用割合が，1980年以前入居者，1981－95年入居者のいずれにおいても大幅に低下している。また，難波・心斎橋も低下しており，郊外居住者が普段着を主に大都市圏の都心で購入するという買い物スタイルはほとんどみられなくなったといってよい。これらとは対照的に，大幅に割合が上昇したのは平城・相楽NTである。先にみたように，高級服においてもこの期間に平城・相楽NTの割合は上昇したが，それでも高級服の買い物場所の中心は大和西大寺駅周辺であり，難波・心斎橋も一定割合存在していた（**表 6-4**）。これに対し，普段着の場合は，

表 6-9　普段着の買い物場所の地域間変化（1980 年→ 1995 年）（筆者アンケート調査をもとに作成）

1980 年以前入居—男性

		1995 年							
		A	B	C	D	E	F	G	H
1980年	A. 平城・相楽 NT	39	6	2	0	0	0	0	0
	B. 大和西大寺駅周辺	14	28	1	0	0	0	0	0
	C. 平城・相楽 NT 周辺市町村	5	1	6	0	0	0	0	0
	D. 京都市都心	0	0	0	0	1	0	0	0
	E. 難波・心斎橋	3	2	0	0	12	0	0	0
	F. 大阪駅周辺	0	0	1	0	0	2	0	0
	G. 大阪市その他	0	2	1	0	0	0	2	0
	H. その他	1	0	0	0	0	0	0	0

1980 年以前入居—女性

		1995 年							
		A	B	C	D	E	F	G	H
1980年	A. 平城・相楽 NT	43	4	1	0	1	0	1	0
	B. 大和西大寺駅周辺	20	36	6	0	1	0	0	1
	C. 平城・相楽 NT 周辺市町村	6	2	5	0	2	0	0	0
	D. 京都市都心	1	2	1	2	0	0	0	0
	E. 難波・心斎橋	3	2	0	0	8	0	0	0
	F. 大阪駅周辺	0	0	0	0	0	3	0	0
	G. 大阪市その他	0	1	1	0	0	0	2	0
	H. その他	1	0	0	0	1	1	0	1

平城・相楽 NT の割合がもっとも低い 1981－95 年入居の女性においても 65.2%，もっとも高い 1980 年以前入居の男性では 78.6%にのぼる。

ここで，1980 年以前入居者および 1981 ～ 95 年入居者について，1995 年から 2016 年にかけての普段着の買い物場所の地域間変化をフローデータにもとづいて検討する（**表 6-10**）。特に目立つのは，大和西大寺駅周辺から平城・相楽 NT へと変更した人数が非常に大きい点であり，買い物場所に変化のなかった人数よりも多い。また，大和西大寺駅周辺からだけでなく，平城・相楽 NT 周辺市町村から平城・相楽 NT への変更も大きく，より広範囲からニュータウン内へと消費者の買い物先が移動したことがわかる。

なお，高級服の場合は，上位中心地の難波・心斎橋から下位中心地の大和西大寺駅周辺へという，階層構造に沿った変更が多かったが（**表 6-6**），普段

表 6-10　普段着の買い物場所の地域間変化（1995 年→ 2016 年）（筆者アンケート調査をもとに作成）

1980 年以前入居―男性

		2016 年							
		A	B	C	D	E	F	G	H
1995年	A. 平城・相楽 NT	63	4	1	0	0	0	0	0
	B. 大和西大寺駅周辺	32	9	1	0	0	0	0	0
	C. 平城・相楽 NT 周辺市町村	6	1	5	0	0	0	0	0
	D. 京都市都心	0	0	0	0	0	0	0	0
	E. 難波・心斎橋	6	1	3	1	3	0	0	0
	F. 大阪駅周辺	3	0	0	0	0	1	0	0
	G. 大阪市その他	1	0	0	0	1	0	0	0
	H. その他	0	0	0	0	0	0	0	0

1981 ～ 95 年入居―男性

		2016 年							
		A	B	C	D	E	F	G	H
1995年	A. 平城・相楽 NT	139	6	8	1	0	0	0	4
	B. 大和西大寺駅周辺	82	25	11	0	0	1	3	0
	C. 平城・相楽 NT 周辺市町村	31	4	15	0	1	0	0	0
	D. 京都市都心	0	0	1	1	1	0	0	0
	E. 難波・心斎橋	9	2	0	0	2	0	1	0
	F. 大阪駅周辺	1	0	1	0	0	2	0	0
	G. 大阪市その他	1	1	0	0	0	0	3	0
	H. その他	4	0	1	0	0	0	0	5

1980 年以前入居―女性

		2016 年							
		A	B	C	D	E	F	G	H
1995年	A. 平城・相楽 NT	75	0	5	0	0	0	0	2
	B. 大和西大寺駅	28	16	3	0	0	0	1	1
	C. 平城・相楽 NT 周辺市町村	11	0	3	1	0	0	0	0
	D. 京都市都心	0	1	0	0	1	0	0	0
	E. 難波・心斎橋	4	1	2	0	3	0	2	1
	F. 大阪駅	2	0	0	0	0	2	0	0
	G. 大阪市その他	1	1	0	0	0	0	1	1
	H. その他	2	0	0	0	0	0	0	1

1981 ～ 95 年入居―女性

		2016 年							
		A	B	C	D	E	F	G	H
1995年	A. 平城・相楽 NT	152	11	8	0	2	0	1	3
	B. 大和西大寺駅	80	40	13	1	3	0	2	3
	C. 平城・相楽 NT 周辺市町村	29	6	15	1	0	0	1	1
	D. 京都市都心	2	0	2	3	0	0	0	0
	E. 難波・心斎橋	9	4	1	1	7	0	2	0
	F. 大阪駅	0	0	0	0	0	1	0	0
	G. 大阪市その他	2	1	0	0	1	0	3	1
	H. その他	4	1	0	0	0	0	1	4

着の場合は，難波・心斎橋から平城・相楽NTへの変更がもっとも多い。このように，下位中心地を経由することなしに，買い物場所が上位中心地からニュータウン内へと直接変更されているのが普段着の特徴である。高級服の場合は，大和西大寺駅周辺から平城・相楽NTへの変更がある一方，難波・心斎橋などから大和西大寺駅周辺への変更も一定数みられたため，大和西大寺駅周辺の利用割合は2016年にもさほど低下しなかった（**表6-4**）。しかし，普段着においては，大和西大寺駅周辺から平城・相楽NTへの買い物場所の大規模な変更に加え，難波・心斎橋などからも平城・相楽NTへの変更が中心となり，大和西大寺駅周辺への変更が非常に少なかった。このため，普段着における大和西大寺駅周辺の利用割合は大幅に低下することになった（**表6-8**）と解釈できる。

5　主要買い物先における買い物店舗の業態構成の変化

これまでは，店舗の業態構成，買い物場所を別個に論じてきたが，以下ではそれらを関連づけて分析する。これにより，ある地域の買い物利用割合の上昇や低下がどのような店舗の影響によるものであるのかが明確にできると考えられる。なおここでは，サンプルの関係上，高級服，普段着それぞれの主要な買い物先2地域を取り上げて考察する。具体的には，高級服が大和西大寺駅周辺，難波・心斎橋，普段着が平城・相楽NT，大和西大寺駅周辺である。

(1) 高 級 服

表6-11は，大和西大寺駅周辺，難波・心斎橋における高級服の購入店舗を示したものである。大和西大寺駅周辺をみると，1980年時点において9割以上が百貨店の利用であり，この数値は1995年，2016年においても性別，入居時期を問わずほぼ同様である。大和西大寺駅前には，近鉄百貨店が1972年に開店し，現在に至るまで大和西大寺駅周辺における唯一の百貨店である。また，先に買い物場所でみたように，高級服を大和西大寺駅周辺で購入する割合も1980年，1995年，2016年でほぼ変化がなかった（**表6-4**）。

表 6-11　主要地域別にみた高級服の購入店舗の業態（筆者アンケート調査をもとに作成）

大和西大寺駅周辺

		1980年	1995年		2016年		
		1980年以前入居	1980年以前入居	1981～95年入居	1980年以前入居	1981～95年入居	1996年以降入居
男性	百貨店	53(91.4)	57(91.9)	145(94.8)	58(93.5)	135(93.8)	123(92.5)
	総合スーパー	4(6.9)	2(3.2)	6(3.9)	3(4.8)	3(2.1)	3(2.3)
	衣料品専門店	1(1.7)	3(4.8)	2(1.3)	0(0.0)	6(4.2)	7(5.3)
	その他	0(0.0)	0(0.0)	0(0.0)	1(1.6)	0(0.0)	0(0.0)
女性	百貨店	70(93.3)	77(97.5)	197(94.3)	79(96.3)	187(95.9)	148(99.3)
	総合スーパー	4(5.3)	0(0.0)	5(2.4)	3(3.7)	3(1.5)	1(0.7)
	衣料品専門店	0(0.0)	2(2.5)	5(2.4)	0(0.0)	4(2.1)	0(0.0)
	その他	1(1.3)	0(0.0)	2(1.0)	0(0.0)	1(0.5)	0(0.0)

難波・心斎橋

		1980年	1995年		2016年		
		1980年以前入居	1980年以前入居	1981～95年入居	1980年以前入居	1981～95年入居	1996年以降入居
男性	百貨店	29(85.3)	30(93.8)	51(81.0)	17(81.0)	32(76.2)	36(70.6)
	総合スーパー	1(2.9)	1(3.1)	0(0.0)	0(0.0)	1(2.4)	1(2.0)
	衣料品専門店	3(8.8)	0(0.0)	7(11.1)	2(9.5)	4(9.5)	7(13.7)
	その他	1(2.9)	1(3.1)	5(7.9)	2(9.5)	5(11.9)	7(13.7)
女性	百貨店	40(95.2)	38(92.7)	75(92.6)	27(93.1)	58(85.3)	43(82.7)
	総合スーパー	0(0.0)	0(0.0)	0(0.0)	0(0.0)	0(0.0)	3(5.8)
	衣料品専門店	1(2.4)	1(2.4)	1(1.2)	1(3.4)	4(5.9)	1(1.9)
	その他	1(2.4)	2(4.9)	5(6.2)	1(3.4)	6(8.8)	5(9.6)

カッコ内は構成比（%）。

これらをふまえると，大和西大寺駅周辺での高級服の購入においては，近鉄百貨店が長期にわたって寡占的な吸引力を維持してきたとみることができる。

難波・心斎橋をみると，百貨店の集積する地区の特性を反映し，百貨店の利用割合が高い。しかし，1995年から2016年にかけては，1980年以前入居者の女性を除きその割合は低下している。この時期は，高級服を難波・心斎橋で購入する割合が低下した時期でもあったが（**表 6-4**），ここでの結果は，難波・心斎橋を利用する人々でさえも百貨店指向が弱まりつつあることを示唆している。特に1996年以降入居者のような最近の入居者になるほど，難波・心斎橋の百貨店以外の店舗で高級服を購入する傾向が強い。1996年以降入居者は百貨店指向自体が低かったが（**表 6-2**），難波・心斎橋における高級服の購入においても脱・百貨店の傾向が明瞭にみられる。

このように，都心での高級服の購入＝百貨店という図式が徐々に不明瞭になってきている。都心の百貨店の売り上げ不振については，高級服の買い控えや郊外に立地する大型小売施設への顧客の流出などが要因に挙げられるが，ここでの結果から，都心内部の他業態に顧客が流出している可能性についても指摘しておきたい。

(2) 普 段 着

続いて，普段着について考察する（**表 6-12**）。平城・相楽 NT をみると，1980 年から 1995 年にかけて，1980 年以前入居者の総合スーパー利用割合が大幅に上昇している。1981－95 年入居者の 1995 年時点における総合スーパー利用割合も，1980 年以前入居者とほぼ同様である。これは，1981 年に開店したサンタウン高の原（以下，サンタウン）の影響が大きいと考えられる（**写真 6-3**）。サンタウンの核店舗である近商ストアは，サンタウンが誕生するまでは隣接する平城第 2 ショッピングセンターの一角に位置していたが，サンタウンの開店と同時に移転した。近商ストアは，移転を契機に規模を拡大し，取り扱う商品を充実させた（安倉，2016）。このように，ニュータウン内における大型店の立地や商品の充実が，平城・相楽 NT での普段着の購入割合を上昇させたといえる(14)。

続く 1995 年から 2016 年にかけては，総合スーパーの利用割合がさらに上昇しており，1980 年以前入居者，1981－95 年入居者ともに 1995 年の 60％台から 2016 年には 70％台となった。これは，2007 年に開店したイオン高の原の影響が大きい（**写真 6-2**）。それまで平城ニュータウン内において最大規模であったサンタウンの売り場面積が 9509㎡であるのに対して，イオン高の原のそれは 3 万 9950㎡である。これまでにない規模の総合スーパーの誕生により，平城ニュータウン居住者の大部分が，普段着の買い物においてニュータウン内にとどまるようになったといえよう。

大和西大寺駅周辺をみると，1995 年から 2016 年にかけて，総合スーパーの利用割合が，1980 年以前入居者の男性を除き低下する傾向にある。この期間に総合スーパーの利用割合が平城・相楽 NT で上昇していたことをふま

表 6-12　主要地域別にみた普段着の購入店舗の業態（筆者アンケート調査をもとに作成）

平城・相楽 NT

		1980 年	1995 年		2016 年		
		1980 年以前入居	1980 年以前入居	1981 ～ 95 年入居	1980 年以前入居	1981 ～ 95 年入居	1996 年以降入居
男性	百貨店	1(2.1)	0(0.0)	1(0.6)	0(0.0)	0(0.0)	5(2.0)
	総合スーパー	23(47.9)	43(63.2)	102(63.0)	96(79.3)	200(72.2)	208(81.9)
	衣料品専門店	10(20.8)	12(17.6)	33(20.4)	21(17.4)	62(22.4)	35(13.8)
	その他	14(29.2)	13(19.1)	26(16.0)	4(3.3)	15(5.4)	6(2.4)
女性	百貨店	2(4.0)	1(1.2)	6(3.3)	1(0.8)	4(1.4)	0(0.0)
	総合スーパー	24(48.0)	51(61.4)	109(60.6)	93(72.7)	218(76.0)	212(81.9)
	衣料品専門店	5(10.0)	12(14.5)	26(14.4)	25(19.5)	49(17.1)	40(15.4)
	その他	19(38.0)	19(22.9)	39(21.7)	9(7.0)	16(5.6)	7(2.7)

大和西大寺駅周辺

		1980 年	1995 年		2016 年		
		1980 年以前入居	1980 年以前入居	1981 ～ 95 年入居	1980 年以前入居	1981 ～ 95 年入居	1996 年以降入居
男性	百貨店	16(35.6)	14(32.6)	38(30.9)	7(46.7)	13(33.3)	8(38.1)
	総合スーパー	21(46.7)	20(46.5)	70(56.9)	7(46.7)	18(46.2)	11(52.4)
	衣料品専門店	8(17.8)	8(18.6)	13(10.6)	1(6.7)	7(17.9)	2(9.5)
	その他	0(0.0)	1(2.3)	2(1.6)	0(0.0)	1(2.6)	0(0.0)
女性	百貨店	25(38.5)	17(33.3)	48(33.6)	10(47.6)	24(37.5)	17(47.2)
	総合スーパー	31(47.7)	30(58.8)	74(51.7)	7(33.3)	25(39.1)	16(44.4)
	衣料品専門店	7(10.8)	4(7.8)	15(10.5)	3(14.3)	11(17.2)	3(8.3)
	その他	2(3.1)	0(0.0)	6(4.2)	1(4.8)	4(6.3)	0(0.0)

カッコ内は構成比（%）。

えると，それまで大和西大寺周辺の総合スーパーで普段着を購入していた人々が，平城・相楽 NT の総合スーパーに購入先を変更したことが推察される。大和西大寺駅周辺における総合スーパーとは，近鉄百貨店とともに「ならファミリー」に入居するイオン奈良店（イオンスタイル奈良）のみ（第 3 章，**写真 3-1**）であることから，ここでの総合スーパー間における買い物先の変更は，イオン奈良店からイオン高の原へという同じ小売企業グループ間の移動が中心であったと考えられる。

大和西大寺駅周辺における総合スーパーの利用割合低下とは対照的に，1995 年から 2016 年にかけての百貨店の利用割合は，1980 年以前入居者，1981－95 年入居者ともに上昇している。普段着を大和西大寺駅周辺で購入

写真 6-3　サンタウン高の原

する人数自体は大幅に減少しているものの（表 6-8），大和西大寺駅周辺の百貨店で普段着を購入する人数の減少幅は，総合スーパーのそれに比べれば小さい（表 6-12）。そのため，大和西大寺駅周辺における百貨店の利用割合が上昇したものと考えられる。高級服においても，大和西大寺駅周辺の百貨店利用割合は 90％以上の高い割合で維持されていた（表 6-11）。ここでの普段着も含め，大和西大寺駅周辺は，百貨店の利用に特化した地区になってきたといえる。

6　おわりに

本章では，長期的な縦断データを収集し，大都市圏郊外における買い物行動の変化を検討した。高級服に着目すると，平城ニュータウン形成期にあたる 1970 年代に入居してきた人々においては，1995 年までは大都市圏の上位中心地である難波・心斎橋，下位中心地である大和西大寺駅周辺の百貨店で高級服を購入するというスタイルが維持されていたが，バブル経済崩壊の本格化以降は，難波・心斎橋の利用割合が大幅に低下した。高級服の買い物場所に関する 2 時点間のフローデータによると，難波・心斎橋から大和西大寺駅周辺へ，大和西大寺駅周辺から平城ニュータウン内へというように，大都市圏内の一つ下位に位置づけられる地区への買い物場所の変更がすすんでおり，上位中心地から平城ニュータウン内へと直接変更するケースは少なかった。

1980年以前に入居した人々では，最寄品である普段着の購入においても，1980年時点で百貨店の利用が一定程度あり，当時の百貨店指向が最寄品にまで及んでいたことが示された。しかし1980年代以降，平城ニュータウン内において総合スーパーが拡充されたことにより，いずれの入居時期の居住者においても普段着を平城ニュータウン内で購入する割合が上昇していった。普段着の買い物先は，大和西大寺駅周辺から平城ニュータウン内への変更にとどまらず，奈良市やその周辺地域といった広範囲から平城ニュータウン内への変更もみられた。この一方で，高級服のように大和西大寺駅周辺への変更はみられなかったため，普段着における大和西大寺周辺の利用割合は大幅に低下した。なお，大和西大寺駅周辺の総合スーパーでかつて普段着を購入していた人々の多くは，平城ニュータウン内の総合スーパーへと買い物先を変更した。結果として大和西大寺駅周辺では，百貨店で普段着を購入する割合が高まり，以前にも増して百貨店の利用に特化した地区へと変化してきている。

本章では，ニュータウンという戦後特有の郊外住宅地に住む人々の買い物行動が絶えず変化してきたこと，入居時期により買い物行動の変化の仕方が異なることを明らかにしたとともに，郊外居住者の買い物行動の変化が，上位中心地，下位中心地，ニュータウン内といった大都市圏の階層構造の変化と密接に関係していることをも示した。本章では，こうした買い物行動の変化を，横断データからの推測によるのではなく，長期的な縦断データを利用することによって明確に実証できたと考える。

第7章

大都市圏郊外における買い物困難者の実態

1　はじめに

郊外において人口が急増したのは高度経済成長期である。人口の郊外化，ベッドタウン化などと呼ばれ，大都市で働くサラリーマン世帯が居住する地域として大規模な開発がすすめられた。人々の住宅取得は，結婚，出産などによる居住スペース拡大の必要性が契機となることが多いため，これらのライフイベントがもっとも発生しやすい30－40歳代が住宅取得の主流である。郊外における大規模住宅地には，この特定の年齢層が集中的に入居する傾向が強い。一戸建て住宅に特化した郊外住宅地では，住民の入れ替えがすすまないため，当初からの居住者が居住し続けることになる。その結果，数多くの郊外住宅地で発生しているのが高齢化である。

現代の郊外はモータリゼーションを前提としてきた側面が強い。都心へ向かう場合は鉄道を利用できるが，郊外内部の移動には自家用車が不可欠である。自家用車の利用を前提としたロードサイド型商業施設や大規模小売店が相次いで郊外に建設された。こうしたモータリゼーションの恩恵を受けてきたのが郊外居住者であった。入居当初の若い頃は，自家用車を利用してこれらの店舗を利用してきた。しかし，高齢化がすすむにつれ，自家用車を運転することが困難な郊外居住者が増加し始めている。乗用車が運転できないとなると，大規模小売店などへ買い物に通うことが困難になる。
　このような，一般的に指摘される郊外高齢者の買い物困難な状況を検証するのが本章の目的である。対象地域は，大阪大都市圏の郊外に位置する奈良県王寺町である。

2　調査・分析方法

　本章では，従来の数多くの研究と同様，アンケート調査によりデータを収集するが，第1章で指摘したように，郊外の特定地区のみに限定したアンケート調査では，郊外における買い物環境の実態を正確に把握することはできないという立場をとる。そこで，王寺町全域を対象にアンケート調査を実施し[(1)]，その中から特徴的と考えられるいくつかの地区を選択し，地区間の比較検討を行う。
　調査対象は65歳以上の居住者であり，質問項目は，個人属性のほか，現在の買い物環境に対する評価，買い物行動，王寺町が実施する外出支援事業の利用状況などである[(2)]。また，買い物に関する主体的な意見を収集するため，本アンケート調査では，買い物環境について意見を記述してもらうための自由回答欄を設けた。買い物環境に関する研究に限らず，自由回答は，その膨大さゆえに少数サンプルの分析や概要の提示にとどまりがちであるが，本章では，大量の自由回答の記述内容を類型化し詳細な検討を行う。これにより，買い物困難の実態を正確に把握することが可能になると考えられる。
　抽出された対象者は，王寺町に2016年4月1日現在居住する65歳以上人口6431人の54.4%に相当する3500人である。郵送は2016年11月に実施し，2017年1月までに2253人から回答が得られた。回収率は64.4%であり，王寺町の65歳以上人口に占める割合は35.0%に相当する。
　以下では，サンプル数がある程度存在する町丁目のうち，駅前市街地，伝統的集落，新旧の郊外住宅地としての特徴が明確なところを抽出し，その地区間の差異を検討する。具体的には，駅前市街地の事例として王寺駅の北側にある久度1-4丁目（以下，「駅前地区」），近代以前からの伝統的集落の事例として本町2丁目（以下，「伝統的集落」），1960年代から1970年代にかけての

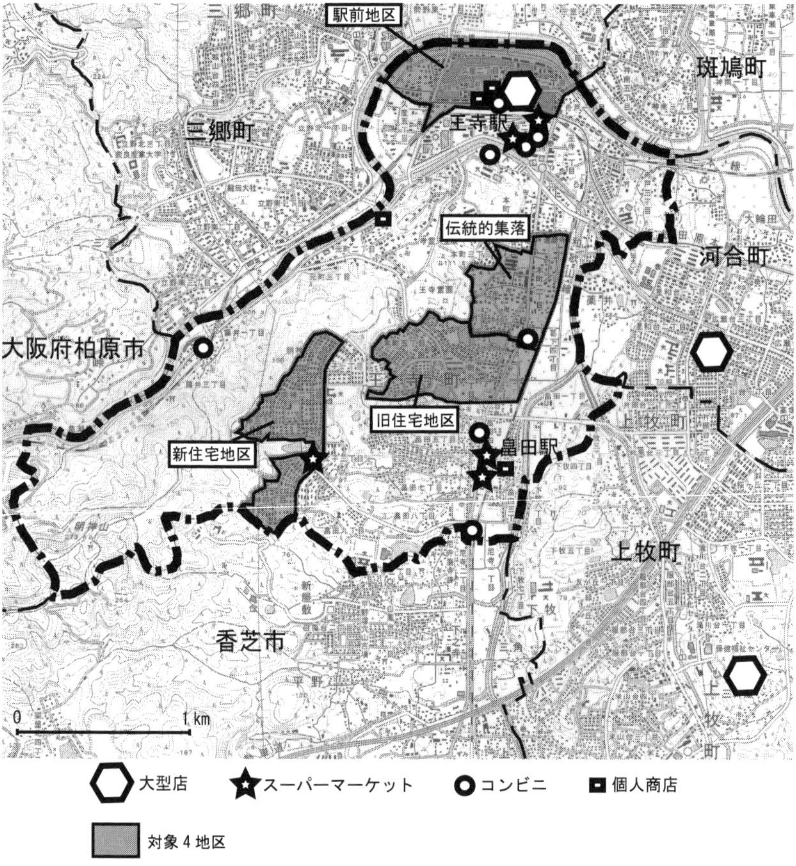

大型店（10000㎡以上）のみ，王寺町に隣接する市町村についても示してある。
国土地理院発行 2 万 5 千分 1 地形図「信貴山」「大和高田」（2006 年更新）を使用。

図 7-1　対象地域と食料品店の立地（i タウンページ（2017 年 1 月現在）および現地調査をもとに作成）

比較的古い時期に開発された丘陵住宅地からなる本町 4，5 丁目（以下，「旧住宅地区」），1980 年代以降に開発された丘陵住宅地からなる明神 1－4 丁目（以下，「新住宅地区」）を選定し（**図 7-1**），分析対象とした。各地区の回答者は，駅前地区 274 人，伝統的集落 119 人，旧住宅地区 265 人，新住宅地区 319 人である。

3　対象地域の概要

(1) 王寺町の概要

対象地域である奈良県王寺町（**図7-1**）は，近世以前は大和川の水運の拠点として栄えた地域であったが，明治に入って奈良県内で最初に鉄道が開通し，1890年に王寺駅が設置されてからは鉄道交通の要衝として発展した。鉄道開通以前の王寺町の中心集落は現在の本町2丁目あたりであったが，王寺駅設置後は王寺駅周辺（久度）の市街地化が急速にすすんだ（王寺町史編集委員会編，2000）。

西側で大阪府と接しており，大阪市内への鉄道アクセスは良好である(3)。こうした条件により，第二次世界大戦後には，大阪大都市圏拡大の波が押し寄せるようになった。1960年代から1970年代にかけての時期に，丘陵地を造成する形で本町4，5丁目などにおいて住宅地の開発がすすんだ。1980年代に入ると，より標高の高い地区に住宅地開発が及び，明神を中心に王寺町内最大の住宅地が誕生した（**図7-1**）。2017年1月31日現在，人口2万3668人，2015年国勢調査による大阪市への通勤率は26.7%であり，大阪市の郊外都市としての性格が明確である。

以上のように，王寺町内には，駅前中心市街地（**写真7-1**），伝統的集落（**写真7-2**），丘陵地の新旧住宅地（**写真7-3**，**写真7-4**）など性格の異なる地区が，比較的明瞭な形で存在している。郊外の縮図のようなこうした特性を持つ王寺町を対象とすることで，地区ごとの買い物特性が分析できると考えられる。

(2) 王寺町における食料品店の立地環境

王寺町における食料品店の立地状況をみると（**図7-1**）(4)，もっとも食料品店が集積しているのは王寺駅周辺であり，大型店，スーパーマーケット，コンビニ，個人商店など多様な店舗がそろっている。次いで多いのは畠田駅周辺である。

一方，丘陵地に開発された住宅地区においては，ごくわずかの店舗が立地するに過ぎない。丘陵地の住宅地の大半は第1種低層住居専用地域に指定さ

写真 7-1　王寺駅南口の駅前市街地

写真 7-2　本町 2 丁目の伝統的集落

れているため，コンビニすら建設ができない状況である。明神のスーパーマーケットが立地している場所（写真 7-5）は近隣商業地域に指定されており，丘陵地の住宅地において食料品店が立地可能な数少ない地区の一つである。

王寺町内の大型店をみると，王寺駅北側に西友王寺店が立地するのみであ

写真 7-3　本町 5 丁目の旧住宅地区

写真 7-4　明神 2 丁目の新住宅地区

る。隣接する河合町，上牧町にはそれぞれイオン西大和店，アピタ西大和店が立地している。これら隣接する自治体の大型店は大規模駐車場を備えており，王寺町居住者の中にも自家用車を利用してそれらの店舗にでかける人も多いと考えられる。

写真 7-5　明神の近隣商業地域

4　高齢者の買い物行動と買い物困難者の実態

(1) 高齢者の買い物行動

以下では，日常的に購入することの多い生鮮食料品の買い物行動について検討する。生鮮食料品を購入する店舗をたずねたところ，4 地区いずれも総合スーパーもしくはスーパーマーケットと回答した人が 98％以上に達し，コンビニや個人商店と回答した人はごくわずかであった。総合スーパーが成長するまでは生鮮食料品の主たる購買先であった個人商店であるが，現在の王寺町ではその役割をほぼ終えている。

表 7-1 は，回答者の買い物頻度を示したものである。「ほぼ毎日」買い物をする割合をみると，旧住宅地区を除き，女性のほうが男性よりも購買頻度が高いことがわかる(5)。地区別にみると，駅前地区に加え新住宅地区の女性の買い物頻度が高い。駅前地区において買い物頻度が高いのは，近隣に食料品店が数多く立地していること（**図 7-1**）が背景にあるものと考えられる。一方，新住宅地区にはスーパーマーケットが 1 店舗立地しているのみであり，近隣における食料品店の立地にその要因を求めることは困難である。

表 7-1　買い物頻度（王寺町アンケート調査をもとに作成）

	駅前地区		伝統的集落		旧住宅地区		新住宅地区	
	男性	女性	男性	女性	男性	女性	男性	女性
ほぼ毎日	19(42.2)	65(46.1)	5(20.0)	17(32.7)	15(36.6)	35(28.9)	18(28.1)	71(49.3)
週 2〜3 回	16(35.6)	66(46.8)	14(56.0)	26(50.0)	19(46.3)	69(57.0)	32(50.0)	65(45.1)
週 1 回以下	10(22.2)	10(7.1)	6(24.0)	9(17.3)	7(17.1)	17(14.0)	14(21.9)	8(5.6)

カッコ内は構成比（%）。

表 7-2　買い物先への交通手段（王寺町アンケート調査をもとに作成）

	駅前地区		伝統的集落		旧住宅地区		新住宅地区	
	男性	女性	男性	女性	男性	女性	男性	女性
徒歩・自転車	27(64.3)	117(84.2)	7(28.0)	15(28.8)	3(7.3)	18(15.3)	7(11.3)	28(19.6)
自家用車	15(35.7)	14(10.1)	18(72.0)	21(40.4)	33(80.5)	45(38.1)	53(85.5)	86(60.1)
家族等による送迎	0(0.0)	5(3.6)	0(0.0)	9(17.3)	0(0.0)	24(20.3)	1(1.6)	17(11.9)
バス・鉄道	0(0.0)	1(0.7)	0(0.0)	6(11.5)	5(12.2)	30(25.4)	1(1.6)	12(8.4)
その他	0(0.0)	2(1.4)	0(0.0)	1(1.9)	0(0.0)	1(0.8)	0(0.0)	0(0.0)

カッコ内は構成比（%）。

表 7-3　交通手段別にみた買い物先までの所要時間（王寺町アンケート調査をもとに作成）

男性

	駅前地区		伝統的集落		旧住宅地区		新住宅地区	
	〜 10 分	10 分〜	〜 10 分	10 分〜	〜 10 分	10 分〜	〜 10 分	10 分〜
徒歩・自転車	20(74.1)	7(25.9)	1(14.3)	6(85.7)	1(33.3)	2(66.7)	6(85.7)	1(14.3)
自家用車	6(40.0)	9(60.0)	6(33.3)	12(66.7)	9(27.3)	24(72.7)	24(45.3)	29(54.7)

女性

	駅前地区		伝統的集落		旧住宅地区		新住宅地区	
	〜 10 分	10 分〜	〜 10 分	10 分〜	〜 10 分	10 分〜	〜 10 分	10 分〜
徒歩・自転車	90(76.9)	27(23.1)	4(26.7)	11(73.3)	4(22.2)	14(77.8)	21(75.0)	7(25.0)
自家用車	2(14.3)	12(85.7)	9(45.0)	11(55.0)	21(47.7)	23(52.3)	41(47.7)	45(52.3)

カッコ内は構成比（%）。

そこで，買い物先への交通手段をみてみる（**表 7-2**）。買い物頻度が高かった駅前地区と新住宅地区（女性）であるが。その交通手段は大きく異なる。駅前地区は徒歩・自転車の割合が高いが，新住宅地区の女性においては自家用車利用割合が 60.1%と，他地区の女性と比べてきわめて高い。新住宅地区は，1980 年代という比較的新しい時期に開発がなされた地区であるため他の3地区に比べて回答者の年齢が低く(6)，身体的に自家用車の運転が可能な人々が多いといえる。このため，自家用車を利用して高頻度で買い物に出かけることができているものと考えられる。なお，伝統的集落，旧住宅地区には近隣に生鮮食料品を購入できる店舗がない(7)一方で，新住宅地区には少ないとはいえスーパーマーケットが1店舗存在する。にもかかわらず，新住宅地区の自家用車の利用割合が，伝統的集落，旧住宅地区よりもかなり高いということは，新しく郊外に開発された住宅地の居住者が，いかに自家用車に依存した生活スタイルをとっているかがわかる(8)。伝統的集落，旧住宅地区では，特に女性において家族等による送迎の割合が比較的高い。近隣に食料品店が存在せず，自家用車の運転も困難な人々にとっては，家族によるサポートが不可欠なものであることを示唆している。

高齢者にとっては，食料品店への所要時間も重要である。農林水産政策研究所（2017）は，生鮮品販売店舗への徒歩でのアクセスが困難になる距離を，直線距離で500mとしている。これは，高齢者による徒歩の所要時間にして約10分に相当する。そこで，生鮮食料品店までの所要時間が10分以内であるかどうかを指標として，4地区の食料品店へのアクセスを評価する。なお，ここでは，徒歩・自転車のほか，もう一つの主要交通手段である自家用車についても取り上げる（**表7-3**）。

駅前地区では，食料品店の充実した地区特性を反映し，男女ともに徒歩・自転車の約75%が所要時間10分以内である。新住宅地区においても男女ともに徒歩・自転車の75%以上が所要時間10分以内としているが，そもそも新住宅地区では徒歩・自転車の割合が駅前地区に比べると圧倒的に低いことには留意が必要である。おそらく，新住宅地区でもスーパーマーケット付近に居住する少数の人々が徒歩・自転車で当該店舗を利用する一方で，自家用車利用者の多くは遠隔に位置する食料品店へと買い物に出かけていると推察される。伝統的集落，旧住宅地区をみると，駅前地区や新住宅地区とは違い，自家用車よりも徒歩・自転車の所要時間が長くなっている(9)。近隣に店舗がないこれらの地区では，車を運転することのできない高齢者は，長時間歩いて買い物に行かざるを得なくなっているといえよう。

表 7-4　買い物不便度（王寺町アンケート調査をもとに作成）

	駅前地区		伝統的集落		旧住宅地区		新住宅地区	
	男性	女性	男性	女性	男性	女性	男性	女性
不便である	6(13.6)	30(21.3)	8(33.3)	21(42.0)	18(42.9)	69(56.6)	28(43.1)	69(47.3)
不便でない	38(86.4)	111(78.3)	16(66.7)	29(58.0)	24(57.1)	53(43.4)	37(56.9)	77(52.7)

カッコ内は構成比（%）。

表 7-5　買い物環境を充実させるために望むこと（選択肢回答）（王寺町アンケート調査をもとに作成）

	駅前地区		伝統的集落		旧住宅地区		新住宅地区	
	男性	女性	男性	女性	男性	女性	男性	女性
近隣への食料品店	7(8.9)	17(11.5)	20(43.5)	26(40.6)	25(25.0)	53(35.3)	11(8.1)	16(10.1)
近隣への総合スーパー	3(3.8)	8(5.4)	24(52.2)	29(45.3)	43(43.0)	61(40.7)	44(32.6)	59(37.1)
公共交通の充実	6(7.6)	10(6.8)	7(15.2)	7(10.9)	28(28.0)	43(28.7)	38(28.1)	31(19.5)
宅配・移動販売・送迎	16(20.3)	55(37.2)	15(32.6)	20(31.3)	34(34.0)	63(42.0)	58(43.0)	79(49.7)
その他	2(2.5)	4(2.7)	0(0.0)	2(3.1)	2(2.0)	5(3.3)	3(2.2)	7(4.4)
特になし	52(65.8)	86(58.1)	13(28.3)	14(21.9)	29(29.0)	26(17.3)	43(31.9)	44(27.7)

複数回答可。カッコ内は構成比（%）。

(2) 買い物環境に対する要望・不満

表 7-4 は，買い物に不便を感じているかどうかの質問に対する回答を示したものである。性別にみると，総じて女性のほうが不便を感じていることがわかる。買い物頻度の高い女性（**表 7-1**）のほうが，日常的な買い物利便性に対してシビアな評価を下していると考えられる。地区別にみると，駅前地区には不便を感じている人が少なく，周辺部において不便を感じている人が多いという対照的な特徴が明確である。先に述べたように，近隣に食料品店が多く立地する駅前地区とそうでない周辺地区という，買い物先へのアクセスの違いが買い物の利便性における地区的差違に大きく関わっているといえる。

こうした買い物先へのアクセスの違いは，各地区の高齢者が望む買い物環境にも違いをもたらしている。**表 7-5** は，「買い物環境を充実させるために何を望んでいるか」の選択肢形式の質問に対する回答（複数回答可）を地区別に示したものである。近隣に食料品店がない伝統的集落や旧住宅地区では，近隣への食料品店を望む声が圧倒的に多い。これらの地区の高齢者にとっては，身近な食料品店へのアクセスの不十分さが買い物の不便さに直結する問題となっている。総合スーパーについては，地区内に食料品スーパーしか立地していない新住宅地区においても望む割合は高くなる。

これに対し，駅前地区においては，近隣への店舗の立地を望む割合は低く，食料品店へのアクセスはさほど問題となっていない。つまり，一口に現状の買い物環境への不満や要望といっても，日常的な買い物先へのアクセスそのものを問題とする伝統的集落や旧住宅地区とは異なり，買い物環境がすでに充実している駅前地区では，不便解消というよりも，買い物利便性のさらなる向上が要望されていると解釈できる。また，「（望むものは）特になし」の割合が高いのも駅前地区の特徴である。

駅前地区以外，特に旧住宅地区や新住宅地区で比較的要望されているのが，公共交通の充実である。王寺町内における公共交通とはほぼ路線バスであるため，公共交通の充実＝路線バスの充実とみてよいであろう。自家用車を普段利用しない人はもちろんのこと，自家用車を利用している人であっても，将来的に運転が困難になることを想定すれば，王寺駅から離れた地区の居住者にとって路線バスの充実は重要な課題となることを示唆している。

宅配・移動販売[10]・送迎は，いずれの地区においても潜在的ニーズが高い。駅前地区以外では，先述のように近隣への食料品店，総合スーパーを要望する声が多いものの，用途地域や需要との関係で現実的な立地は困難と考えられる。これを補完する意味でも，宅配・移動販売・送迎サービスの導入は重要な課題である[11]。

なお，要望に対する性別特有の傾向は見いだせなかった。これは，次にみる自由回答においても同様であり，買い物環境への要望は，性別ではなく地区特性による部分が大きいと考えることができる。

(3) 自由回答にみる買い物困難の実態

「買い物に不便を感じているか否か」(**表 7-4**)，「買い物環境の充実のため

表 7-6　買い物環境に関する自由回答の分類（王寺町アンケート調査をもとに作成）

	駅前地区		伝統的集落		旧住宅地区		新住宅地区	
	男性	女性	男性	女性	男性	女性	男性	女性
店舗の新設	4(16.0)	2(4.3)	1(12.5)	8(27.6)	7(24.1)	9(13.4)	10(20.4)	4(6.0)
公共交通の充実	1(4.0)	2(4.3)	3(37.5)	3(10.3)	7(24.1)	27(40.3)	6(12.2)	10(14.9)
宅配・移動販売・送迎	2(8.0)	9(19.6)	1(12.5)	2(6.9)	5(17.2)	11(16.4)	4(8.2)	10(14.9)
既存店舗の設備・商品	3(12.0)	12(26.1)	0(0.0)	2(6.9)	1(3.4)	5(7.5)	4(8.2)	15(22.4)
車の運転への懸念	1(4.0)	1(2.2)	0(0.0)	6(20.7)	8(27.6)	12(17.9)	10(20.4)	23(34.3)
居住環境	0(0.0)	0(0.0)	0(0.0)	0(0.0)	1(3.4)	2(3.0)	5(10.2)	9(13.4)
その他の不満・要望	7(28.0)	15(32.6)	2(25.0)	7(24.1)	5(17.2)	16(23.9)	12(24.5)	7(10.4)
不満なし	11(44.0)	14(30.4)	3(37.5)	7(24.1)	5(17.2)	12(17.9)	11(22.4)	10(14.9)

複数回答可。カッコ内は構成比（%）。

の要望」（**表 7-5**）への回答は，筆者が用意した選択肢の中から回答者に選んでもらったものであるのに対し，以下では，買い物環境に対する回答者の主体的な意見の表明である自由回答の記述内容に着目する。はじめにすべての自由回答の内容を分類した上で，その分類ごとに典型的な事例を示し，記述内容を検討する。

分類に先立ち，自由回答欄に何らかの記述のあった回答[12]の割合を示すと，駅前地区 25.9%，伝統的集落 31.1%，旧住宅地区 36.2%，新住宅地区 36.7% であった。この割合が高いということは，買い物環境に対して何らかの主体的な意見を持っている人が多いことを意味する。駅前地区を除く 3 地区はいずれも 30% を超えているが，これらの自由回答は，以下で詳述するように，不満や要望を表明するものが中心である。このように，自由回答からも，鉄道駅から離れた地区においては現状の買い物環境に満足していない状況が明確である。

表 7-6 は，買い物環境について自由回答欄に記述されたものを，その内容にもとづいて分類したものである。伝統的集落，旧住宅地区では，選択肢形式の回答（**表 7-5**）と同様，店舗の新設[13]に対する要望が多い。この 2 地区における店舗新設に関する記述内容をみると（**表 7-7**），自宅付近に食料品店や総合スーパーを求めるものが中心である。これらの意見は，現状の買い物環

表 7-7　店舗の新設に関する意見の例（伝統的集落・旧住宅地区）（王寺町アンケート調査をもとに作成）

回答者番号	年齢，性別，地区	記述内容
7-1	70 歳代女性，伝統的集落	年齢のためかだんだんと歩くのが大変で，家の近くにスーパーがあれば，と特に希望しています．
7-2	80 歳代女性，旧住宅地区	JR 畠田駅にスーパーがありますが，自転車に乗れず，足も少し悪い為に歩いて 25 分かかります．家に持って帰るのが大変です．できれば近くに店が欲しいです．
7-3	70 歳代女性，伝統的集落	今は買物に行くとき主人の車に乗せてもらっていますが，将来運転できないようになると不安です。近くに総合スーパーが欲しいです．
7-4	70 歳代女性，伝統的集落	今は主人に車で買い物に連れて行ってもらっていますが，81 歳になりますので運転も難しくなると思います．その時のことを考えて，近くに食料品店が欲しいです．
7-5	60 歳代女性，旧住宅地区	近くに食料品店が無いので，買い忘れの時に非常に便利が悪いです．
7-6	70 歳代女性，旧住宅地区	家の近くに最低限の買い物ができるお店があればと思います．今は食料品が切れたらどうしようもない状態です．これから年を重ねるのが怖いです．

境への不満にとどまらず，身体的な衰え（7-1，7-2）や家族サポートの消失（7-3，7-4）と関連した切実な要望となっているのがわかる。

公共交通の充実に関する記述は特に旧住宅地区において多く，これも選択肢形式の回答（**表 7-5**）と同様である。王寺町内では，奈良交通バスが王寺駅を起点として路線バスを運行しており，伝統的集落や丘陵地の住宅地など，居住者の多い地区にはほぼ路線が設定されている。このことだけを考えると不便はないようであるが，居住者の視点からみれば，表面的な部分からは判明しないさまざまな課題が浮かび上がる。

旧住宅地区の自由回答を詳しくみると（**表 7-8**），バスの本数に関する不満，要望を表明する記述が数多くみられた。「1 時間に 1 本しかない」ことを訴える記述が多く（8-1 ～ 8-3），中には「昼の間は 1 本もない」（8-4）のように，路線によってはさらに本数が少ないことを訴える記述もあった[14]。バスの本数に次いで多かったのが，バスに乗る際の身体的負担を軽減することに関する記述である。8-5 ～ 8-8 にあるように，バス停やバスのバリアフリーに関する問題が身体的な負担を大きくしていることがわかる。

表 7-8　公共交通（路線バス）に関する意見の例（旧住宅地区）（王寺町アンケート調査をもとに作成）

回答者番号	年齢，性別	記述内容
8-1	70 歳代女性	1 時間にバスが 1 本しかない不便さを，せめて 30 分に 1 本くらいにしていただきたい．バスの利用者も最近は増えているので，是非実現していただきたい．
8-2	80 歳代女性	バスが 1 時間に 1 本しかないので困ります．この頃年を取ったのでバスを利用せず，タクシー代が高くつくので困っています．
8-3	80 歳代女性	王寺町内ではバスに 100 円で乗れるので有り難く思っておりますが，時間帯によっては 1 時間に 1 本しか来ないので困っています．
8-4	80 歳代女性	バスの本数が少なく不便．南元町のバス停があるのに, 昼の間は 1 本もない．
8-5	80 歳代女性	バスで王寺まで行きたくても，段差を 2，3 段も上がるバスではカートを持って乗るのが無理です．ノンステップバスを増やして下さい．
8-6	80 歳代女性	王寺に行くのに太子 1 丁目のバス停が遥か遠くにあるため使用できません．王寺幼稚園のバス停まで行っています．もう何年も前からとても不便です．
8-7	80 歳代男性	王寺幼稚園前から明神 4 丁目の間に，バス停の間隔が離れすぎている区間があり，とても不便です．
8-8	70 歳代女性	バスの停留所に椅子を置いて欲しい．有る所と無い所があり，本町 4 丁目（王寺行き方面）には無いので置いて欲しい．

表 7-9　宅配・移動販売・送迎に関する意見の例（すべての地区）（王寺町アンケート調査をもとに作成）

回答者番号	年齢，性別，地区	記述内容
9-1	70 歳代女性，駅前地区	身体が悪いので，買った品物を自宅まで届けて欲しい．
9-2	70 歳代男性，旧住宅地区	来年早々に免許証を返上するので，そうなれば今まで利用していたスーパーに行けなくなってしまう．重い物，お米等の時は送迎があればありがたい．
9-3	80 歳代女性，旧住宅地区	年齢も 80 歳を過ぎると足腰が思うようにいかなくて，出かけることが不便でなりません．現在ならコープで 1 週間に 1 度注文して宅配してもらっていますが，ついつい買いすぎて冷蔵庫に残るばかりで困っています．移動販売車が来てくれれば助かるのになぁと思っています．
9-4	60 歳代女性，新住宅地区	高齢になると免許返上になると思うので，やはり買い物には支障を来します．よって家の近くにお店があるのが望ましいですが，宅配サービスや総合スーパーまでの送迎サービスをして頂ければ，老いてきても外出することで気分転換ができると思います．
9-5	80 歳代女性，新住宅地区	買物の荷物を持ち帰ることが苦痛です．足も腕も体中が荷物に押し潰されそうになります．送迎サービスがあればと思います．
9-6	70 歳代女性，伝統的集落	年齢と共に外出ができなくなってきたとき，自宅付近に移動販売車がくれば望むところです．インターネットを利用すれば良いと思うが，やはり買物，特に食料品は自分の目で見て確認して納得の上で買いたいものです．

表 7-10　既存店舗の設備・商品に関する意見の例（駅前地区・新住宅地区）（王寺町アンケート調査をもとに作成）

回答者番号	年齢，性別，地区	記述内容
10-1	70 歳代女性，駅前地区	近くの総合スーパーでの買い物は，東側のエレベーターで２階へ上がって１階まで，またはエスカレーターで下りるのが便利が悪い．
10-2	60 歳代女性，駅前地区	スーパーに美味しい魚が少ない．スーパーの惣菜は美味しくないので，大阪に出かけたときデパ地下で買う．
10-3	80 歳代女性，駅前地区	魚，肉類などはスーパーの物はあまり好きではないので，どうしても百貨店などに行くことになります．
10-4	60 歳代男性，駅前地区	１人暮らしを対象とした商品（惣菜など）がおかれている商店は皆無．
10-5	60 歳代女性，新住宅地区	近所のスーパーを利用していますが，駐車場の問題，品揃えの希薄さ．この１軒のスーパーでは全てまかないきれない状態です．
10-6	70 歳代男性・新住宅地区	明神のスーパーは駐車場が近くにないので皆さん路上駐車をしておられますが，大変混雑していて車での買い物に不便を感じる．
10-7	70 歳代女性，新住宅地区	駐車場が狭く，店舗と離れている．
10-8	60 歳代女性，新住宅地区	近くにスーパーはありますが，あまり品物が揃わず，午後からの買物になると，無い物が多いので遠くまで足を運ばなければならないことです．
10-9	60 歳代女性，新住宅地区	近くにスーパーがありますが，生鮮や惣菜などの品物が午後になるとありません．もう少し充実したお店が欲しい．
10-10	70 歳代男性・新住宅地区	近所の食料品店は，店舗が小規模で品数が少ないため，欲しい物がないことが多いので，店舗を拡充して品揃えを図って欲しい．

こうした身体的負担の影響は，宅配・移動販売・送迎サービスの要望にもつながっている（**表 7-9**）。9-1 ～ 9-5 のように，身体的負担にともなう買い物の辛さを緩和するためにも，これらのサービスの充実が求められている。また，移動販売車を望む意見の中には，「食料品は自分の目で見て確認して納得の上で買いたいものです」（9-6）との回答もあった。生鮮食料品には宅配のカタログなどからは判断できない鮮度や手触りが重要であり，自ら品定めをする手段として移動販売車が求められているといえよう。

以上の点は，選択肢形式の回答（**表 7-5**）と共通する記述内容であるが，自由回答にはこれ以外の記述も数多くみられた。既存店舗の設備・商品に関する記述は，地区内に既存店舗のある駅前地区と新住宅地区において多い（**表 7-6**）。まず既存店舗の「設備」についての記述をみると（**表 7-10**），自家用車を利用した買い物が主流である新住宅地区（**表 7-2**）では，10-5 ～ 10-7 のように，地区内に立地する食料品店の駐車場の不備についての記述がみられる。新住宅地区にある食料品店は，売場面積が小さく，近隣からの来客を想定しているゆえに駐車場も少ない。先述のように，新住宅地区の中でも自家用車利用者の多数は，王寺町周辺における広い駐車場付きの総合スーパーなどを利用していると考えられる。しかし，この食料品店の駐車場の少なさゆえに，車での来客が少数であったとしても，駐車場不足が生じてしまっている状況である。一方，駅前地区では，10-1 のように店舗の構造に関する不満の表明があった。ワンストップ・ショッピングによる利便性が総合スーパーの特徴であるが，一人当たり購買量の少ない高齢者にとっては，逆に大規模すぎること[15]が不便につながっていることを示唆している。

次いで，既存店舗の「商品」についての記述をみる。駅前地区においては，高齢者の単独世帯割合が高い[16]が，10-4 の意見にあるように，そうした高齢者の買い物ニーズと店舗の品揃えとの間にミスマッチが生じている。駅前地区には数多くの店舗が集積し（**図 7-1**），全般的には利便性が高いと認識されている（**表 7-4**）ものの，今後のさらなる高齢化を見据えると，こうしたミスマッチを訴える声はさらに高まってくるものと考えられる。なお，10-2，10-3 のように，駅前地区の場合は，近隣の店舗に対して不満があれば，大都市に買い物に行くという選択肢があることをうかがわせる記述もみられた。鉄道での大阪市内へのアクセスに恵まれた駅前地区ならではの回答である。新住宅地区では，10-5，10-8 ～ 10-10 のように，地区内に立地する食料品店の品揃えに対する不満が存在する。この背景として，2000 年代に入ってからこの地区の北側（南元町）において新たな住宅地開発がすすんだものの，その地区には食料品店が存在しないため[17]，新住宅地区の食料品店に顧客が集中するようになったという事情がある。このことは，先にみたように新住宅地区の食料品店の駐車場不足に対する不満（10-5 ～ 10-7）にもつながっていると考えられる。

「車の運転への懸念」，「居住環境」についての記述は，新住宅地区において多い（**表 7-6**）。自家用車の利用が多い新住宅地区では，**表 7-11** のいずれの意見にもあるように，今後さらに年を重ねて自家用車を運転できなくなっ

表 7-11　車の運転への懸念に関する意見の例（新住宅地区）（王寺町アンケート調査をもとに作成）

回答者番号	年齢，性別	記述内容
11-1	60 歳代男性	現在は夫婦共に車を運転していますが，将来は車を手放さないといけないと思います．その時の生活は非常に不安です．
11-2	70 歳代女性	現在は車で買い物ができますので，不便はあまり感じませんが，乗れなくなった場合に気持ちが変わると思います．
11-3	70 歳代男性	高齢者運転による事故が多発しています．先々免許を返還した場合のことを考えますと，荷物がある場合タクシーに頼らざるを得ないのですが，よほど前もって予約しないと迎えに来てくれません．
11-4	70 歳代男性	今は家族共に自分で何でもできるが，この先車も運転できなくなったときにこの付近での生活は無理かも．

表 7-12　居住環境に関する意見の例（新住宅地区）（王寺町アンケート調査をもとに作成）

回答者番号	年齢，性別	記述内容
12-1	80 歳代男性	坂道があり，足を痛めたら，または車に乗れなくなったら動けなくなる．バス停から重い物を持って帰るのは大変．品物を見ないで買うのも不安．楽しみもなくなる．
12-2	60 歳代女性	坂道の多い所に住んでいるので，夏の暑い日と雨の日の買い出しが大変で困っています．
12-3	70 歳代女性	バス停，スーパーなど下り坂の多い地で，膝の痛みがあるため家族の車の送迎のみになっています．
12-4	80 歳代女性	家に帰るときは坂道なので，買い物袋を下げて帰るのは大変で困っています．

た後の不安が表明されている。また王寺町では，1960 年代頃は比較的低地で住宅地開発がすすみ，その後の新しい住宅地ほど高台に開発されていったという経緯をたどったため（王寺町史編集委員会編，2000），1980 年代に開発された新住宅地区は，標高の高いところに位置する。このため，**表 7-12** にあるように「坂道」に言及した記述が多く，丘陵地に開発された住宅地特有の居住環境に対する不満が多く表明されている。

なお，すでに触れてきたことであるが，「公共交通の充実」，「宅配・移動販売・送迎サービス」，「居住環境」に関する記述に少なからず重複して言及されているのが身体的不安に関するものであり，高齢者にとって身体の問題が日常的な課題となっていることが明らかである。この問題は，非高齢者には想像が及びにくいところであるが，買い物困難者の実態を把握する上で見過ごすことのできない非常に重要な点である。

以上のように，自由回答の詳細な分析からは，買い物困難の度合いが地区によって多様であることが明らかになった。これは，従来のような「不便か否か」という二者択一的な指標が，買い物困難者の実態把握にとって不十分なものであることを意味する。

5　おわりに

本章では，奈良県王寺町を事例に，大都市圏郊外に居住する高齢者の買い物行動や買い物困難の実態を明らかにした。高齢者の買い物行動の特性は，地区によって異なる。鉄道駅近くに居住する人々は，近隣に買い物施設が豊富に存在するため，徒歩での買い物が多く，買い物利便性が高い。一方，丘陵地に開発された住宅地では，近隣に買い物施設が乏しいことにより買い物利便性が低いと感じる人々が多い。特に，自家用車を利用することが困難な人々は，買い物の不便さは深刻なものとなっている。地区特性のこうした違いは，各地区における買い物困難のとらえ方にも大きな影響を及ぼしていることが明らかになった。

住宅団地など郊外の特定地区のみを対象とする従来の研究に対し，本章では，郊外の多様な特性をふまえた検討を行ってきた。これにより，買い物困難者の課題を解決していくためには，郊外全体の画一的な取り組みではなく，地区特性に応じた取り組みが必要であることを明確にすることができた。

第8章

大都市圏外縁部における新旧住民の買い物行動

1　はじめに

本章では，大都市圏外縁部における買い物行動について取り上げる。これまでの大都市圏外縁部に関わる買い物環境を概観しておく。高度経済成長期に，総合スーパーチェーンは急成長を遂げたが（天野，2004），当初の総合スーパーの主な立地場所は，大都市圏中心都市や内部郊外の中心市街地であり，大都市圏外縁部への立地はすすんでいなかった（伊藤，2007；安倉，2004）。住宅地開発が本格化する以前の大都市圏外縁部では，旧来からの集落に立地する小規模の小売店舗が住民の最低限の消費需要を支えていたと考えられる。言い換えれば，品揃えの豊富な大型店の恩恵を充分に受けるには至っておらず，大型店を利用するためには鉄道等の公共交通によって内部郊外や中心都市に向かう必要があったと考えられる。

大店法の施行や規制強化がなされるようになった1970－1980年代には，いずれの地域においても総合スーパーをはじめとする大型店の出店は抑制された。当然のことながら，大都市圏外縁部においても大型店の新規立地は限定されていた（伊藤，2007；安倉，2004）。

こうした状況に大きな変化がみられるようになるのは，大店法の規制緩和がなされた1990年代以降である。大型店の出店が容易になったことを受け，総合スーパーチェーンを中心に多店舗展開がすすんだ。モータリゼーションを背景に，大型店の立地場所は拡大し，大都市圏外縁部にも及んだ（伊藤，2007；安倉，2004）。こうして大都市圏外縁部では，内部郊外や中心都市に出向かなくとも，自家用車を利用して近隣の大型店を利用する機会を得るようになったと推察される。

そこで本章では，こうした大都市圏外縁部における買い物環境の変化をふまえ，人々の買い物行動について検討する。なお，ここでは第6章のような縦断データ分析ではなく，調査時点の買い物行動の把握が中心である。旧来からの集落においては居住年数が多様であること，新興住宅地は居住年数が短く縦断データの収集が困難であることがその理由である。ただし，旧来からの集落においては，ある程度過去の買い物行動の把握も可能であると判断し，2000年時点の買い物行動についても尋ねている。

2　木津川市を取り巻く買い物環境

対象とするのは，第4章と同じく京都府木津川市である。**図8-1**，**図8-2**は，木津川市とその周辺地域における大型店（3000㎡以上，食料品・衣料品を扱う店舗）の立地状況を1995年と2017年について示したものである。1995年をみると（**図8-1**），近鉄奈良駅，大和西大寺駅，JR奈良駅をはじめとする中心市街地に大型店の立地がほぼ限定されていたことがわかる。1995年は，すでに大店法の規制緩和がなされていた時期であるが，まだこの時点の木津川市およびその周辺の買い物環境は，それ以前からの状況を維持していたと考えることができる。大和西大寺駅付近に立地する店舗（近鉄百貨店）を除けば，近鉄奈良駅やJR奈良駅付近など中心市街地に立地する店舗の面積はさほど大きなものではなかった。

2017年をみると（**図8-2**），木津川市内や隣接する精華町において新たに大型店が立地したことがわかる。これら新規立地店舗の多くは，中心市街地に立地するものではなく，モータリゼーションに対応して大規模駐車場を兼ね備えた郊外型である（**写真8-1**，**写真8-2**）。一方，近鉄奈良駅やJR奈良駅付近にあった店舗は2017年までに撤退しており（**図8-1**），中心市街地型の店

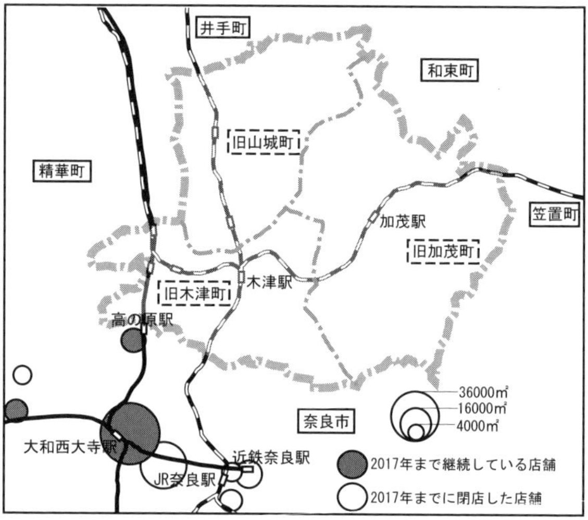

店舗面積が3000㎡以上で，食料品・衣料品を取り扱う店舗のみ表示

図 8-1　木津川市とその周辺の大型小売店の立地（1995 年）
（『全国大型小売店舗総覧 1996 年版』をもとに作成）

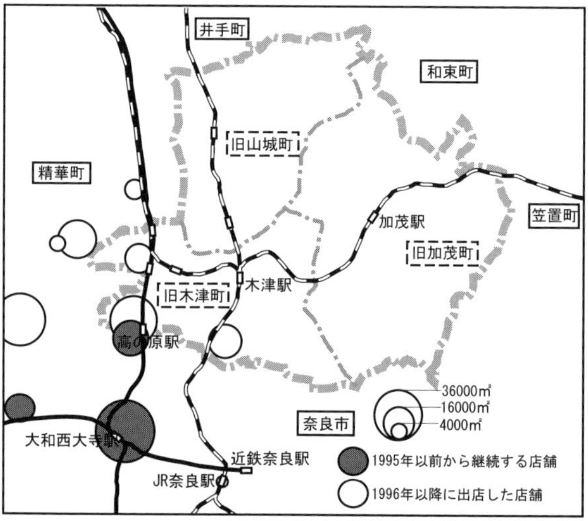

店舗面積が3000㎡以上で，食料品・衣料品を取り扱う店舗のみ表示

図 8-2　木津川市とその周辺の大型小売店の立地（2017 年）
（『全国大型小売店舗総覧 2018 年版』及び現地確認をもとに作成）

写真 8-1　ガーデンモール木津川（木津川市）

写真 8-2　アピタタウン　けいはんな（精華町）

舗が大幅に減少したことがみてとれる。

このように，大店法の規制緩和，大店立地法の施行などにより大型店の出店が容易になる中，中心市街地型ではなく郊外型の店舗を展開してモータリゼーションに対応していくという流れは，先にみたような一般的な傾向と同様である。

3　アンケート分析

(1) 旧来からの集落と新興住宅地の比較

a. 店舗の業態

ここからは，アンケート調査にもとづいて木津川市居住者の買い物行動を分析する。ここで使用するアンケート調査は，第4章で使用したものと同様である。すなわち，旧来からの集落の事例としての旧山城町調査，新興住宅地の事例としての梅美台調査が対象となる。**表8-1**は，高級服を購入する店舗の業態を示したものである。性別にみると，男性よりも女性において百貨店利用割合が高いことがわかる。この傾向は第6章の平城ニュータウンと同様である。ただし，百貨店利用割合自体は平城ニュータウン居住者に比べればかなり低い。百貨店の立地地域である大和西大寺駅や大阪市都心へのアクセスの違いがこのような差異を生んでいる主因と考えられる。旧山城町と梅美台における差異は女性にみられる，旧山城町の女性では，50歳代以下のほうが百貨店利用割合が高く，梅美台の女性では60歳代以上のほうが同割合が高かった。

普段着をみると（**表8-2**），いずれの地区，性別ともに百貨店の利用はほとんどない。平城ニュータウンでは，経年的に低下してきたとはいえ，現在（2016年時点）においても普段着を百貨店で購入する割合はある程度維持されていた（第6章）。これも，先に高級服のところで指摘したように百貨店の立地地域へのアクセスの違いによる部分が大きいと考えられる。地区，性別による差異は高級服ほどは大きくないが，唯一目立つのが，男性における衣料品専門店の利用割合の年齢間の差異である。旧山城町，梅美台ともに，50歳代以下の衣料品専門店の利用割合が高くなっている。概して男性における衣料品専門店の利用割合は高いが，高級服では年齢による差異はさほどみられなかった。

生鮮食料品をみると（**表8-3**），食品スーパーの割合が大幅に高まる。特に梅美台において同割合が高くなっている。これは，後述するように梅美台に

表 8-1　高級服の購入店舗の業態（筆者アンケート調査をもとに作成）

旧山城町調査

		百貨店	総合スーパー	衣料品専門店	その他
男性	50 歳代以下	57(44.9)	41(32.3)	24(18.9)	5(3.9)
	60 歳代以上	100(37.3)	97(36.2)	62(23.1)	9(3.4)
女性	50 歳代以下	103(60.6)	51(30.0)	9(5.3)	7(4.1)
	60 歳代以上	149(51.2)	90(30.9)	39(13.4)	13(4.5)

梅美台調査

		百貨店	総合スーパー	衣料品専門店	その他
男性	50 歳代以下	89(39.2)	64(28.2)	56(24.7)	18(7.9)
	60 歳代以上	21(41.2)	17(33.3)	12(23.5)	1(2.0)
女性	50 歳代以下	119(50.2)	81(34.2)	20(8.4)	17(7.2)
	60 歳代以上	36(63.2)	15(26.3)	4(7.0)	2(3.5)

カッコ内は構成比（%）。

表 8-2　普段着の購入店舗の業態（筆者アンケート調査をもとに作成）

旧山城町調査

		百貨店	総合スーパー	衣料品専門店	その他
男性	50 歳代以下	2(1.5)	87(64.0)	38(27.9)	9(6.6)
	60 歳代以上	7(2.3)	223(72.9)	64(20.9)	12(3.9)
女性	50 歳代以下	4(2.3)	126(71.2)	35(19.8)	12(6.8)
	60 歳代以上	14(4.2)	231(69.6)	66(19.9)	21(6.3)

梅美台調査

		百貨店	総合スーパー	衣料品専門店	その他
男性	50 歳代以下	4(1.7)	160(66.7)	68(28.3)	8(3.3)
	60 歳代以上	1(1.6)	44(72.1)	14(23.0)	2(3.3)
女性	50 歳代以下	2(0.8)	181(72.7)	50(20.1)	16(6.4)
	60 歳代以上	2(3.2)	45(72.6)	10(16.1)	5(8.1)

カッコ内は構成比（%）。

は地区内に食品スーパーが存在する一方，旧山城町には近隣にそうした店舗が存在しないためである。

b. 買い物場所

表 8-4 は，高級服の買い物場所を示したものである。梅美台では，木津川

表 8-3　生鮮食料品の購入店舗の業態（筆者アンケート調査をもとに作成）

旧山城町調査

		百貨店	総合スーパー	食品スーパー	その他
男性	50 歳代以下	2(1.5)	36(26.3)	90(65.7)	9(6.6)
	60 歳代以上	2(0.7)	103(34.2)	180(59.8)	16(5.3)
女性	50 歳代以下	1(0.6)	53(29.8)	117(65.7)	7(3.9)
	60 歳代以上	4(1.2)	110(32.4)	201(59.3)	24(7.1)

梅美台調査

		百貨店	総合スーパー	食品スーパー	その他
男性	50 歳代以下	0(0.0)	45(18.7)	176(73.0)	20(8.3)
	60 歳代以上	0(0.0)	10(15.9)	51(81.0)	2(3.2)
女性	50 歳代以下	0(0.0)	53(21.2)	192(76.8)	5(2.0)
	60 歳代以上	0(0.0)	16(24.6)	44(66.7)	6(9.1)

カッコ内は構成比（%）。

市その他や精華町・京田辺市を利用する人がほとんど存在しないが，旧山城町には同地区を利用する人が一定数存在する。特に，60 歳代以上の旧山城町回答者においてこの割合が高くなっている。奈良市の利用をみると，全般的に梅美台回答者において割合が高いが，特に梅美台の 60 歳代以上において同割合の高さが顕著である。店舗の業態（**表 8-1**）でみたように，梅美台の 60 歳代以上女性では高級服の百貨店利用割合が高かったが，ここでの結果をふまえると，奈良市の百貨店を積極的に利用しているものと考えられる。ちなみに，奈良市で高級服を購入している人に占める百貨店利用割合は，50 歳代以下女性が 75.9％（83 人中 63 人）であるのに対し，60 歳代以上女性では 84％（25 人中 21 人）と高い。このように，高級服を購入する 60 歳代以上女性においては，奈良市の百貨店というのは非常に指向性の高いものとなっている。

中心都市の利用をみると，京都市指向の旧山城町と大阪市指向の梅美台という差異が明瞭にみられる。後述するように，大阪市や京都市へ高級服を買いに出かける際には鉄道を利用することが多いが，旧山城町では，JR 奈良線によって京都駅方面へアクセスしやすく，梅美台では，路線バス等によって近鉄奈良駅や高の原駅と結ばれ，そこから大阪難波方面へアクセスしやすい。こうした交通体系の違いが両地区における京都市指向，大阪市指向とし

表8-4　高級服の買い物場所(筆者アンケート調査をもとに作成)

旧山城町調査

		自宅付近	高の原駅周辺	木津川市その他	精華町・京田辺市
男性	50歳代以下	0(0.0)	26(20.5)	5(3.9)	4(3.1)
男性	60歳代以上	0(0.0)	44(16.7)	36(13.7)	27(10.3)
女性	50歳代以下	0(0.0)	34(20.0)	6(3.5)	1(0.6)
女性	60歳代以上	1(0.4)	44(15.7)	33(11.7)	17(6.0)

		京都市	奈良市	大阪市	その他
男性	50歳代以下	17(13.4)	43(33.9)	18(14.2)	14(11.0)
男性	60歳代以上	44(16.7)	78(29.7)	20(7.6)	14(5.3)
女性	50歳代以下	42(24.7)	59(34.7)	13(7.6)	15(8.8)
女性	60歳代以上	47(16.7)	102(36.3)	19(6.8)	18(6.4)

梅美台調査

		自宅付近	高の原駅周辺	木津川市その他	精華町・京田辺市
男性	50歳代以下	3(1.3)	33(14.7)	0(0.0)	2(0.9)
男性	60歳代以上	0(0.0)	12(24.0)	1(2.0)	1(2.0)
女性	50歳代以下	1(0.4)	48(20.6)	0(0.0)	0(0.0)
女性	60歳代以上	1(1.9)	11(20.8)	2(3.8)	0(0.0)

		京都市	奈良市	大阪市	その他
男性	50歳代以下	19(8.5)	87(38.8)	40(17.9)	40(17.9)
男性	60歳代以上	0(0.0)	24(48.0)	9(18.0)	3(6.0)
女性	50歳代以下	20(8.6)	83(35.6)	46(19.7)	35(15.0)
女性	60歳代以上	1(1.9)	25(47.2)	11(20.8)	2(3.8)

カッコ内は構成比（%）。

て反映されていると考えることができる。

以上から，高級服の購入において，新興住宅地である梅美台では，大阪大都市圏の中心方面や郊外中心都市である奈良市を指向するが，旧来の地域である旧山城町では，近隣である大都市圏外縁部を指向することが明らかになった。

次に普段着についてみる（**表8-5**）。旧山城町では，高級服以上に，木津川市その他や精華町・京田辺市の利用割合が高い。特に，60歳代以上ではその傾向が顕著である。これら木津川市その他や精華町・京田辺市に立地する

表8-5　普段着の買い物場所（筆者アンケート調査をもとに作成）

旧山城町調査

		自宅付近	高の原駅周辺	木津川市その他	精華町・京田辺市
男性	50歳代以下	0(0.0)	58(43.3)	15(11.2)	16(11.9)
	60歳代以上	2(0.7)	70(23.2)	85(28.1)	76(25.2)
女性	50歳代以下	0(0.0)	76(42.9)	19(10.7)	26(14.7)
	60歳代以上	3(0.9)	88(27.4)	97(30.2)	64(19.9)

		京都市	奈良市	大阪市	その他
男性	50歳代以下	7(5.2)	19(14.2)	4(3.0)	15(11.2)
	60歳代以上	3(1.0)	39(12.9)	4(1.3)	23(7.6)
女性	50歳代以下	6(3.4)	23(13.0)	4(2.3)	23(13.0)
	60歳代以上	4(1.2)	34(10.6)	3(0.9)	28(8.7)

梅美台調査

		自宅付近	高の原駅周辺	木津川市その他	精華町・京田辺市
男性	50歳代以下	13(5.4)	116(48.5)	7(2.9)	1(0.4)
	60歳代以上	7(11.7)	34(56.7)	2(3.3)	1(1.7)
女性	50歳代以下	16(6.4)	127(51.0)	5(2.0)	0(0.0)
	60歳代以上	8(13.6)	26(44.1)	4(6.8)	1(1.7)

		京都市	奈良市	大阪市	その他
男性	50歳代以下	4(1.7)	47(19.7)	13(5.4)	38(15.9)
	60歳代以上	0(0.0)	12(20.0)	2(3.3)	2(3.3)
女性	50歳代以下	7(2.8)	56(22.5)	5(2.0)	33(13.3)
	60歳代以上	0(0.0)	16(27.1)	1(1.7)	3(5.1)

カッコ内は構成比（%）。

主な店舗として，アルプラザ木津店（木津川市）やアピタ精華台店（精華町，アピタタウンけいはんなの核店舗）がある。これらの店舗は，中心市街地型ではなく，自家用車での来客を想定した郊外型の店舗である[(1)]。

一方，梅美台は，高級服と同様に木津川市その他や精華町・京田辺市の利用はほとんどない。梅美台，旧山城町それぞれのアンケート対象地区から主要商業施設までの自動車での所要時間（距離）を計測したところ[(2)]，アルプラザ木津までは梅美台14分（6.7㎞），旧山城町14分（6.8㎞），アピタ精華台店までは梅美台21分（9.9㎞），旧山城町17分（7.6㎞）であり，両地区におい

表 8-6　生鮮食料品の買い物場所（筆者アンケート調査をもとに作成）

旧山城町調査

		自宅付近	高の原駅周辺	木津川市その他	精華町・京田辺市
男性	50 歳代以下	5(3.6)	15(10.9)	45(32.8)	55(40.1)
	60 歳代以上	13(4.3)	38(12.6)	116(38.5)	104(34.6)
女性	50 歳代以下	8(4.5)	20(11.2)	63(35.4)	70(39.3)
	60 歳代以上	17(5.2)	39(11.9)	122(37.1)	112(34.0)

		京都市	奈良市	大阪市	その他
男性	50 歳代以下	0(0.0)	11(8.0)	0(0.0)	6(4.4)
	60 歳代以上	3(1.0)	11(3.7)	1(0.3)	15(5.0)
女性	50 歳代以下	0(0.0)	8(4.5)	0(0.0)	9(5.1)
	60 歳代以上	3(0.9)	17(5.2)	0(0.0)	19(5.8)

梅美台調査

		自宅付近	高の原駅周辺	木津川市その他	精華町・京田辺市
男性	50 歳代以下	147(61.0)	19(7.9)	18(7.5)	6(2.5)
	60 歳代以上	34(54.0)	8(12.7)	17(27.0)	0(0.0)
女性	50 歳代以下	160(64.0)	24(9.6)	14(5.6)	2(0.8)
	60 歳代以上	40(62.5)	8(12.5)	7(10.9)	0(0.0)

		京都市	奈良市	大阪市	その他
男性	50 歳代以下	1(0.4)	41(17.0)	0(0.0)	9(3.7)
	60 歳代以上	0(0.0)	4(6.3)	0(0.0)	0(0.0)
女性	50 歳代以下	0(0.0)	47(18.8)	0(0.0)	3(1.2)
	60 歳代以上	0(0.0)	9(14.1)	0(0.0)	0(0.0)

カッコ内は構成比（%）。

てそれほど大きな差はないとみなせる。にもかかわらず，これらの商業施設が立地する地域への指向性が梅美台において著しく低い点は注目に値する。これに対し，高の原駅周辺の割合が高いのが梅美台の特徴である。高の原駅周辺の大型店として，1981 年に開業したサンタウン高の原と 2007 年に開業したイオン高の原があるが，売り場面積や品揃えからみてイオン高の原の利用者が中心であると考えられる(3)。ちなみに，梅美台，旧山城町それぞれのアンケート対象地区からイオン高の原までの自動車での所要時間（距離）についても同様に計測すると，梅美台 15 分（6.7㎞），旧山城町 18 分（7.3㎞）と，それほど差はない。

このように，普段着の指向先にも両地区の間に差異がみられる。なお，旧山城町の中でも，50 歳代以下においては男女ともに高の原駅周辺の割合は高くなっている。裏を返せば，旧山城町の 60 歳代以上における木津川市その他や精華町・京田辺市の利用割合の突出した状況が顕著であるといえる。また梅美台では，旧山城町と比べ，奈良市の利用割合も高い。これは高級服と同様であり，普段着においても梅美台と奈良市の結びつきの強さがわかる。

最後に生鮮食料品をみる（**表 8-6**）。生鮮食料品は，基本的に自宅から近いところで購入する傾向が強い商品である。梅美台では，自宅付近の割合が非常に高い。これは，梅美台や隣接する住宅地である州見台に立地する食品スーパーの影響と考えられる。また，奈良市の割合も比較的高く，梅美台居住者にとっては，高級服，普段着とともに生鮮食料品においても奈良市が主要な買い物先の一つになっている。一方，旧山城町では，自宅付近に生鮮食料品を供給する店舗が存在しないため，自宅付近で購入するとの回答はほとんど存在しない。したがって周辺の地域に買いに行かざるを得ないが，両年齢，男女ともに木津川市その他と精華町・京田辺市の利用割合が非常に高く，両者を合計すると 7 割を超える。ここにも，旧山城町における大都市圏外縁部指向の強さがうかがえる。

c. 買い物場所と交通手段（高級服）

ここでは，買い物における交通手段について検討する，特に，買い物場所と交通手段の関係に着目する。なお，普段着や生鮮食料品の買い物は，大半が自家用車によるものであり[4]，買い物場所と交通手段の明確な関係は明らかにしにくい。そのため以下では高級服に絞って検討する。

表 8-7 は，買い物場所ごとに交通手段を示したものである。基本的には，大阪市，京都市といった大都市において鉄道の割合が高く，木津川市周辺（京都府南部）や奈良市において自家用車の割合が高くなる。なお，サンプルが少ないところ[5]もあり即断はできないが，大阪市や京都市での買い物に際して，梅美台においては，旧山城町よりも鉄道の割合が低く，自家用車の割合

表 8-7　高級服の買い物場所別にみた交通手段（筆者アンケート調査をもとに作成）

旧山城町調査

			徒歩・自転車	鉄道	自家用車	その他
50歳代以下	男性	京都府南部	0(0.0)	0(0.0)	35(100.0)	0(0.0)
		京都市	0(0.0)	8(47.1)	9(52.9)	0(0.0)
		奈良市	0(0.0)	1(2.3)	42(97.7)	0(0.0)
		大阪市	0(0.0)	7(38.9)	11(61.1)	0(0.0)
		その他	0(0.0)	1(7.1)	10(71.4)	3(21.4)
	女性	京都府南部	2(5.0)	1(2.5)	35(87.5)	2(5.0)
		京都市	0(0.0)	27(64.3)	14(33.3)	1(2.4)
		奈良市	1(1.7)	4(6.8)	54(91.5)	0(0.0)
		大阪市	0(0.0)	10(76.9)	3(23.1)	0(0.0)
		その他	0(0.0)	2(13.3)	8(53.3)	5(33.3)
60歳代以上	男性	京都府南部	0(0.0)	3(2.9)	98(96.1)	1(1.0)
		京都市	0(0.0)	29(67.4)	14(32.6)	0(0.0)
		奈良市	0(0.0)	5(6.5)	70(90.9)	2(2.6)
		大阪市	0(0.0)	14(70.0)	5(25.0)	1(5.0)
		その他	0(0.0)	3(23.1)	10(76.9)	0(0.0)
	女性	京都府南部	1(1.2)	6(7.0)	70(81.4)	9(10.5)
		京都市	0(0.0)	40(85.1)	7(14.9)	0(0.0)
		奈良市	0(0.0)	20(19.8)	73(72.3)	8(7.9)
		大阪市	0(0.0)	15(83.3)	3(16.7)	0(0.0)
		その他	0(0.0)	5(33.3)	7(46.7)	3(20.0)

梅美台調査

			徒歩・自転車	鉄道	自家用車	その他
50歳代以下	男性	京都府南部	0(0.0)	1(2.7)	35(94.6)	1(2.7)
		京都市	0(0.0)	4(21.1)	15(78.9)	0(0.0)
		奈良市	0(0.0)	1(1.1)	84(96.6)	2(2.3)
		大阪市	0(0.0)	14(35.0)	26(65.0)	0(0.0)
		その他	0(0.0)	1(2.5)	33(82.5)	6(15.0)
	女性	京都府南部	0(0.0)	0(0.0)	46(93.9)	3(6.1)
		京都市	0(0.0)	5(25.0)	15(75.0)	0(0.0)
		奈良市	0(0.0)	2(2.4)	81(97.6)	0(0.0)
		大阪市	0(0.0)	27(58.7)	19(41.3)	0(0.0)
		その他	0(0.0)	2(6.1)	23(69.7)	8(24.2)
60歳代以上	男性	京都府南部	0(0.0)	0(0.0)	14(100.0)	0(0.0)
		京都市	0(0.0)	0(0.0)	0(0.0)	0(0.0)
		奈良市	0(0.0)	1(4.3)	22(95.7)	0(0.0)
		大阪市	0(0.0)	7(77.8)	2(22.2)	0(0.0)
		その他	0(0.0)	0(0.0)	1(50.0)	1(50.0)
	女性	京都府南部	0(0.0)	0(0.0)	12(92.3)	1(7.7)
		京都市	0(0.0)	1(100.0)	0(0.0)	0(0.0)
		奈良市	0(0.0)	1(4.2)	22(91.7)	1(4.2)
		大阪市	0(0.0)	6(60.0)	3(30.0)	1(10.0)
		その他	0(0.0)	0(0.0)	2(100.0)	0(0.0)

京都府南部には木津川市を含む。
カッコ内は構成比（%）。

が高い。

旧山城町の60歳代以上女性では，奈良市への買い物に鉄道を利用する割合が約2割存在するが，そのほかの属性では9割以上が自家用車を利用して奈良市で高級服を購入している。**表8-4**でもみたように，新興住宅地の梅美台居住者は，買い物行動において，近隣の郊外中心都市である奈良市を指向する傾向が強かった。ただし，**表8-7**で示されたように，大阪市や京都市のような大都市とは違い，自家用車による買い物行動が主流である。

以上のように，買い物行動においては，鉄道利用による中心都市への移動，自家用車による郊外都市への移動という明確な対応関係がみられた。アメリカ合衆国と比較した際に，鉄道による都心と郊外の結びつきの強さが日本の大都市圏の特徴とされるが，モータリゼーションは確実にすすんでいる。大都市圏外縁部の居住者は，近隣地域や郊外中心都市などへの移動においてこうしたモータリゼーションの影響を大いに受けている。

(2) 旧山城町居住者における買い物行動の変化

本アンケート調査では，居住期間の長い人が多くいると思われる旧山城町のみ，2000年の買い物行動についても尋ねている。このデータから，個人の買い物場所が2000年と2017年の間にどの程度変化したのかを検討する。ここでは，2000年以前から現住所に居住する回答者のみを分析対象とする。また，年齢を50歳代以下と60歳代以上に区分すると，分析対象となる回答者数が50歳代以下において著しく少なくなるため，年齢の区分はしないこととする。

表8-8は，旧山城町回答者における高級服の買い物場所を示したものである。ここでの2017年の地域区分は，2000年にあわせたものとしている。先ほどの梅美台との比較では，調査時点（2017年）の旧山城町は奈良市の利用割合が低かったが，2000年時点では，奈良市で購入する割合が高かったことがわかる。その後，木津川市内に大型店が立地したことにより（**図8-2**），木津川市の割合が高まり，奈良市の割合が低下したと考えられる。ここで木津川市の割合上昇の要因について考えてみる。木津川市に該当する高の原駅[6]周辺と木津川市その他を比較すると（**表8-4**），旧山城町の60歳代以上では，

表 8-8 旧山城町回答者の買い物場所の変化（高級服）（筆者アンケート調査をもとに作成）

2000 年

	木津川市	精華町・京田辺市	京都市	奈良市	大阪市	その他
男性	39(12.6)	17(5.5)	56(18.1)	138(44.7)	40(12.9)	19(6.1)
女性	37(10.7)	22(6.4)	68(19.7)	165(47.8)	33(9.6)	20(5.8)

2017 年

	木津川市	精華町・京田辺市	京都市	奈良市	大阪市	その他
男性	88(29.8)	27(9.2)	42(14.2)	96(32.5)	28(9.5)	14(4.7)
女性	84(25.6)	15(4.6)	59(18.0)	126(38.4)	24(7.3)	20(6.1)

カッコ内は構成比（%）。

表 8-9 高級服の買い物場所の地域間変化（2000 年→ 2017 年）（筆者アンケート調査をもとに作成）

男性

		調査時点（2017 年）					
		木津川市	精華町・京田辺市	京都市	奈良市	大阪市	その他
2000年	木津川市	30	3	1	3	0	0
	精華町・京田辺市	0	15	0	0	0	0
	京都市	10	1	32	7	2	2
	奈良市	34	5	3	79	2	5
	大阪市	2	1	3	4	24	0
	その他	9	2	1	2	0	5

女性

		調査時点（2017 年）					
		木津川市	精華町・京田辺市	京都市	奈良市	大阪市	その他
2000年	木津川市	30	2	1	1	0	0
	精華町・京田辺市	7	11	0	1	0	1
	京都市	2	0	48	7	2	2
	奈良市	32	1	5	111	1	7
	大阪市	0	0	3	2	21	0
	その他	9	1	0	1	0	7

調査時点（2017年）において木津川市その他の割合も高かったが，それでも高の原駅周辺の割合のほうが高い。50歳代以下では，木津川市その他の利用者はごくわずかであり，高の原駅周辺の割合が圧倒的に高い。つまり，木津川市の利用割合の上昇は，高の原駅周辺に立地した店舗による部分が大きいと考えられる。特に，2007年に開業したイオン高の原の影響が大きいと考えられる。

中心都市の利用をみると，大阪市，京都市いずれの利用割合をみても，男女ともに低下している。旧山城町では，概して中心都市指向がこの間に弱まってきたと考えることができる。ただし，奈良市の利用割合の低下に比べるとさほど大きなものではない。

ここで，2000年と2017年の買い物場所の変化をフローデータで検討する。**表8-9**は，高級服における2000年と2017年の買い物場所の変化状況を示したものである。これによると，2000年に奈良市を利用していて木津川市内に買い物場所を変更した人（男性34人，女性32人）が多いことがわかる。**表8-8**でみたように，2000年から2017年にかけては，奈良市の利用割合の大幅低下と木津川市の利用割合の大幅上昇がみられたが，この主因は，奈良市で買い物をしていた人が木津川市へと買い物先を変更したことにあると考えられる。以上から，大都市圏外縁部における新たな店舗立地は，遠方の中心都市よりも，近接する郊外中心都市（奈良市）の指向を弱める方向に作用したといえよう。

続いて普段着に着目すると（**表8-10**），高級服と同様に，木津川市の割合が高まっていることがわかる。一方，奈良市の利用割合は，高級服以上に低下の度合いが大きい。2000年と2017年の買い物場所をフローデータでみると（**表8-11**），2000年に奈良市を利用していて2017年に木津川市に変更した人数は非常に多い。こうした傾向は高級服と同様であるが，奈良市にとどまっている人数をも上回るなど，高級服以上に奈良市から木津川市への買い物先のシフトが著しい。

なお，**表8-11**では，精華町・京田辺市から木津川市への変更もかなり存在するが，**表8-10**では2000年と2017年の精華町・京田辺市の割合に変化はさほどない。これは，木津川市から精華町・京田辺市への変更や，奈良市

表 8-10　旧山城町回答者の買い物場所の変化（普段着）（筆者アンケート調査をもとに作成）

2000 年

	木津川市	精華町・京田辺市	京都市	奈良市	大阪市	その他
男性	116(34.6)	67(20.0)	9(2.7)	91(27.2)	9(2.7)	43(12.8)
女性	142(37.2)	68(17.8)	13(3.4)	98(25.7)	10(2.6)	51(13.4)

2017 年

	木津川市	精華町・京田辺市	京都市	奈良市	大阪市	その他
男性	181(54.4)	75(22.5)	5(1.5)	44(13.2)	5(1.5)	23(6.9)
女性	216(58.5)	66(17.9)	6(1.6)	47(12.7)	4(1.1)	30(8.1)

カッコ内は構成比（%）。

表 8-11　普段着の買い物場所の地域間変化（2000 年→ 2017 年）（筆者アンケート調査をもとに作成）

男性

		調査時点（2017 年）					
		木津川市	精華町・京田辺市	京都市	奈良市	大阪市	その他
2000年	木津川市	96	13	0	1	0	4
	精華町・京田辺市	15	45	0	3	0	2
	京都市	2	1	2	0	2	1
	奈良市	38	8	3	36	1	4
	大阪市	3	2	0	1	2	1
	その他	22	6	0	3	0	9

女性

		調査時点（2017 年）					
		木津川市	精華町・京田辺市	京都市	奈良市	大阪市	その他
2000年	木津川市	114	15	0	3	0	4
	精華町・京田辺市	27	35	0	1	0	1
	京都市	3	2	3	1	1	1
	奈良市	41	5	1	37	1	7
	大阪市	2	0	1	0	2	2
	その他	22	8	0	4	0	12

などから精華町・京田辺市への変更も一定数存在するためである。つまり，木津川市のみならず，木津川市近隣の精華町・京田辺市においても店舗の新規出店がすすみ（図 8-2），旧山城町居住者の普段着の購買選択肢が多様化したと考えることができる。

生鮮食料品をみると（表 8-12），高級服，普段着ほど木津川市の利用割合の上昇は大きくない。一方，隣接する精華町・京田辺市の利用割合は，高級服や普段着の場合よりも上昇が明瞭である。このように，木津川市の利用割合の上昇が鈍い一方で精華町・京田辺市の利用割合の上昇がみられることの解釈として，以下のような点が考えられる。2000 年時点で木津川市内には，アルプラザ木津が立地していた。この店舗は，旧山城町のアンケート地区からは最も近くに位置する大型店であった。2000 年以降になると，木津川市内にイオン高の原（売り場面積 3 万 9950㎡），精華町にアピタ精華台店（売り場面積 2 万 1762㎡），せいかガーデンシティ（売り場面積 6406㎡）が立地するようになるが，食料品の購入のみを目的とした場合，大型すぎる店舗は望ましくないと考えられる。その点で，イオン高の原の規模は大きすぎると考えられる。一方，アピタ精華台店はイオン高の原の 2 分の 1 程度，せいかガーデンシティはイオン高の原の 6 分の 1 程度の売り場面積である。特に，せいかガーデンシティは食品スーパーを中心とする店舗構成であり，食料品のみの購入に適していると考えられる。こうしたことから，精華町・京田辺市に新規立地した店舗が利用されるようになったと推察される。

奈良市の利用割合をみると，2000 年には男女いずれにおいても 1 割以上が奈良市を利用していたことがわかる。もっとも身近な店舗で購入する傾向の強い生鮮食料品であってもその割合が一定程度存在していたということは，奈良市の買い物場所としての地位が高かったことを意味している。しかし，旧山城町近隣に店舗の新規立地がすすんだ 2017 年には，その割合は大幅に低下している。

最後に生鮮食料品における 2000 年と 2017 年の買い物場所をフローデータでみる（表 8-13）。先に生鮮食料品における木津川市の利用割合の上昇が鈍いと述べたが（表 8-12），これは，奈良市から木津川市への変更は多いものの，木津川市から精華町・京田辺市への変更も多いためである。一方，精華

表 8-12　旧山城町回答者の買い物場所の変化（生鮮食料品）（筆者アンケート調査をもとに作成）

2000 年

	木津川市	精華町・京田辺市	京都市	奈良市	大阪市	その他
男性	159(48.9)	95(29.2)	2(0.6)	37(11.4)	1(0.3)	31(9.5)
女性	202(52.1)	101(26.0)	0(0.0)	47(12.1)	1(0.3)	37(9.5)

2017 年

	木津川市	精華町・京田辺市	京都市	奈良市	大阪市	その他
男性	179(54.4)	115(35.0)	3(0.9)	16(4.9)	1(0.3)	15(4.6)
女性	212(56.4)	120(31.9)	2(0.5)	20(5.3)	0(0.0)	22(5.9)

カッコ内は構成比（%）。

表 8-13　生鮮食料品の買い物場所の地域間変化（2000 年→ 2017 年）（筆者アンケート調査をもとに作成）

男性

		調査時点（2017 年）					
		木津川市	精華町・京田辺市	京都市	奈良市	大阪市	その他
2000年	木津川市	125	23	0	3	0	5
	精華町・京田辺市	13	71	1	2	0	2
	京都市	1	0	1	0	0	0
	奈良市	20	6	1	9	0	1
	大阪市	0	0	0	0	1	0
	その他	12	11	0	2	0	6

女性

		調査時点（2017 年）					
		木津川市	精華町・京田辺市	京都市	奈良市	大阪市	その他
2000年	木津川市	156	25	0	5	0	7
	精華町・京田辺市	19	74	1	1	0	3
	京都市	0	0	0	0	0	0
	奈良市	23	6	0	10	0	3
	大阪市	0	0	0	0	0	0
	その他	11	12	1	4	0	7

町・京田辺市をみると，木津川市への変更も多くみられるが，木津川市から精華町・京田辺市への変更のほうが多くなっている。また，奈良市，その他などから精華町・京田辺市への変更も多い。このように，木津川市からのみならず，木津川市周辺地域からも精華町・京田辺市へと，生鮮食料品の買い物先がシフトしている。このことが精華町・京田辺市の利用割合の上昇（**表8-12**）につながっているといえる。

(3) 1980年代と現在における大都市圏外縁部居住者の買い物行動の比較

以下では，1980年代に実施されたアンケート調査と本アンケート調査をもとに，時代による買い物行動の違いについて検討する。木津川市の旧加茂町では，1987年に町民の日常生活行動に関するアンケート調査を実施しており（藤井，1989），そのうちの通勤データについては第4章で利用した。ここでは，同アンケート調査（以下，旧加茂町調査）の中の買い物行動に関するデータを利用し，1980年代と現在それぞれの時代の大都市圏外縁部居住者の買い物場所を比較検討する。

なお，旧加茂町調査と本アンケート調査では，対象となる商品が異なる。そこで，両調査で比較的類似するもののみを取り上げ，それらの買い物場所を比較することにする。具体的には，旧加茂町における紳士服，婦人服を，それぞれ本アンケート調査における男性の高級服，女性の高級服と比較する（**表8-14**）。

旧来からの集落に比べて新興住宅地のほうが，高級服の買い物において大阪市を指向する傾向は両調査とも同様であるが，旧加茂町調査の南加茂台においては，婦人服の大阪市指向が特に高かったことがわかる。ただし，大阪市だけでなく京都市も中心都市と考えるならば，解釈は異なる。本アンケート調査において旧来からの集落に相当する旧山城町は，大阪市よりも京都市で高級服を購入する割合が高く，京都市と大阪市をあわせて考えると中心都市指向は低いとはいえない（**表8-4**）。つまり，高級服の買い物場所としての中心都市が大阪市のみに限定されていた1980年代とは違い，現在においては京都市も高級服の買い物先として選択されている。

旧加茂町調査（1987年）の南加茂台において，高級服の買い物場所として

表 8-14　1980 年代の調査と筆者アンケートの比較（旧加茂町のアンケート調査，および筆者アンケート調査をもとに作成）

旧加茂町調査（1987 年実施）－紳士服

	旧加茂町	奈良市	大阪市	その他
南加茂台	0.0	66.1	20.6	13.3
他の地区	10.0	63.3	6.7	20.0

筆者アンケート調査（2017 年，2018 年実施）－高級服（男性）

	木津川市	奈良市	大阪市	その他
梅美台	15.3	40.1	17.0	27.4
旧山城町	22.5	35.5	9.7	32.2

旧加茂町調査（1987 年実施）－婦人服

	旧加茂町	奈良市	大阪市	その他
南加茂台	0.0	65.1	27.6	7.5
他の地区	11.4	68.5	5.8	14.3

筆者アンケート調査（2017 年，2018 年実施）－高級服（女性）

	木津川市	奈良市	大阪市	その他
梅美台	22.5	35.1	17.8	24.6
旧山城町	17.7	36.5	8.2	37.7

旧加茂町調査は，1987 年に旧加茂町が実施したアンケート調査（藤井，1989）をもとに作成。
旧加茂町調査の回答者の年齢層に合わせるため，筆者アンケート調査の 30－40 歳代を抽出した。

の中心都市が大阪市に限定されていた背景には，鉄道輸送力があると考えられる。旧加茂町域における鉄道の最寄り駅は JR 加茂駅であるが，旧加茂町調査がなされた 1987 年当時の JR 奈良線，関西線は，国鉄が民営化して間もなかったため輸送力が弱かった。そのため，京都市内に買い物に出かけることが現在よりは不便であったと考えられる。また，JR 加茂駅を利用して京都市方面に向かうためには，木津駅での乗り換えを必要とする。輸送力の弱さに加えて乗り換えの煩雑さをも考えると，当時の旧加茂町居住者が京都市方面に向かう障壁はいっそう大きかったと思われる。

このような 1980 年代半ばまでの JR の輸送力の弱さは大阪市方面についても同様であり，大阪市指向の強い南加茂台居住者は，JR よりも大阪市都心とのアクセスの良い近鉄を利用していたと考えられる。通勤交通の事例ではあるが，旧加茂町調査によれば，大阪市都心へ通勤する南加茂台居住者の過半数が，路線バスから近鉄を乗り継いでいた（藤井，1989）。おそらく買い物行動においても類似の交通手段が利用されていたものと推察される。

一方，本アンケート調査において旧来からの集落の事例とした旧山城町は，以前よりは輸送力の改善されたJR奈良線を利用して京都市へアクセスすることが容易になっている。また，自家用車の普及率が高まってきたことも，京都市を買い物先として選択するようになってきたことの背景にあるものと思われる[7]。自家用車を利用した場合，大阪市都心（心斎橋駅）よりも京都市都心（四条河原町）へ向かうほうがやや近い[8]。また，都市規模のより大きい大阪市へ自家用車で向かう心理的負担（交通渋滞の懸念など）も考えると，大阪市よりも京都市を選択するという判断がなされやすい可能性もある。

奈良市の利用割合は，旧加茂町調査に比べて本アンケート調査では大幅に低い。これは先に述べてきたように，木津川市やその周辺に多くの店舗が新規立地したためである。また，本アンケート調査においてその他の割合が高いのは，精華町など近隣市町村における店舗の新規立地とともに，先述のように京都市で高級服を購入することが多くなったためでもある。

4　おわりに

高度経済成長期以降，大型店の出店拡大により数多くの大都市圏住民の買い物行動に変化がもたらされたが，出店拡大の射程圏に入っていなかった大都市圏外縁部では，従来からの買い物行動パターンが維持されていた。しかし1990年代に入り，モータリゼーション，大店法緩和，大店立地法施行などによって，大都市圏外縁部にまで大型店の立地がすすむようになると，大都市圏外縁部に居住する人々の買い物行動にも本格的な変化が訪れるようになった。

旧来からの集落に居住する人々は，それまでの郊外中心都市指向を弱め，大都市圏外縁部に新規に立地した大型店を指向するようになった。一方，2000年代以降の新興住宅地に居住する人々は，郊外中心都市指向が強く，大都市圏外縁部の新規立地店を利用することは少なかった。つまり，大都市圏外縁部と一口にいっても，旧住民と新住民とではその買い物行動には大きな差異が存在している。

また，中心都市との関係をみると，大都市圏外縁部ということもあり，中心都市までの時間距離はかなり大きい。そのため，高級服であっても中心都市を利用する割合はさほど高くない。とはいえ，大阪市と京都市を合計すると2−3割にのぼり，日常生活行動において中心都市とほぼ無関係な「地方圏」とは一線を画すことは間違いない。なお，交通体系の違いにより，大阪市を指向する地区（梅美台）と京都市を指向する地区（旧山城町）が明瞭に分かれていたが，これは3極構造（大阪市，京都市，神戸市）を持つ当該大都市圏ならではの特徴といえる。

大都市圏外縁部の居住者が近隣地域で買い物する際に利用しているのは，圧倒的な割合で自家用車である。大都市圏外縁部における大型店の立地は自家用車の利用を前提としているし，住民の側にも自家用車の利用を前提とした生活スタイルが定着している。そのため，今後高齢化がさらに進行すると，車を利用できない交通弱者，買い物困難者の出現が予測される。第7章でみたように，車の利用の有無は買い物の困難さに直結するし，現在は車を利用できていても，加齢にともない将来的には車を手放さなくてはならなくなる不安がつきまとう。こうした大都市圏外縁部においても，買い物困難者の問題は予断を許さないものとなるであろう。

第9章

都心居住者の買い物行動と都心商業地区

1　はじめに

第1章でも述べたように，大都市の都心居住者の買い物行動に焦点を当てた研究は数少ない。この背景として，高度経済成長から1980年代までを通じて，都心の人口が減少あるいは停滞する一方で，郊外においてはベッドタウン化にともなう人口増加がすすんだことがあると思われる。つまり，買い物を行う主体が郊外で増加し，買い物行動の発地としての性格を郊外が強めたため，自ずと郊外居住者の買い物行動に関心が寄せられてきたと考えられる。しかし，都心の人口回復がすすみ，買い物を行う主体が都心において増加している現在，都心居住者の買い物行動に着目する意義は高まっている。

都心の買い物行動に着目するにあたり，都心特有の状況をふまえておく必要がある。それは，近隣つまり都心内に商業地区が複数存在し，買い物先の選択肢が豊富であるという点である。郊外居住者のように，郊外の商業地区と都心という選択肢だけでなく，都心のどの商業地区を選択するのかという点も重要な論点となりうる。特に，大阪市都心においては，「ミナミの地盤沈下」（宮城，2013）という用語に象徴されるような難波・心斎橋の衰退が，都心居住者の買い物行動にどの程度反映されているのかは興味深いところである。

2　既存調査からみる過去の買い物行動

都心の人口回復がみられるようになる前の都心居住者の買い物行動について明らかにしておきたい。第6章でみたように，過去の買い物行動を分析するには，長期にわたる縦断データを用いることが考えられる。しかし，都心居住者の居住年数にはばらつきがあり，分譲マンションや賃貸住宅に居住する人々の居住期間は特に短いと考えられる（第5章)。そのため，長期にわたる縦断データの収集は困難である。そこで以下では，既存の調査結果をもとに，都心居住者の過去の買い物行動を横断分析によって把握しておく。

ここでは，大阪商工会議所が実施したアンケート調査である「大阪都市圏住民の買物行動」を利用する。この調査は，大阪市およびその周辺地域を対象に，買い物場所や購入店舗業態などを調査したものである。アンケート回答者の居住地域は，大阪府および一部の他県市町村である。買い物場所については，大阪市都心エリアの主要ターミナル，大阪市内，大阪市外それぞれにおける買い物割合が示されている。調査結果が示されている商品は，紳士服（男子洋服)，婦人服，贈答品である[(1)]。

このうち，本節では，婦人服の買い物場所に絞って考察する[(2)]。都心居住者とは，この調査による「阿倍野区」，「天王寺区」，「北区」，「福島区・西区」，「中央区」の居住者とする。この調査が実施されたのは1978年，1981年，1985年，1988年，1991年，1996年であり，それ以降は実施されていない。以下では，人口減少の著しかった1981年と同調査の最新年次である1996年の結果を比較検討する。

1996年のデータから，都心居住者における婦人服の買い物場所が，他地域居住者のそれとどのように異なっているのかをみておく（**表9-1**)。都心居住者は，主要ターミナル（「梅田・大阪駅」，「北浜・天満橋」，「京橋」，「難波・心斎橋」，「上六・鶴橋」，「天王寺・あべの」）を利用する割合が総じて高いことがわかる。対照的に，大阪市外居住者の場合は，主要ターミナルや大阪市内を利用する割合が低く，大阪市外の割合が高い。これは，当然のことながら，居住地から近い商業施設を利用するためである。都心には，百貨店をはじめ，

表 9-1　居住地域別にみた婦人服の買い物場所（1996 年）（『大阪都市圏住民の買物行動』（平成 9 年版）をもとに作成）

		主要ターミナル	大阪市内計	大阪市外計
居住地域	阿倍野区	67.9	92.8	7.2
	天王寺区	92.0	98.0	0.0
	北区	57.1	98.0	2.0
	福島区・西区	48.2	96.2	3.8
	中央区	73.9	95.7	1.7
	大阪市内計	49.8	94.6	4.3
	大阪市外計	24.3	28.7	69.2

単位は%。

買い物場所として「無店舗販売」と回答した人もいるため，合計で 100%にはならない。

主要ターミナル＝「梅田・大阪駅」，「北浜・天満橋」，「京橋」，「難波・心斎橋」，「上六・鶴橋」，「天王寺・あべの」

表 9-2　居住地域別にみた主要ターミナルでの婦人服の買い物利用割合（1981 年，1996 年）（『大阪都市圏住民の買物行動』（昭和 57 年版，平成 9 年版）をもとに作成）

1981 年

		梅田・大阪駅	北浜・天満橋	京橋	難波・心斎橋	上六・鶴橋	天王寺・あべの	その他
居住地域	阿倍野区	5.5	2.6	0.8	38.1	1.3	25.3	26.4
	天王寺区	6.0	6.0	2.0	32.0	6.0	28.0	20.0
	北区	54.9	6.1	0.0	2.8	0.0	0.0	36.2
	福島区・西区	21.0	0.0	0.0	27.2	0.0	2.0	49.8
	中央区	18.0	3.3	6.7	29.4	10.0	0.7	32.0
	大阪都市圏総計	15.3	2.0	1.7	18.3	2.1	4.4	55.2

1996 年

		梅田・大阪駅	北浜・天満橋	京橋	難波・心斎橋	上六・鶴橋	天王寺・あべの	その他
居住地域	阿倍野区	5.6	0.0	0.0	18.4	1.5	42.3	32.1
	天王寺区	10.0	2.0	0.0	28.0	10.0	42.0	8.0
	北区	54.3	0.0	1.2	1.6	0.0	0.0	42.9
	福島区・西区	19.0	2.0	0.0	25.9	0.0	1.3	51.8
	中央区	17.1	1.3	3.4	22.6	25.2	4.3	26.1
	大阪都市圏総計	13.2	1.1	2.4	12.1	1.8	5.7	63.8

単位は%。

1981 年の北区とは，旧大淀区と旧北区を合計したもの。

1981 年の中央区とは，旧東区と旧南区を合計したもの。

婦人服を販売する店舗が数多く存在するため，都心居住者がわざわざ時間をかけて大阪市外へと婦人服を買いに出かけることはほとんどない。

次に，都心の各地区居住者が具体的にどの主要ターミナルを利用し，その利用動向がどのように変化してきたのかに着目する。**表 9-2** は，1981 年と 1996 年について，各地区居住者の婦人服買い物場所の変化を示したものである。まず，郊外も含めた調査全体（大阪都市圏総計）の数値をみると，「難波・心斎橋」の低下が比較的大きい(3)。1981 年には「梅田・大阪駅」よりも「難波・心斎橋」の割合が高かったが，1996 年には逆転している。また，「その他」の上昇が顕著であり，典型的な主要ターミナルを指向しなくなったことがわかる。

阿倍野区や天王寺区の居住者は，1981 年には「難波・心斎橋」の利用割合が 38.1%，32.0% と非常に高かったが，1996 年には 18.4%，28.0% と低下している。対照的に，「天王寺・あべの」の利用割合が 1981 年の 25.3%，28.0% から 1996 年の 42.3%，42.0% へと大幅に上昇し，「難波・心斎橋」を上回り最大となっている。1981 年から 1996 年にかけての時期には，「天王寺・あべの」において近鉄百貨店阿倍野店の増床や，MIO，あべのベルタなどの新規開店がみられた。つまり，やや離れた商業中心である「難波・心斎橋」よりも，居住地に近く，商業施設の充実がみられた「天王寺・あべの」を指向するようになったものと思われる。

北区の居住者は，1981 年の時点から，同区最大の繁華街である「梅田・大阪駅」の利用割合がきわめて高く，「梅田・大阪駅」と並ぶ大阪大都市圏の繁華街である「難波・心斎橋」を利用する割合は低かった。これに対し，「難波・心斎橋」が位置する中央区の居住者の場合は，「梅田・大阪駅」を利用する割合が一定程度あった。この状況は 1996 年でも変わっていない。

福島区・西区の居住者は，1981 年の時点で，「梅田・大阪駅」，「難波・心斎橋」の両方とも割合が高かった。この調査結果では，福島区と西区の数値が合算して示されているため内訳は不明であるが，おそらく，「梅田・大阪駅」に近接する福島区と，「難波・心斎橋」に近接する西区の特徴が混在しているものと解釈できる。この状況は 1996 年でも変わっていない。

中央区の居住者は，1981 年の時点では「難波・心斎橋」の割合が高かっ

写真 9-1　森ノ宮・玉造地区の遠景

たが，1996年になるとその割合が低下する。その減少分は，「梅田・大阪駅」に移ったのではなく，「上六・鶴橋」に移ったことが特徴である。ここから，「上六・鶴橋」の商業地としての地位上昇が示唆される。ただし，「上六・鶴橋」の利用割合は，大阪都市圏総計では1981年の2.1%から1996年の1.8%へとわずかではあるものの低下している。このことから考えると，「上六・鶴橋」は，郊外から広域的に消費者を集める地区になってきたのではなく，「上六・鶴橋」付近に居住する人々が，「難波・心斎橋」から「上六・鶴橋」へと買い物先を変更したというレベルにとどまっていると解釈できる[4]。

3　アンケート調査の対象地域と調査概要

先述のとおり，大阪商工会議所による「大阪都市圏住民の買物行動」の調査は，1996年以降は実施されておらず，大阪市都心における最新の買い物行動の実態は明らかにされていない。そこで，筆者自身によるアンケート調査に基づき，都心居住者の買い物行動の詳細を把握する。対象とするのは，大阪市中央区の森ノ宮・玉造地区である（**写真 9-1**，**図 9-1**）。

アンケート対象地区の最寄駅である森ノ宮駅，玉造駅それぞれから，「梅田・大阪駅」地区の中心駅である大阪駅，「難波・心斎橋」地区の中心駅で

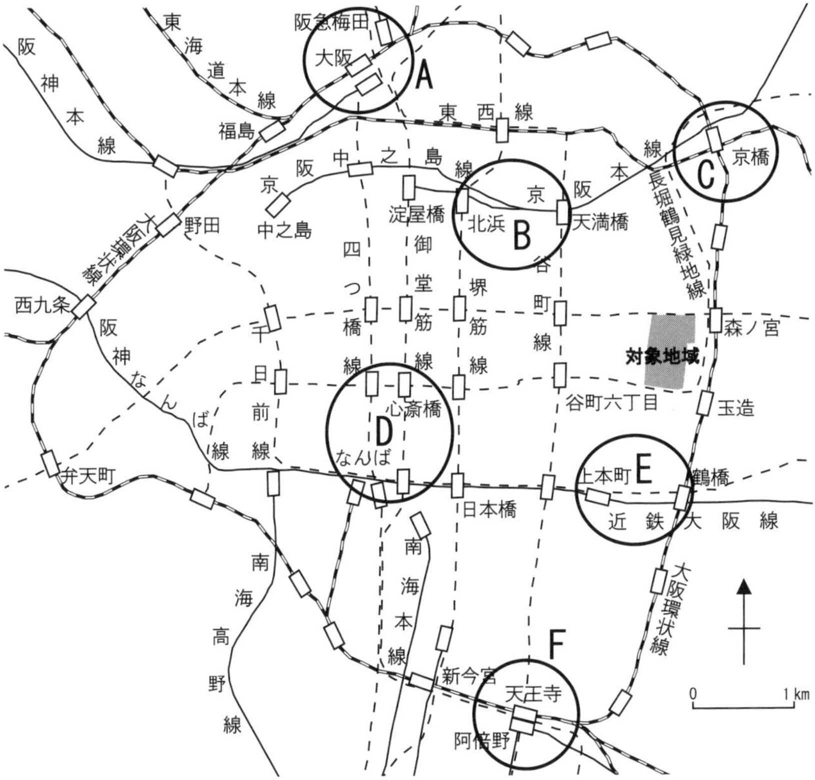

A：梅田・大阪駅　B：北浜・天満橋　C：京橋
D：難波・心斎橋　E：上六・鶴橋　F：天王寺・あべの

図 9-1　大阪市中心部の鉄道路線・主要商業地区と対象地域

ある心斎橋駅[5]までの距離をみると，以下のようになる。森ノ宮駅を発地とする場合，大阪駅へはJR大阪環状線で11分（160円），心斎橋駅へは大阪メトロで8分（230円）となる。玉造駅を発地とする場合，大阪駅へはJR大阪環状線で14分（180円），心斎橋駅へは大阪メトロで6分（180円）となる。このように，アンケート調査地区は，いずれの地区に対しても容易にアクセスしうる条件を持っている。

第1章（**表1-2**）でもみたように，大阪市の中で昼夜間人口比率が最も高

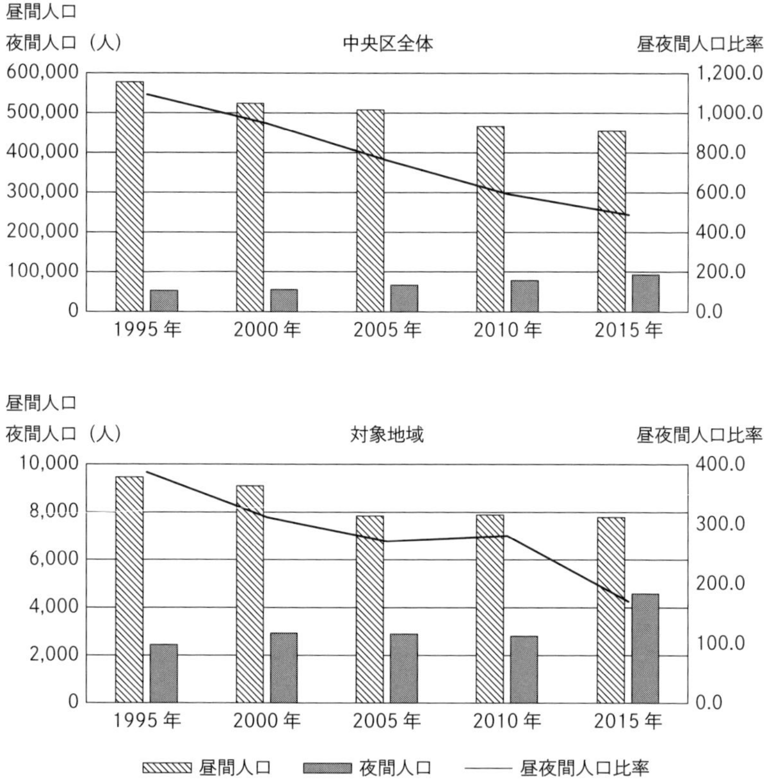

図 9-2　大阪市中央区と対象地域の昼間人口と夜間人口（国勢調査をもとに作成）

いのが中央区であり，都心としての性格を中央区が持っていることは明瞭である。では，中央区の一部である対象地域の昼夜間人口比率はどうであろうか。**図 9-2** は，中央区全体と対象地域の昼夜間人口比率の推移を示したものである。中央区全体をみると，昼間人口の減少と夜間人口の増加によって，昼夜間人口比率が大幅に低下してきたことがわかる。対象地域をみると，中央区全体に比べると昼夜間人口比率はもともと小さい。これは，中央区の中でも，難波・心斎橋，北浜，天満橋などの代表的なオフィス地区からはやや離れているためである。とはいえ，昼夜間人口比率は100を大幅に上回っており，都心区の一角としての側面は有している。夜間人口は，2010 年から 2015 年

写真 9-2　一戸建て住宅とマンション

にかけて増加が顕著であり，都心の人口回復といえる現象が，対象地域においても発生している。それにより，昼夜間人口比率が大幅に低下している。

このように，対象地域は，中央区全体と類似した傾向にあり，都心としての性格を有していると判断できるが，先述のとおり，主要なオフィス地区ではないため，難波・心斎橋などのようなオフィス街が明瞭にみられるわけではない。オフィスのほか，一戸建て住宅，中高層住宅などが混在して立地している地区である（**写真 9-2**）。

アンケートの内容は，木津川市で実施したもの（**第 8 章**）と同様であり，高級服，普段着，生鮮食料品の買い物行動を調査した。2000 年よりも前からの居住者に対しては，2000 年時点についての買い物行動も尋ねている。調査票の配布は，タウンプラスを利用し，対象地域の配達可能世帯すべて（2920 世帯）に対し，2019 年 7－8 月にかけて郵送した。この結果，390 世帯の 619 人から回答が得られた。世帯単位の回収率は 13.4％であった。

回答者の基本属性は，**図 9-3** に示すとおりである。入居時期をみると，回答者の 8 割以上が 2000 年以降に入居しており，比較的新しい居住者が多いことがわかる。これは，大阪市福島区（第 5 章）と同様であり，居住者の入れ替わりが激しい都心の特徴が明瞭に表れている。

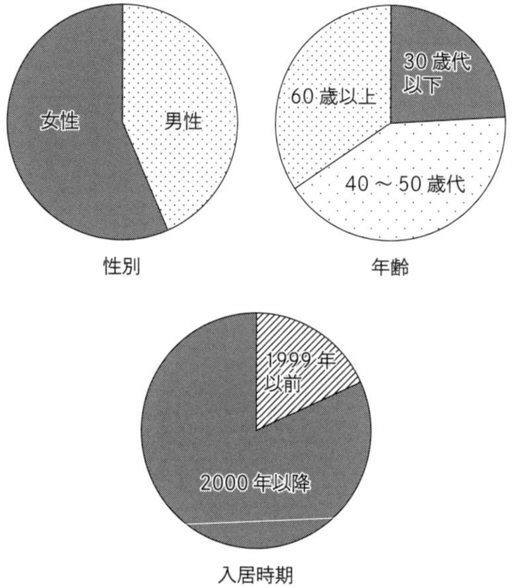

図 9-3　回答者の基本属性（筆者アンケート調査をもとに作成）

4　アンケート調査からみる買い物の交通手段と店舗の種類

本節では，回答者がどのような交通手段を利用し，どのような種類の店舗で買い物をしているのかを明らかにする。はじめに交通手段をみる（**表 9-3**）。高級服では，男女とも4分の3以上が公共交通機関を利用している。これは，後述するように，都心居住者の多くが，鉄道駅などに近接する都心商業地区において高級服を購入していることを反映したものである。男性は，女性よりも自家用車の利用割合が高い。このことは，都心以外（第6章，第7章，第8章）においても総じてみられた傾向であった。普段着をみると，公共交通機関が男女ともに5割前後にまで低下するが，その低下分は，自家用車ではなく徒歩・自転車にシフトしている。この点は，郊外居住者と大きく異なる点である。対象地域には，森ノ宮駅（JR，大阪メトロ）に近接して，複合型の商業施設である「もりのみやキューズモール BASE」が2015年に開業して

表 9-3　購入品目別の交通手段（筆者アンケート調査をもとに作成）

高級服

	徒歩・自転車	公共交通機関	自家用車	その他
男性	13(5.5)	177(74.4)	41(17.2)	7(2.9)
女性	27(8.6)	247(78.9)	24(7.7)	15(4.8)

普段着

	徒歩・自転車	公共交通機関	自家用車	その他
男性	77(30.7)	115(45.8)	50(19.9)	9(3.6)
女性	99(30.3)	180(55.0)	31(9.5)	17(5.2)

生鮮食料品

	徒歩・自転車	公共交通機関	自家用車	その他
男性	216(84.0)	9(3.5)	29(11.3)	3(1.2)
女性	302(90.1)	12(3.6)	18(5.4)	3(0.9)

カッコ内は構成比（%）。
公共交通機関とは，JR，地下鉄，私鉄，バスをさす。

表 9-4　購入品目別の店舗の種類（筆者アンケート調査をもとに作成）

高級服

	百貨店	総合スーパー	衣料品専門店	その他
男性	144(58.5)	37(15.0)	49(19.9)	16(6.5)
女性	215(67.4)	56(17.6)	25(7.8)	23(7.2)

普段着

	百貨店	総合スーパー	衣料品専門店	その他
男性	20(7.8)	111(43.4)	113(44.1)	12(4.7)
女性	31(9.3)	163(48.9)	111(33.3)	28(8.4)

生鮮食料品

	百貨店	総合スーパー	食品スーパー	その他
男性	5(1.9)	83(31.9)	164(63.1)	8(3.1)
女性	9(2.7)	106(31.6)	210(62.7)	10(3.0)

カッコ内は構成比（%）。

いる。このように，徒歩圏内に買い物先が充実したことが，徒歩・自転車の利用割合が高いことの背景にあると思われる。生鮮食料品になると，8−9割が徒歩・自転車となる。後述するように，近隣の総合スーパーや食品スー

表 9-5　購入品目別の買い物場所（全回答者）（筆者アンケート調査をもとに作成）

	梅田・大阪駅	北浜・天満橋	京橋	難波・心斎橋	上六・鶴橋	天王寺・あべの	森ノ宮・玉造	その他
高級服	280(49.8)	4(0.7)	5(0.9)	107(19.0)	25(4.4)	62(11.0)	19(3.4)	60(10.7)
普段着	129(21.9)	41(6.9)	33(5.6)	88(14.9)	28(4.7)	65(11.0)	124(21.0)	82(13.9)
生鮮食料品	9(1.5)	4(0.7)	1(0.2)	2(0.3)	6(1.0)	4(0.7)	542(90.5)	31(5.2)

カッコ内は構成比（%）。

パーなどで買い物を済ませているものと思われる。続いて店舗の種類をみる（**表 9-4**）。高級服では，百貨店の利用割合が高い。特に女性の百貨店利用割合は約 7 割にのぼっている。男性の場合は衣料品専門店の割合も比較的高い。こうした男女間の差異は，郊外においても同様にみられたものである。普段着では，百貨店利用割合が大幅に低下し，総合スーパーや衣料品専門店が大半を占めるようになる。生鮮食料品にいたっては，百貨店の利用はほぼなく，男女ともに約 6 割が食品スーパー，約 3 割が総合スーパーであり，この二つで大半を占める。

5　アンケート調査からみる買い物場所の特徴

属性ごとの詳細な検討に入る前に，全回答者の買い物場所を，高級服，普段着，生鮮食料品に分けて一般的傾向を示す。**表 9-5** によると，高級服は，約半数が「梅田・大阪駅」を指向しており，「難波・心斎橋」は 19％にとどまっている。これらに次ぐのは 11％を占める「天王寺・あべの」であり，これら 3 地区で約 80％を占めている。普段着をみると，「梅田・大阪駅」が約 2 割と低くなっているのに対し，高級服ではわずか 3.4％であった「森ノ宮・玉造」が 21％と，「梅田・大阪駅」と同程度となっている。次いで，「難波・心斎橋」が約 15％，「天王寺・あべの」が 11％となっている。「梅田・大阪駅」に特化する傾向の強かった高級服に比べて，普段着の買い物場所は分散傾向にあることが分かる。生鮮食料品をみると，自宅近隣である「森ノ宮・玉造」が 90％以上と大部分を占める。前節の交通手段（**表 9-3**）でみたように，生鮮食料品の買い物には大半が徒歩・自転車で出かけていることと明瞭に対応している。

以上，生鮮食料品は「森ノ宮・玉造」で買い物がほぼ完結しているため，属性による差異がほとんどみられないと考えられる。そのため，以下では，高級服と普段着のみを取り上げ，各種属性と買い物場所のクロス集計にもとづく分析を行う。

(1) 年齢別にみた買い物場所

表9-6，**表9-7**は，それぞれ高級服と普段着における年齢別の買い物場所を示したものである。高級服をみると（**表9-6**），男女ともに「梅田・大阪駅」が最大であるが，女性の「梅田・大阪駅」指向がより明瞭にみられる。さらに，男女ともに若い年齢層は「梅田・大阪駅」指向が，60歳以上は「難波・心斎橋」指向が強くなる。このように，性別，年齢による指向先の差異が明瞭となっている。

普段着をみると（**表9-7**），自宅近隣である「森ノ宮・玉造」の割合が高くなる。特に60歳以上において著しく高い。先述のとおり，徒歩・自転車で買い物に行ける範囲に新たな商業施設が充実してきたが（例：「もりのみやキューズモールBASE」），この影響を最も受けたのは，高齢者による普段着の買い物であったといえる。なお，普段着の場合，「梅田・大阪駅」と「難波・心斎橋」の利用割合の差は，高級服ほど大きくはない。男性の40－50歳代と60歳以上においては，「難波・心斎橋」の利用割合が，わずかではあるが「梅田・大阪駅」の利用割合を上回っている。

(2) 入居時期別にみた買い物場所

表9-8，**表9-9**は，それぞれ高級服と普段着における入居時期別の買い物場所を示したものである。高級服をみると（**表9-8**），1999年以前入居者は「難波・心斎橋」の割合が高く，女性では「上六・鶴橋」割合も比較的高い。2000年以降入居者は「梅田・大阪駅」割合が高く，「天王寺・あべの」の割合もやや高くなっている。近年，「梅田・大阪駅」地区では，「阪急百貨店梅田本店（阪急うめだ本店）」の大幅増床や「グランフロント大阪」の新規開業が相次いで行われ，「天王寺・あべの」地区では，日本最高の高さを更新し

表 9-6　年齢別にみた買い物場所（高級服）（筆者アンケート調査をもとに作成）

男性

	梅田・大阪駅	北浜・天満橋	京橋	難波・心斎橋	上六・鶴橋	天王寺・あべの	森ノ宮・玉造	その他
30 歳代以下	29(51.8)	0(0.0)	0(0.0)	9(16.1)	1(1.8)	7(12.5)	2(3.6)	8(14.3)
40 ～ 50 歳代	48(46.6)	2(1.9)	0(0.0)	19(18.4)	1(1.0)	8(7.8)	5(4.9)	20(19.4)
60 歳以上	30(37.5)	0(0.0)	1(1.3)	24(30.0)	5(6.3)	11(13.8)	4(5.0)	5(6.3)

女性

	梅田・大阪駅	北浜・天満橋	京橋	難波・心斎橋	上六・鶴橋	天王寺・あべの	森ノ宮・玉造	その他
30 歳代以下	50(61.7)	2(2.5)	0(0.0)	7(8.6)	2(2.5)	12(14.8)	3(3.7)	5(6.2)
40 ～ 50 歳代	74(54.4)	0(0.0)	2(1.5)	23(16.9)	2(1.5)	15(11.0)	3(2.2)	17(12.5)
60 歳以上	43(44.8)	0(0.0)	2(2.1)	23(24.0)	12(12.5)	9(9.4)	2(2.1)	5(5.2)

カッコ内は構成比（%）。

表 9-7　年齢別にみた買い物場所（普段着）（筆者アンケート調査をもとに作成）

男性

	梅田・大阪駅	北浜・天満橋	京橋	難波・心斎橋	上六・鶴橋	天王寺・あべの	森ノ宮・玉造	その他
30 歳代以下	14(24.1)	2(3.4)	3(5.2)	7(12.1)	3(5.2)	10(17.2)	11(19.0)	8(13.8)
40 ～ 50 歳代	16(15.0)	8(7.5)	9(8.4)	18(16.8)	4(3.7)	11(10.3)	23(21.5)	18(16.8)
60 歳以上	13(14.9)	4(4.6)	4(4.6)	19(21.8)	4(4.6)	9(10.3)	23(26.4)	11(12.6)

女性

	梅田・大阪駅	北浜・天満橋	京橋	難波・心斎橋	上六・鶴橋	天王寺・あべの	森ノ宮・玉造	その他
30 歳代以下	28(32.9)	6(7.1)	4(4.7)	13(15.3)	4(4.7)	10(11.8)	11(12.9)	9(10.6)
40 ～ 50 歳代	35(24.8)	11(7.8)	7(5.0)	18(12.8)	6(4.3)	16(11.3)	23(16.3)	25(17.7)
60 歳以上	19(18.4)	10(9.7)	6(5.8)	11(10.7)	6(5.8)	8(7.8)	32(31.1)	11(10.7)

カッコ内は構成比（%）。

た超高層ビルである「あべのアルカス」において近鉄本店の大規模リニューアルが行われた。このように，新住民は，高級服の買い物において，大阪市都心の大きな目玉となる大規模商業施設の新規出店がすすむ地区（「梅田・大阪駅」，「天王寺・あべの」）を指向しているといえそうである。

普段着をみると（**表 9-9**），高級服と同じく，新住民である 2000 年以降入居者は「梅田・大阪駅」を指向する。特に女性はこの傾向が強く，普段着で

表 9-8　入居時期別にみた買い物場所（高級服）（筆者アンケート調査をもとに作成）

男性

	梅田・大阪駅	北浜・天満橋	京橋	難波・心斎橋	上六・鶴橋	天王寺・あべの	森ノ宮・玉造	その他
2000 年以降	93(47.4)	2(1.0)	0(0.0)	39(19.9)	5(2.6)	22(11.2)	9(4.6)	26(13.3)
1999 年以前	13(31.0)	0(0.0)	1(2.4)	13(31.0)	2(4.8)	4(9.5)	2(4.8)	7(16.7)

女性

	梅田・大阪駅	北浜・天満橋	京橋	難波・心斎橋	上六・鶴橋	天王寺・あべの	森ノ宮・玉造	その他
2000 年以降	146(56.2)	2(0.8)	3(1.2)	39(15.0)	7(2.7)	33(12.7)	8(3.1)	22(8.5)
1999 年以前	21(40.4)	0(0.0)	1(1.9)	14(26.9)	9(17.3)	3(5.8)	0(0.0)	4(7.7)

カッコ内は構成比（%）。

表 9-9　入居時期別にみた買い物場所（普段着）（筆者アンケート調査をもとに作成）

男性

	梅田・大阪駅	北浜・天満橋	京橋	難波・心斎橋	上六・鶴橋	天王寺・あべの	森ノ宮・玉造	その他
2000 年以降	36(17.4)	11(5.3)	15(7.2)	29(14.0)	10(4.8)	26(12.6)	51(24.6)	29(14.0)
1999 年以前	6(13.6)	3(6.8)	1(2.3)	15(34.1)	1(2.3)	4(9.1)	6(13.6)	8(18.2)

女性

	梅田・大阪駅	北浜・天満橋	京橋	難波・心斎橋	上六・鶴橋	天王寺・あべの	森ノ宮・玉造	その他
2000 年以降	74(27.4)	20(7.4)	14(5.2)	34(12.6)	12(4.4)	29(10.7)	49(18.1)	38(14.1)
1999 年以前	8(13.8)	7(12.1)	3(5.2)	8(13.8)	4(6.9)	5(8.6)	17(29.3)	6(10.3)

カッコ内は構成比（%）。

あっても，自宅近隣である「森ノ宮・玉造」よりも「梅田・大阪駅」の割合が高い。1999 年以前入居者では，特に男性における「難波・心斎橋」指向の強さが顕著である。

なお，入居時期が新しいほど年齢が低くなる傾向にあるため，先にみた年齢別の買い物場所と，ここでみた入居時期別の買い物場所には類似した特徴がみられる。

(3) 通勤先と買い物場所の関係

第 6 章の郊外世帯を対象とした調査において，世帯主の勤務地と高級服の

表 9-10　通勤先と買い物場所の関係（高級服）（筆者アンケート調査をもとに作成）

男性

	梅田・大阪駅	北浜・天満橋	京橋	難波・心斎橋	上六・鶴橋	天王寺・あべの	森ノ宮・玉造	その他
中央区	37(44.0)	1(1.2)	0(0.0)	20(23.8)	3(3.6)	6(7.1)	7(8.3)	10(11.9)
北区	9(69.2)	0(0.0)	0(0.0)	2(15.4)	0(0.0)	2(15.4)	0(0.0)	0(0.0)
天王寺区・阿倍野区	1(14.3)	1(14.3)	0(0.0)	2(28.6)	0(0.0)	2(28.6)	0(0.0)	1(14.3)
その他	43(42.6)	0(0.0)	1(1.0)	22(21.8)	1(1.0)	13(12.9)	2(2.0)	19(18.8)

女性

	梅田・大阪駅	北浜・天満橋	京橋	難波・心斎橋	上六・鶴橋	天王寺・あべの	森ノ宮・玉造	その他
中央区	52(52.0)	0(0.0)	0(0.0)	17(17.0)	3(3.0)	15(15.0)	4(4.0)	9(9.0)
北区	16(76.2)	0(0.0)	0(0.0)	1(4.8)	0(0.0)	2(9.5)	0(0.0)	2(9.5)
天王寺区・阿倍野区	9(42.9)	0(0.0)	0(0.0)	2(9.5)	1(4.8)	7(33.3)	0(0.0)	2(9.5)
その他	39(53.4)	1(1.4)	2(2.7)	12(16.4)	2(2.7)	4(5.5)	3(4.1)	10(13.7)

カッコ内は構成比（%）。

買い物先には一定の関係がみられた。では，都心居住者においてはこうした指標が買い物行動にどの程度影響を与えているのだろうか。

サンプルの少なさゆえに即断できない部分は大きいが，少なくとも中央区を通勤先とする回答者は「難波・心斎橋」の利用割合が高く，北区を通勤先とする回答者は「梅田・大阪駅」のそれが高いことは比較的明瞭である（**表 9-10**）。つまり，通勤先と高級服の買い物先には，郊外と同様，都心においても対応関係にあると考えられる。都心居住者にとっては，強力な吸引力を有する商業地区が比較的近隣に存在することが多いため，勤務地の与える影響はさほど大きくない可能性も考えられたが，ここで示された結果は，そうした条件の下でも，勤務地の存在が買い物行動をある程度規定していることを示している。

(4) 縦断データによる高級服の買い物場所の変化

最後に，1999 年以前入居者の高級服を対象に，同一回答者の 2000 年時点と調査時点（2019 年）の買い物場所の変化を検討する（**表 9-11**[6]）。男性におい

表 9-11　1999 年以前入居者の買い物場所の変化（高級服）（筆者アンケート調査をもとに作成）

男性

	梅田・大阪駅	北浜・天満橋	京橋	難波・心斎橋	上六・鶴橋	天王寺・あべの	森ノ宮・玉造	その他
2000 年時点	16(36.4)	0(0.0)	2(4.5)	13(29.5)	2(4.5)	2(4.5)	1(2.3)	8(18.2)
2019 年時点	14(32.6)	0(0.0)	1(2.3)	13(30.2)	2(4.7)	4(9.3)	2(4.7)	7(16.3)

女性

	梅田・大阪駅	北浜・天満橋	京橋	難波・心斎橋	上六・鶴橋	天王寺・あべの	森ノ宮・玉造	その他
2000 年時点	18(31.0)	2(3.4)	0(0.0)	24(41.4)	10(17.2)	0(0.0)	0(0.0)	4(6.9)
2019 年時点	21(39.6)	0(0.0)	1(1.9)	14(26.4)	9(17.0)	3(5.7)	0(0.0)	5(9.4)

カッコ内は構成比（%）。

ては，「梅田・大阪駅」の低下という，一般的傾向とは対照的な実態が確認できる。「難波・心斎橋」は両時期で割合にほぼ変化がない。つまり，旧住民の男性においては，難波・心斎橋を指向する傾向は依然として根強いといえる。

女性の場合は，両時期の間に「梅田・大阪駅」指向が強まっている。すなわち，「梅田・大阪駅」は，女性を吸引する傾向を強めたといえる。**表 9-8** でみたように,2000 年以降入居者は，ここでの 1999 年以前入居者よりも「梅田・大阪駅」の割合がさらに高く，とりわけ女性の高さは顕著であった（**表 9-8** 参照。男性：1999 年以前入居者 31%，2000 年以降入居者 47.4%，女性：1999 年以前入居者 40.4%，2000 年以降入居者 56.2%）。つまり，旧住民による「難波・心斎橋」から「梅田・大阪駅」へのシフトと，「梅田・大阪駅」指向の強い新住民の流入により，ますますアンケート対象地区における女性の「梅田・大阪駅」シフトがすすんできたと解釈できる。

6　おわりに

都心の人口回復に関連する既存研究は，人口動向や居住者属性に着目するものが中心であり，日常生活行動を取り上げたものは，通勤行動（第 5 章）や保育・子育てに関する研究（久木元，2016）などの分野でごく一部にみられるに過ぎなかった。買い物の空間的行動に関しても同様であり，都心におけるフードデザート問題（岩間編著，2017）や生活利便性（香川，2007）に着目する中で補足的に扱われるにとどまってきた。買い物行動は，通勤や子育てなどとは違い特定の人々にとどまらず，そこで生活する大半の人々が行う日常生活行動であり，都心居住者の日常生活行動を把握する上で避けて通ることのできない重要な指標である。本章では，アンケート調査を通じて都心居住者の買い物行動を詳細に検討し，都心の商業地区の買い物利用実態が，各種属性によって大きく異なり，時代によって変化してきたことを明確にしてきた。

大阪市都心の2大商業地区である「梅田・大阪駅」と「難波・心斎橋」であるが，とりわけ高級服の買い物に関しては，若い世代や女性の利用割合の高い「梅田・大阪駅」，高齢層や男性の利用割合の高い「難波・心斎橋」というように，年齢，性別によって指向する商業地区に違いがみられることが明らかになった。普段着の買い物になると，2大商業地区の利用割合はやや低く，自宅近隣である「森ノ宮・玉造」を利用する割合が高くなる。普段着の買い物におけるこうした傾向は大都市圏郊外，大都市圏外縁部の居住者（第6章，第8章）においてもみられたものである。

高級服の買い物行動を入居時期別にみると，都心の人口回復以前から居住する人々はもともと「難波・心斎橋」指向が強く，現在（2019年）でも，特に男性においてはその指向が根強く残っていることが明らかになった。一方，2000年以降に入居した新住民は，「梅田・大阪駅」指向の強い人々であった。つまり，2000年以降における都心の人口回復とは，買い物行動において「梅田・大阪駅」を指向する人々の都心居住をともなうものであったとみることができる。

郊外居住者を対象とした買い物行動研究では，郊外商業地区と都心商業地区というように二分化して考える傾向にあるため，都心商業地区の利用の内実は明らかにしにくい。一方，本章のように都心居住者を対象とすることで，都心内の商業地区間の異なる性格を明確に示すことができたと考える。

第 10 章

本書のまとめと今後の課題

1　各章の要約

本書では，大阪大都市圏の都心，郊外，外縁部における日常生活行動の実態と変容について検討してきた。前著（稲垣，2011a）では，郊外第二世代という特定の世代に着目して大都市圏構造の変容を明らかにしたが，本書では多様な世代を取り上げることで，各地域に居住する人々の日常生活行動の全体像を解明することを目指した。第 2 章から第 5 章までは通勤行動，第 6 章から第 9 章までは買い物行動を指標とした。以下，本書の結果を要約する。

第 2 章では，奈良県生駒市を事例に，1990 年代後半以降に本格化してきた郊外から中心都市への通勤者数減少の要因を明らかにした。郊外における現在の住宅取得層では，地方圏出身者が減少し，郊外第一世代の子どもに相当する人々である郊外第二世代の割合が高まってきた。この郊外第二世代は，雇用の郊外化の影響を受けて，新規就業の段階から郊外内部での通勤を指向する傾向にあった。さらに若い世代では，少子化や非正規雇用化により，中心都市へ通勤する新規就業者は大幅に減少していた。それら以上に中心都市への通勤者数の減少に寄与したのが，人口規模が大きく中心都市への通勤に特化していた郊外第一世代の退職であった。一方，中心都市への通勤者を増加させる方向には，郊外での住宅取得後も中心都市で就業を継続する既婚女性の増加が作用していたが，減少を相殺する規模ではなかった。

このように，過去に大量に郊外へ居住地移動してきたのが郊外第一世代であり，その中の多数を占める中心都市通勤者が退職年齢にさしかかったのが1990年代後半以降であった。郊外第一世代は，高度経済成長期を中心とする人口の郊外化を牽引したのみならず，近年の郊外化の終焉をも牽引する世代であったと考えることができる。

第3章では，近鉄大和西大寺駅周辺を事例に，郊外の鉄道駅周辺居住者の居住，通勤特性を明らかにした。一戸建て住宅には1970年代以前に入居した高齢者が多く，分譲マンションには2000年代に入居した30－40歳代が多かった。また，大部分が一戸建て住宅で占められている地域に比べ，鉄道駅周辺では，人口の郊外化以前からの居住者割合が高かった。通勤先をみると，分譲マンション居住者は大阪市，賃貸・借家や一戸建て住宅居住者は郊外内での就業率が高かった。一戸建て住宅居住者の中には自営業者が多く，本対象地域である大和西大寺駅周辺が市街化した1970年代までに，当地域で商店などを開業した人々が含まれると考えられる。奈良県出身者は，県外出身者に比べ，ローカルな労働市場の存在ゆえに，比較的近隣への通勤率が高かった。ここでの分析を通じて，大部分が一戸建て住宅で占められている地域とは異なる郊外の鉄道駅周辺の居住，通勤特性の一端を明らかにすることができた。

第4章では，奈良市に隣接する京都府木津川市を事例に，大都市圏外縁部における通勤流動の変化を検討した。大都市圏の外延的拡大がすすんでいた1980年代には，大都市圏外縁部に新たに誕生した住宅地の住民は大都市圏中心都市への通勤率が高かったが，2000年代以降に開発された新興住宅地においては同通勤率は高いとはいえなかった。隣接する郊外中心都市である奈良市への通勤率が高いのが新興住宅地の特徴であり，これは旧来からの集落の住民以上に高いものであった。つまり，中心都市ではなく郊外中心都市のベッドタウン的な性格が，大都市圏外縁部における近年の新興住宅地の特徴となっている。

アメリカ合衆国では，郊外核の成長により，中心都市への通勤圏で設定される大都市圏には含まれないものの郊外核の通勤圏には含まれる地域が誕生し，その地域が超郊外地域として注目されてきた。しかし，藤井（1989）が明らかにしたように，1980年代における大阪大都市圏外縁部の新興住宅地住民は，中心都市への通勤率の高い人々であった。つまり，1980年代における大都市圏外縁部の新興住宅地は，中心都市のベッドタウンの域を出るものではなかったと考えられる。これに対し，第4章でみてきたように，2000年代に入ってからの新興住宅地は，中心都市ではなく郊外中心都市の通勤圏に含まれる地域，すなわち超郊外地域としての性格を有するものであった。このように，1980年代に議論されてきた超郊外化は，日本における大都市圏が拡大傾向にあった1980年代よりも，大都市圏の縮小が現実のものとなっている現在においてより明瞭にみられるようになっている。

第5章では，大阪市都心6区の一つである福島区を取り上げ，都心の人口回復がすすむ中，都心居住者の職住近接がすすんでいるか否かを検討した。都心居住者の就業については，郊外居住者の職住近接傾向とは対照的に，むしろ職住分離がすすんでいることが明らかになった。都心における職住分離傾向の背景，要因として，第一に，自営業者の職住関係の変化がある。もともと自営業者は，職住一体を特徴としてきたが，近年，都心においては自営業者の職住分離もすすんだ。さらに，自営業者数自体も大幅に減少してきた。第二に，若年層や分譲マンション居住者の動向である。若年層や分譲マンション居住者は，大阪市外への通勤者割合が高い。こうした都心における職住分離傾向は，雇用の郊外化とも関連がある。雇用の郊外化は，都心居住者の郊外への通勤を促進する方向に作用した。特に，ホワイトカラーによる都心居住の増加と都心雇用の減少が，職住分離がすすむ背景となったと考えられる。

都心における豊富な雇用機会の存在ゆえに，都心居住の増加＝職住近接の増加と考えがちである。しかし，大阪大都市圏における雇用の郊外化は確実にすすんでいるため，新たな都心居住者が都心内に職場を持つ割合は低下するとみるのが自然である。新たな都心居住者の多くが，郊外に居住し中心都市へ通勤する人々よりは短距離通勤であることは間違いないであろう。しかし，そうした都心居住者も，従来からの都心居住者に比べれば長距離通勤者であり，そうした新たな都心居住者が増えれば，都心全体としての通勤距離は長距離化していくのである。

第6章では，大都市圏郊外に位置する平城ニュータウン居住者の買い物行動に関する縦断データを収集し，入居時期ごとに買い物行動の変化を追跡した。バブル経済期までは，大都市圏の上位中心地である難波・心斎橋，下位中心地である大和西大寺駅周辺で高級服を購入するスタイルが維持されていたが，バブル経済崩壊以降，難波・心斎橋の利用割合が大幅に低下した。最寄品である普段着の購入においては，1980年時点では百貨店の利用が一定程度あったが，平城ニュータウンにおいて総合スーパーが立地したことにより，平城ニュータウン内で購入する割合が上昇した。ここでは，買い物環境の変化にともない郊外居住者の買い物行動が絶えず変化してきたこと，入居時期により買い物行動の変化の仕方が異なることを明らかにしたとともに，郊外居住者の買い物行動の変化が，大都市圏内の階層構造の変化と密接に関係していることも示した。縦断データを分析した従来の研究が短期間のみを対象としていたのに対し，長期的な縦断データを分析した本研究では，大都市圏構造の変容に関わる買い物環境の変化と買い物行動の変遷が密接に結びついている事実を提示することができた。

第7章では，大都市圏郊外に居住する高齢者の買い物行動や買い物困難の実態を明らかにした。対象地域である奈良県王寺町には，駅前地区，伝統的集落，旧住宅地区，新住宅地区などの特性を持つ地区が明瞭に存在するため，分析にあたっては，王寺町内からそれらの地区を抽出し比較検討した。近隣に買い物施設が数多く立地する鉄道駅近くの居住者と，用途地域の関係で買い物施設が限定されている丘陵住宅地の居住者では，買い物利便性に対する認識がまったく異なっていた。特に，自家用者の利用が困難で近隣に食料品店のない高齢者は，買い物に困難をかかえる割合が高かった。自由回答からは，店舗の立地場所や商品，公共交通，将来の車の運転，丘陵地の居住環境など，多様な観点から困難な状況がみられることが明らかになった。大都市圏郊外というと典型的な郊外住宅地がイメージされがちであるが，実際には多様な地区から成り立っており，それぞれの地区によって買い物困難の状況が異なることが示された。

第8章では，京都府木津川市を事例に，大都市圏外縁部における買い物行動の特性を明らかにした。木津川市を取り巻く買い物環境を振り返ると，郊外中心都市である奈良市の中心部から大型店が撤退し，木津川市や隣接する精華町において郊外型の大型店が立地するようになった。こうした状況に対し，すべての人々が同様の買い物行動をとるのではなく，居住地区や年齢層による買い物行動の違いが明瞭に表れた。高級服の購入をみると，近隣に新規立地した郊外型の大型店を指向するのは，旧来からの集落に居住する人々であり，新興住宅地に居住する人々は，郊外中心都市である奈良市や中心都市である大阪市を指向していた。普段着の購入となると，旧来からの集落では近隣店舗の利用割合がさらに高まった。このように，大都市圏外縁部では，新住民と旧住民による買い物行動の違いが明瞭である。

モータリゼーションが本格化する以前であれば，郊外における大型店の大半は郊外中心都市などの中心部に立地が限定されていたため，大都市圏外縁部の居住者もそれら郊外中心都市の店舗を利用していたものと思われる。しかし，モータリゼーションがすすみ，大店法の規制緩和がすすむようになった1990年代以降，大都市圏外縁部への大型店の立地が活発化した。これにより，大都市圏外縁部の居住者は，自家用車で近隣の大型店を利用する機会を得るようになった。これは，郊外中心都市を核とする商圏構造が大きく変化してきたことを示唆する。一方で，新興住宅地の住民においては，郊外中心都市（ここでは奈良市）の利用割合も比較的高く，郊外中心都市を核とする商圏構造がある程度維持されていることも示された。

都心の人口回復がすすむ中，都心居住者の人口動向や居住者属性については関心が寄せられてきた一方，都心居住者の日常生活行動に焦点を当てた研究はこれまですすめられてこなかった。このうち第5章では通勤行動を取り上げて検討したが，第9章では買い物行動に着目した。大阪大都市圏では，「梅田・大阪駅」と「難波・心斎橋」が2大商業地区として知られているが，大阪市都心に居住する人々の買い物行動においては，全体として「難波・心斎橋」指向が弱まり，「梅田・大阪駅」シフトがすすんでいることが明らかになった。これは，「ミナミ（難波・心斎橋）の地盤沈下」（宮城，2013）として言及される状況に符合する。ただし，すべての世代，性別において同様ではない。若い世代や女性が「梅田・大阪駅」を指向し，高齢層や男性が「難波・心斎橋」指向を維持するなど，個人属性によって指向性に違いがみられた。

これまでの買い物行動研究は，主として郊外を対象として行われてきたが，この場合，郊外商業地区と都心商業地区という構図で捉えられる傾向にあった。そのため，都心内部の商業地区間の差異を浮き彫りにするまでには至らなかった。これに対し，都心居住者の場合は，居住地から近いところに複数の商業地区が存在する。それゆえ，都心における商業地区間の力関係の違いなどが，買い物行動にダイレクトに反映される様子が明らかになった。

2　今後の課題

最後に，これまでの研究成果をふまえ，今後の課題を提示しておきたい。第2章では，郊外第二世代の動向が中心都市への通勤に与える影響は，郊外第一世代の退職に比べれば小さいという結果が得られた。しかし，郊外第二世代には，郊外にとどまる者だけでなく，中心都市あるいは他地域へと生活の場を移している者も多く存在する。第2章では，郊外から中心都市への通勤について検討するという問題意識のもと，郊外で住宅を取得した人々に調査対象を絞った。そのため，郊外第二世代のうちすでに郊外から転出している人々は対象外となった。郊外第二世代の行動は，郊外第一世代によって作られた郊外を再評価する一指標にもなり得るため（稲垣，2011a），郊外第二世代の住宅取得行動の全体像を正確に評価することは今後の重要な課題である。

郊外の衰退や縮小の議論がすすむにつれ，郊外駅前居住が，「都心居住の都市的利便性の高さと郊外居住の居住環境のよさをあわせもった居住形態」（大塚，2015）として再評価されるようになっている。このため，第3章で検討した鉄道駅周辺居住者の通勤行動は，ますます検討の意義を高めていくものと思われる。ただし，一口に郊外の駅前といっても多種多様である。背後に大規模住宅地をかかえ，住宅地住民を大都市に送り出す働きに特化した駅もあれば，そうした働きにとどまらず，郊外の中心駅として通勤や買い物の目的地となるところもある。第3章で対象とした大和西大寺駅は，鉄道駅としての歴史が古く，ターミナルとしての役割を併せ持つ駅であり，郊外の中心駅としての性格が強い。こうした点をふまえ，大和西大寺駅周辺での結果が他の地域（駅周辺）においても妥当か否かを判断するため，京阪神大都市圏の他地域や他の大都市圏での研究の蓄積が望まれる。

大都市圏の多核化に関する議論の中で，超郊外化現象の舞台として注目を集めた大都市圏外縁部であったが，郊外の衰退が現実化する中でそこへの関心は失われていった。しかし，第4章で明らかにしたように，大都市圏外縁部居住者の通勤行動には大きな変化が生じており，むしろ近年のほうが超郊外化と呼ぶべき現象がみられるようになっている。この点で，大都市圏外縁部を対象とする通勤行動研究の必要性は失われてはいない。第4章では，新旧住民の大まかな通勤行動にはアプローチできたものの，その内実に詳細に迫れたとはいえない。特に，大都市圏外縁部には農業を営んでいる人々も数多く存在するが，そうした人々の兼業が通勤行動に与える影響については触れることはできなかった。人口減少時代に突入し，新たな大規模住宅地開発がすすむ見通しはほとんどない中，大都市圏外縁部における通勤動向を解明するためには，こうした旧来からの集落における就業構造と生活行動の関係を詳細に検討する必要があろう。

第5章では，人口が急増する都心において，一般的なイメージである「都心居住＝職住近接」とは対照的な実態，つまり都心の人口回復に寄与した人々が実は職住分離傾向をすすめてきたことを明らかにした。ただし，このことが他の大都市圏にも当てはまるのかどうかについては議論の余地がある。第5章で対象とした大阪市都心は，2000年代以降に大規模なオフィス開発プロジェクトがすすめられた東京（芳賀，2006）に比べれば，オフィス供給量は少ない。すなわち，従業地ベース就業者の集積も少ないと考えられる。このため，本章で示された都心居住者の職住分離傾向がそのまま東京においてもあてはまるとは言い切れない。今後は，東京をはじめとする他の大都市においても詳細な検討が必要となろう。これにより，大都市圏研究において手薄であった都心の職住関係に関する理解がすすむとともに，現代の大都市圏が置かれている状況と課題が明確にされていくことになると考えられる。

第6章では，縦断データや複数世代といった，従来の研究が充分に検討してこなかった点に着目し，郊外における買い物行動の変化を明らかにした。特に，特定時期に同一世代が大量に入居してきたニュータウンにおいては，この縦断データ分析がきわめて有効であることが示された。高度経済成長という時代の産物であるニュータウンを振り返ると，初期に入居した人々が高齢期を迎え世代交代が模索されるなど，多くのニュータウンが転換期にあることは知られた事実である。一方で，ニュータウンの形成からすでに半世紀が経ち，これまでのニュータウンを歴史的に再考していく時期にも差しかかっている（金子，2017）。第6章の分析は，買い物行動の視点からニュータウンの数十年間を考察する試みともいえるが，本格的な再評価をするためには，居住者への聞き取りなど，インテンシブな調査は欠かせない。これにより，縦断データ分析では捉えきれない郊外ニュータウンの買い物環境の変化がより明確になると考えられる。

買い物困難者の問題は，すでに社会的にも高い関心を集めており，さまざまな地域で調査，検討がなされている。第7章では，王寺町の高齢者に対する大規模なアンケート調査をもとに検討を行ったが，本当の買い物困難の実態に迫るには，こちらが用意した質問項目に受け身で回答してもらうアンケート調査では十分ではない。高齢者が自ら発する言葉に着目する必要性は非常に高く，ここに聞き取り調査の意義が認められる。第7章では，多数のサンプルを得ることを第一としていたため，個人の意見についてはアンケート調査の自由記述の分析にとどまった。過去の電話帳や大型店の立地一覧表を入手することで過去の買い物環境は把握できると思いがちであるが，高齢者の買い物困難な状況は店舗の立地のみに左右されるわけではない。岩間編著（2017）が強調するソーシャルキャピタルを含め，多様なアプローチによる買い物困難の実態解明が必要である。

大都市圏外縁部居住者の買い物環境は，従来であれば大都市圏中心都市，郊外中心都市の吸引力との関係で論じられてきたが，第8章で明らかになったように，従来の大都市圏の階層構造とは異なる買い物行動がみられた。この背景として，大型店出店規制の緩和やモータリゼーションにより，郊外中心都市の商業中心性が弱まり，郊外中心都市よりもさらに外側に位置する大都市圏外縁部に大型店が立地する状況が作り出されたことがある。第8章では，商業立地と買い物行動を結びつけた分析を行ったが，あくまで立地状況を示すにとどまっており，その立地要因にまでは迫っていない。この点に関しては，流通地理学における成果を取り込んだ検討が必要であろう。また，新旧住民の買い物行動の差異について実態は明らかにしたものの，その差異の規定要因には不明瞭な部分も多い。そこには，世代，交通手段など多様な要素が絡むものと思われるが，その詳細な分析は今後の課題である。

こうした課題は，大都市圏外縁部だけでなく，第9章で検討した都心の買い物行動においても重要である。大都市圏郊外や大都市圏外縁部以上に，都心の商業立地は多様である。第9章で対象とした大阪市都心には，「梅田・大阪駅」，「難波・心斎橋」，「天王寺・あべの」ほどではないにせよ，それらに次ぐ大規模な商業地区も存在する。例えば，「北浜・天満橋」，「京橋」，「上六・鶴橋」が該当する。また，百貨店などの大型商業施設のみならず，一定の吸引力を維持している商店街も都心には存在する。最寄品の取り扱いが中心となる大都市圏郊外や大都市圏外縁部の商店街に対し，都心の商店街には，買回品を取り扱い広域的な商圏を形成しているところもある。本書で実施した買い物行動に関するアンケート調査は，いずれも「最も利用する買い物先」を尋ねたものである。こうした質問形式の場合，最上位に位置する商業地区のみが選択され，多様な商業集積の存在が反映されなくなる傾向があることはいうまでもない。買い物行動における多様な選択を考慮した検討を行うことで，都心商業集積のより正確な評価がなされていくものと思われる。

注

▒第 1 章

(1) 郊外第二世代とは，郊外第一世代の子どもに相当する世代であり，郊外において人口規模が大きい。郊外第一世代が 25 歳で子どもを産んだと仮定すると，およそ 1950 年代後半から 1980 年代前半が郊外第二世代の出生年となる。ただし，Nakagawa（1990）が明らかにしたように，郊外出身者の割合が高まったのは 1960 年以降に出生した人々であり，一般的には 1960 年以降の出生コーホートが郊外第二世代に相当するとされる（稲垣，2011a)。なお，郊外第二世代の中でも特に人口規模の大きい世代は第二次ベビーブーム世代（1971 年から 1975 年出生）である。

(2) 通勤流動ではないが，香川（2019）は，旧加茂町の南加茂台住宅地の変化を人口に着目して考察している。

(3) 月刊『地理』においても，2014 年 4 月号に「都心に住まう」と題した特集が組まれ，都心居住の変遷や都心住宅の実態（香川，2014)，マンションの供給と居住特性（久保，2014)，高齢者の観点からの都心居住（西，2014)，都心におけるみどりの状況（石原，2014)，ジェントリフィケーションの展開（藤塚，2014）をテーマとした論考が掲載されている。

(4) 都心の人口回復が顕著になった 1990 年代以降における分譲マンションの供給の側面については，東京における世帯構成やライフスタイルの変化にともなうマンション供給の多様化を分析した久保（2015）および Kubo and Yui（2011)，京都市におけるマンション供給と人口増加の関係を検討した堀内（2009)，札幌市のマンション供給についてバブル前後の比較を行った香川（2007）などがある。

(5) ここでは，大都市圏郊外だけでなく，地方中心都市などの郊外を対象とした主な研究も取り上げる。

(6) その他にフードデザートに着目した研究として中村・渡辺（2014）がある。

(7) 地方都市については，浜松市の都心マンション居住者の買い物場所を調査した箸本（2017）がある。この研究では，高級品の購入には他の大都市（名古屋，東京）を指向する傾向が強いことなど，主要大都市へのアクセスに恵まれた地方中規模都市の特性が明らかにされている。

(8) 郊外に限定したものではないが，高野（2004）は，都市機能の鉄道駅周辺への移動について，乗降客数と関連づけた検討を行っている。

(9) 大阪大都市圏と重複する部分の多い大都市圏域として京阪神大都市圏がある。一般に，京阪神大都市圏という場合には京都市，大阪市，神戸市を中心都市とみなすことが多いのに対し，大阪大都市圏という場合には大阪市のみを中心都市とみなす傾向にある。ただし，統計の制約上，大阪大都市圏と京阪神大都市圏を厳密に区別して分析を行うことが困難なことも多いし，議論によっては京阪神大都市圏にまで範囲を広げたほうが望ましいこともある。そのため，実際の分析においては，両大都市圏の厳密な区分はせず，臨機応変に対応することとする。

(10) ここでの昼夜間人口比率とは，昼間人口 / 夜間人口× 100 で示されるものであり，この数値が 100 を超えれば就業地としての地位が高く，100 を下回ればその地位が低いと判断できる。

(11) この範囲は，大阪大都市圏にとどまらず，京都市，神戸市も含めた京阪神大都市圏に相当する部分も含んでいるとみなせる。

(12) 山神・藤井（2015）は，郊外中心性をはかる指標として昼夜間就業者比率を用いている。この指標は，人口ではなく就業者数で昼夜の比率を示しているという点で，昼夜間人口比率よりも就業中心性をより正確に把握できる。本書では，データの入手容易性などを考慮し昼夜間人口比率を用いているが，山神・藤井（2015）による昼夜間就業者比率の地図と比べて大きな違いはみられない。

▒第 2 章

(1) 谷（2002a）は，郊外に居住する地方圏出身者が，高度経済成長期には進学・就職の際にまず中心都市に流入していたのに対し，その後の世代では郊外へ直接流入するようになっていることを明らかにしている。これも，「典型的なプロセス」に該当しない移動パターンである。

(2) 象徴的な郊外が変容しつつあるという指摘は日本だけのものではない。日本の郊外形成に大きな影響を与えたアメリカ合衆国に関しても，白人の子持ち世帯による一戸建て住宅地域という郊外の均質的な性格が，近年は多様化してきているとの報告がなされている（Frey and Berube，2003；Hanlon et al，2006；Lucy and Phillips，2003）。

(3) 後述するように，アンケート調査では，生駒市のほか奈良市西部の一部も含んでいる。

(4) ここでの通勤率とは，ある市町村への通勤者数／当該市町村の常住就業者数× 100 と定義する。

(5) 性別・年齢階級別の通勤者数について，1975 年までは他市区町村への通勤者数が一括して表示されており，県内他市町村と他県に分けて表示されるようになったのは 1980 年以降である。また，1985 年までは，35 歳以上の年齢階級別就業者数は 10 歳間隔でしか把握することができない。

(6) 近年の国勢調査では「不詳」人口が増加している。例えば，生駒市において労働力状態が「不詳」の者の割合は 2000 年には 0.8％であったが，2005 年には 1.1％，そして 2010 年には 3.4％へと上昇している。また 2010 年の国勢調査では，他市区町村で従業する者のうち就業地が「不詳」の者の数が判明するが，生駒市においてその数は889人であり，他市区町村で従業する者の2.4%に相当する。こうしたことから，以下の分析では細かな数字の変化を追うよりも，性別・年齢階級別の大まかな傾向の把握に重きを置くこととした。また必要に応じて，2005年のデータを提示するなどにより「不詳」人口の増加に配慮することとした。

(7) 2010年国勢調査によると，生駒市から他県への通勤者数（2万7331人）に占める大阪府への通勤者数（2万4731人）は90.5%を占めている。

(8) 2000年以降の15歳から24歳の男性における他県への通勤者数の推移を示すと，2000年928人，2005年693人，2010年643人となる。すなわち，2010年の数値に「不詳」人口が少なからず含まれているとしても，2000年以降に当該年齢男性の他県への通勤者数が減少傾向にあることを指摘することは可能と思われる。なお，後述の15歳から24歳の女性における他県への通勤者数は，2000年1449人，2005年1111人，2010年850人であり，男性と同様の指摘が可能である。

(9) 富雄駅，菖蒲池駅は，生駒市に隣接する奈良市西部の駅であるが，生駒駅，東生駒駅と同じ近鉄奈良線で大阪難波まで接続していることやサンプル数の確保を考慮して対象地区とした。なお，富雄駅，菖蒲池駅周辺の分譲マンションへの配布数は884世帯であり，新規開発マンション調査の配布総数の31.4%，3調査の配布総数の10.3%である。

(10) タウンプラスとは，郵送したい町丁目を指定すれば，その地区の配達可能世帯すべてに郵便物が配達されるサービスである。

(11) 質問項目によっては無効回答も存在するため，以下で提示する表のサンプル数は一致しない。これは，次章以降のアンケート調査でも同様である。

(12) 各調査において100%とならないのは，賃貸や借家，社宅・寮などとして居住している人が存在するためである。

(13) 国勢調査の25歳から59歳のデータを新規開発2調査（回答者の年齢が59歳以下）との比較に使用し，同60歳以上のデータを1970年代開発住宅地調査（回答者の年齢が60歳以上）との比較に使用した。先述のように，国勢調査では他県市町村への通勤者数が性別・年齢階級別には公表されていないため，ここでは他県への通勤者を指標としている。

(14) ここでは，アンケート回答者の属する年齢階級と生駒市全体の概要を述べることが目的のため，新規開発2調査を合計したものを示している。両調査の比較は4節以降で行う。

(15) 大阪府他市町村とは，大阪市以外の大阪府内市町村を指す。

(16) 奈良県他市町村とは，生駒市・奈良市以外の奈良県内市町村を指す。

(17) 新規開発2調査における30歳代，40歳代，50歳代は，それぞれ1973年から1982年の出生者，1963年から1972年の出生者，1953年から1962年の出生者に相当する。

回答者の年齢別構成比をみると，新規開発住宅地調査では，男性が29歳以下2.5%，30歳代31.7%，40歳代35.3%，50歳代30.6%，女性が29歳以下3.7%，30歳代32.0%，40歳代34.5%，50歳代29.8%である。同様に新規開発マンション調査では，男性が29歳代以下2.0%，30歳代37.1%，40歳代37.6%，50歳代23.4%，女性が29歳以下5.6%，30歳代37.1%，40歳代35.3%，50歳代21.9%である。郊外出身者は一般に1960年以降出生者において増加したとされることから（Nakagawa，1990），新規開発2調査においてもかなりの部分が郊外第二世代に該当すると考えてよい。

(18) 久保（2015）は，千葉市の幕張ベイタウンの分譲マンション居住者に関する研究で，結婚時までに千葉県内に移動していた世帯が，住宅取得時に幕張ベイタウンへ転居した傾向が強いことを指摘しているが，ここでは分譲マンション居住者のみならず，一戸建て住宅居住者においても同様のことが考えられる結果となった。

(19) 男性の現在の住居への平均入居年齢は，1970年代開発住宅地調査が42.3歳，新規開発住宅地調査が36.0歳，新規開発マンション調査が36.8歳で，1970年代開発住宅地調査のほうが5－6歳年齢が高くなっている。

(20) ただし近年は，分譲マンションであっても定住意識が高く，特に郊外においてその傾向が顕著であることから（久保，2015；富田，2015），この解釈については一定の留保が必要である。

(21) 正規雇用の割合は，1970年代開発住宅地調査82.0%，新規開発住宅地調査94.7%，新規開発マンション調査90.8%である。1970年代開発住宅地調査において正規雇用の割合がやや低いのは，「その他」（自営業など含む）の割合（13.2%）が比較的高いためである。1970年代開発住宅地調査については，3項において，入居直後と現在の比較を行うなかで就業形態別の分析を行う。

(22) 本章や久保（2015），富田（2015）では，通勤先として都市名（または区名）までしか示していないが，愛知県豊橋市の中心市街地に立地するマンション居住者の通勤先を示した大塚（2005）によると，核家族世帯において中心市街地内を通勤先とする割合は，単独世帯（46.2%）ほど高くはないものの30.0%存在した。ただし，愛知県豊橋市と本章の対象地域である奈良県生駒市（および奈良市西部）とでは，都市規模や中心都市への通勤率に大きな差がある点に注意が必要である。

(23) 新規開発2調査の30歳代から40歳代は1963年から1982年出生に相当し，新規開発住宅地調査の男性の66.9%，新規開発マンション調査の男性の74.6%を占める。一方，1980年から1990年，1990年から2000年それぞれの期末年次である1990年，2000年に15歳から24歳に相当するのは，1966年から1985年出生である。

(24) 谷（2002b）は，埼玉県，千葉県，神奈川県に常住する30歳代前半女性の県外通勤率が上昇している要因の一つとして，子どもを持たない夫婦の増加を挙げている。

(25) 「その他」とは，就業者のうち正規雇用，非正規雇用以外の就業形態を指し，これには自営業が多く含まれるため，おそらく自宅を職場としている者も少なからずいると思われる。なお久保（2015）も，幕張ベイタウンの事例で，自営業として自宅を職場とする女性（配偶者）の存在を指摘している。

(26) 入居から本アンケート調査までの間隔が短い新規開発住宅地調査と新規開発マンション調査においても，正規雇用男性の入居直後と現在の大阪市への通勤率をみると，前者では50.3％から46.8％へ，後者では50.1％から44.2％へといずれも低下している。

(27) 生駒市など人口30万未満の都市において，女性労働力率を配偶関係別に把握できるデータは，1995年以降でないと存在しない。そのためここでは，奈良県のデータを用いている。

▩第3章

(1) この近鉄百貨店は，総合スーパーのイオンとともに「ならファミリー」と呼ばれるショッピングセンターに入居するという形式をとっている。

(2) 今回の調査では，同居する子どもなどについては対象外としている。また，未婚者や，配偶者と死別・離別した者については，世帯主の調査票に記入するよう求めた。

(3) 29歳以下の世帯主の未婚率は，男性58.1％，女性97.7％であり，回答者全体の未婚率（男性8.9％，女性45.6％）に比べて著しく高い。

(4) 生駒市におけるアンケート調査（第2章）では，1970年代に開発された一戸建て住宅地の居住者（2012年時点で60歳以上の者）の出身地を調査している（**表2-3**）。これによると，奈良県出身者の割合は男性7.0％，女性7.6％，京阪神圏以外の出身者の割合は男性34.5％，女性34.4％と，本章の対象地域である大和西大寺駅周辺に比べ，奈良県出身者が少なく，京阪神圏以外の出身者が多い。

(5) 人口の郊外化がすすむ以前からの居住者は，これまでの研究では，混住化がすすむ農村集落において，新住民と対比される形で把握されてきた（高橋，1997）。

(6) 西田（1969）によると，大和西大寺駅周辺には，1960年代以降に社宅の立地がすすんだ。

(7) ただし，住宅双六の「あがり」である一戸建て住宅を求める動き自体が弱まっていることも指摘しておく必要がある。

(8) 持ち家一戸建て住宅に居住する男性就業者について，就業形態別に60歳以上の割合をみると，正規雇用では14.8％（54人中8人）であるのに対し，自営業では84.3％（51人中43人）と高い。

(9) このような特徴は，必ずしも本対象地域に特有のものではなく，1970年代に開発された一戸建て住宅地においても，高齢者となった自営業者の近隣就業がみられた（第2章）。

(10) 筆者は，岐阜県御嵩町を事例に，高卒の男性において，居住地から通勤可能な範囲の製造業に新規就職することが多いことを指摘した（稲垣，2001）。ただし，本章のアンケート調査では，学歴や産業については尋ねていないため，上記の点は判明しない。

(11) 60歳以上の男性の自営業者割合を出身地別にみると，奈良県出身者48.3%，県外出身者39.4%と，奈良県出身者のほうがやや高い。

(12) 60歳以上の女性回答者において，自営業以外の就業者36人のうち77.8%（28人）が非正規雇用である。また，2012年就業構造基本調査によると，奈良市の65歳以上の女性の場合，非正規雇用の60%をパートが占めている。

(13) 60歳以上の男性回答者において，自営業以外の就業者73人のうち非正規雇用は43.8%（32人）と，女性に比べると低い。また60歳以上にもかかわらず，男性には正規雇用が31.5%（23人）存在する。さらに，2012年就業構造基本調査によると，奈良市の65歳以上の男性において，非正規雇用に占める嘱託の割合は，27.8%で最大となっている。女性において割合の高かったパートは22.2%にとどまる。

第4章

(1) 藤井（1989）や香川（2006）も同様に，木津川市（合併前の旧山城町，旧木津町，旧加茂町）を大都市圏外縁部と位置づけている。

(2) 藤井（1989）によると，1987年時点の南加茂台の居住者は6755人であった。

(3) 旧木津町の人口増加率は，1985－1990年40.9%，1990－1995年14.2%，1995－2000年26.8%，2000－2005年16.2%，2005－2010年17.6%，2010－2015年は10.0%と推移している。

(4) 木津川市内出身者の割合は以下の通りである，旧山城町の50歳代以下男性59.0%，60歳代以上男性63.3%，50歳代以下女性28.2%，60歳代以上女性41.8%，梅美台の50歳代以下男性9.3%，60歳代以上男性4.7%，50歳代以下女性12.0%，60歳代以上女性3.0%。

(5) 梅美台の最寄り駅は，JR関西本線の平城山駅もしくは木津駅であるが，これらの駅と梅美台を結ぶバス路線は限定的である。これに対し，近鉄京都線の高の原駅や近鉄奈良線の近鉄奈良駅との間の路線バスの本数は，通勤時間帯を中心に多く存在する。このため，梅美台は，木津川市内よりも奈良市内との公共交通によるアクセスが良いといえる。

(6) **表4-10**において，本アンケート調査の「その他」の大半は，奈良市を除いた奈良県内（奈良県その他）である。

(7) 梅美台における60歳代以上女性の大阪市への通勤率が15%となっているが，サンプルが非常に小さいことに注意が必要である。

(8) パート・アルバイト（派遣・嘱託含む）の割合は以下の通りである。旧山城町の50歳代以下男性1.5%，60歳代以上男性30.1%，50歳代以下女性49.3%，60歳代以上女性41.5%，梅美台の50歳代以下男性0.8%，60歳代以上男性44.1%，50歳代以下女性59.6%，60歳代以上女性71.4%。なお，60歳代以上男性において割合が高いのは，嘱託として就業する割合が高いためであると考えられる。

(9)　ここでは，比較のために男性の正社員についても示してある。また，女性の正社員とパート・アルバイト以外は，サンプルの関係で省略してある。

第5章

(1)　東京都心においては，統計によって就業者数の増減に差違がみられるとの指摘がある。東京都心における就業者数の変化を検討した坪本（2014）は，事業所・企業統計による都心就業者数が，国勢調査ほど顕著な減少を示していないことを明らかにしている。

(2)　ただし，第2章や第3章でも述べたように，郊外においても近年は多様化がすすんでおり，住宅双六のあがりとはいえなくなってきているのも事実である（中澤・佐藤・川口，2008；Frey and Berube，2003；Hanlon et al，2006；Lucy and Phillips，2003）。

(3)　富田（1995）が示す大都市圏構造の変化に関する模式図にもあるように，通勤流動の変化は，その前段階である雇用分布の変化によって生じる現象である。

(4)　大阪市内においては，福島区，西区，天王寺区，浪速区，北区，中央区の6区を都心とみなすことが多い。例えば，徳田・妻木・鰺坂（2009）は，都心の条件として①大阪市の中心部に地理的に近いこと，②域内面積における商業地の割合が高いこと，③1990年代後半以降の人口増加が著しいことを挙げ，これに合致する上記6区を都心と定義している。實（2007）も，上記6区を都心と定義し，当該地域を対象としたアンケート調査を実施している。この定義は大阪市の行政においても採用されており，高山（2007）は，この定義に基づいた大阪市の行政資料を利用して，上記の都心6区における民間分譲マンションの供給戸数や人口移動について分析している。これらをふまえ，本章においても上記6区を都心とみなすこととする。

(5)　例えば，1970年の15－24歳人口は1980年の25－34歳人口と比較される。なお，期末年次に5－14歳であるコーホートは，期首年次には出生していない者を含むため，期末年次の人口の実数を示している。

(6)　藤塚（2017）は，福島区におけるこのような状況を，ジェントリフィケーションの観点から考察している。

(7)　ここでの常住就業者数の合計からは，就業地不詳は除外してある。その上で常住就業者の合計をみると，都心における人口回復が顕著になった2000年代（**表5-1**）においても，都心6区では0.8％減少しており，福島区でもわずか2.0％の増加にとどまる（**表5-4**）。これは，2010年国勢調査において就業地不詳が非常に多いことが影響している。

(8)　石川（1990）は，1960年から1985年までの国勢調査をもとに京阪神大都市圏における市町村間の平均通勤距離を算出し，同時期に都心居住者の平均通勤距離が増加したことを明らかにしている。

(9) JR福島駅とJR新福島駅に挟まれた福島5丁目や，物流関連施設の多い福島6丁目は，対象者となり得る居住者は少ないと思われるため，対象から除外してある。

(10) 比較する国勢調査のデータ範囲は，アンケート調査地区と一致させてある。

(11) ホワイトカラーは管理，専門技術，事務，グレーカラーは販売，サービス，ブルーカラーは生産工程，輸送・機械運転，建設・採掘，運搬・清掃・包装等をそれぞれ合計したものである。

(12) 国勢調査では，法人化した自営業主は「役員」であり，職業分類上「管理職」に分類される。ただし，本アンケート調査では，自営業について，法人化の有無や自営業主であるかどうかは尋ねていないため，国勢調査の職業分類に厳密に合わせることはできない。そのため，自営業については別に示した。

(13) 世帯主の居住形態別の構成比をみると，賃貸住宅34.9%（234人），分譲マンション41.6%（279人），持ち家一戸建て15.1%（101人）と，これら3形態で9割を超えている。これらに次ぐ社宅・寮・官舎はわずか4.2%（28人）であり，分析するのに十分なサンプル数ではない。このため，以下の居住形態別の分析では，賃貸住宅，分譲マンション，持ち家一戸建てを取り上げることとし，これ以外は「その他」として一括する。

(14) 富田（2015），實（2007）の大阪市都心におけるアンケート結果をみると，分譲マンションの世帯主に占める60歳以上の割合は，それぞれ28.0%（271人中76人），38.2%（34人中13人）であり，ここでの結果と同様，60歳以上の世帯主割合が低くないことを示している。

(15) 回答者における年齢階級別の自営業者割合を示すと，男性では29歳以下3.4%，30歳代5.1%，40歳代9.0%，50歳代13.9%，60歳代37.1%，70歳代37.8%，女性では29歳以下0.0%，30歳代1.6%，40歳代12.1%，50歳代8.9%，60歳代31.4%，70歳代34.6%となる。

(16) 本アンケート調査における居住形態別の女性割合を示すと，賃貸住宅60.4%，分譲マンション54.6%，持ち家一戸建て50.3%，その他47.5%となる。

(17) 国勢調査では，賃貸住宅の世帯員数を性別に把握するデータが政令指定都市の行政区レベルでは公表されていない。そこで大阪市全域での例となるが，2000年から2010年にかけての「民営の借家」の世帯員数は，男性では8.2%（5万1596人）の減少，女性では22.8%（5万506人）の増加であり，女性が賃貸住宅に多く入居してきたことが推察される。

(18) **表5-8**でみたように，女性においては賃貸住宅居住者も職住分離傾向にあった。これは，賃貸住宅の女性に専門技術・事務職の割合が高いことが関係しているのかもしれない。

(19) 本アンケート調査においても，自営業主の場合，職業についての質問に管理職と回答している可能性もある。実際，管理職と回答した141人のうち11人は通勤時間0分と回答しており，職住一体的な自営業主が管理職の中に含まれている可能性は高い。こうしたことをふまえると，本アンケート調査においても，自営業主を除いた場合の管理職の都心就業率は，さらに低くなると考えられる。

(20)　ここで用いている統計は国勢調査である。従業上の地位において「雇人のある業主」，「雇人のない業主」，「家族内職者」を合計したものを自営業者としている。

(21)　国勢調査では，法人化した自営業主は「役員」としてカウントされるため，同調査による自営業者数には注意が必要である。そこで，全国の数値のみとなるが，鄭(2002)の推計方法にならい，経済センサス（事業所・企業統計調査）の従業員規模別役員数の比率を国勢調査の役員数に適用することで，従業員数9人以下の事業所（大都市都心の自営業の規模に相当）の役員数を推計した。この役員数を法人化した自営業者数とみなすと，2000年から2010年にかけてその数はわずか10.4%の減少にとどまっている。すなわち，法人化した自営業者も含めて考えると，自営業者の減少の程度はさらに小さいものになるといえる。

(22)　この点については，加齢により高齢者となった自宅就業者が廃業する一方で，若年起業家が自宅外に拠点を設けて活動している可能性も挙げることができる。ただし，先に述べたように，若年層による自営業への新規参入は，以前ほどはすすんでいないという事実も指摘しておく。

(23)　国勢調査では，政令指定都市の行政区レベルで年齢階級別の就業地をみる場合，大阪市内を都心6区とそれ以外に区別することができない。そのためここでは，「自宅就業者」，「大阪市外への通勤者」のみを示す。

(24)　ホワイトカラーについて，2000年から2010年にかけての従業地ベース就業者数の変化を示すと，管理職では都心6区が−33.7%，都心6区を除く大阪市内が−26.0%，大阪市外が−20.6%，専門技術・事務職では都心6区が−8.8%，都心6区を除く大阪市内が−7.9%，大阪市外が−4.5%であり，いずれも減少率において，都心6区が高く，大阪市外が低い。

(25)　大阪市外においてはグレーカラーの就従比が上昇しているが，これは都心居住のグレーカラーによる大阪市外への通勤者を増加させるとは必ずしもいえない。拙著（稲垣，2011a）で明らかにしたように，郊外で増加したグレーカラー雇用には，近隣の郊外居住者が吸収される傾向が強いためである。

(26)　**表5-12**をもとに，近畿圏の従業地ベース就業者に占める大阪市外の就業者の割合（2010年）を職業別に算出すると，管理職では72.8%，専門技術・事務職では74.4%，グレーカラーでは76.2%であるのに対し，ブルーカラーでは84.9%と非常に高い。

▩第6章

(1)　相楽ニュータウンの開発が遅れた要因として，近鉄奈良線沿線などにおいてすでに都市的開発のすすんでいた奈良市とは対照的に，当時の京都府側（南山城地域）には都市化の波は及んでおらず，開発に対する意識が十分に浸透していなかったことや，広域計画や都市計画を策定するための時間が必要であったことなどが挙げられる（杉本，1995；山田・大木，1979）。

(2)　すなわち，買い物行動の時間的変化を考察できるのは，1980年以前入居者については3時点，1981－95年入居者については2時点であり，1996年以降入居者は調査時点（2016年）の情報が得られるのみで，時間的変化を考察することはできない。

(3)　アンケート調査では，高級服，普段着のほかに生鮮食料品についても尋ねたが，ほかの2品目に比べて各時点間や入居時期による差異が小さく，縦断分析の対象として取り上げる必要性が小さいと考えられる。そのため，生鮮食料品についてはここでは取り上げない。

(4)　商業動態統計によれば，大阪大都市圏（データの制約上，ここでは経済産業省近畿経済産業局管内）における百貨店（衣料品）の販売額は，1991年の1兆2703億円をピークにその後減少していくが，1990年代で下げ止まることはなく，2000年代以降もさらに減少がすすんだ。この趨勢は，本調査における高級服と普段着の百貨店利用割合の推移とある程度対応しているとみることができる。すなわち，普段着の百貨店利用割合のみが低下した1990年代に対し，2000年代以降は普段着のみならず高級服にも百貨店利用割合の低下が及んだため，百貨店の販売額が1990年代よりもさらに減少していったと解釈できる。ただしこの解釈は，百貨店利用者のうち郊外居住者の側のみからみたものである。

(5)　今回のアンケート調査では，衣料品専門店であっても，総合スーパーを核店舗とするショッピングモール内に入居している店舗を利用する場合は総合スーパーとして記入してもらっているため，衣料品専門店の利用が過小評価されている可能性もある。

(6)　平城ニュータウンの東側にはJR関西本線・平城山駅が存在するが（**図6-1**），JR関西本線の運行本数は近鉄線に比べて格段に少なく，平城ニュータウンを走行するバス路線の大半は高の原駅と接続し，平城山駅とはほとんど接続していない。このため，JR関西本線を利用して大阪市内へ向かう平城ニュータウン居住者は少ないと考えられる。このことは，JR関西本線のターミナルである天王寺駅周辺で買い物をする割合（ここでは「大阪市その他」に含まれる）が小さいことからも推察できる。

(7)　1989年に，百貨店の奈良そごうが新大宮駅から西に約1㎞のところに開店しているが，奈良そごうの立地場所を含む平城・相楽NT周辺市町村の割合はさほど高くはなく，難波・心斎橋と大和西大寺駅を核とする買い物行動パターンに大きな変化はない。なお，奈良そごうは2000年に閉店し，その場所に2003年に出店した総合スーパーのイトーヨーカドー（**図6-1**）も2017年に閉店した。

(8)　1981－95年入居者については，期首である1980年の買い物場所のデータが存在しないため取り上げることはできない。

(9) 一方，より最近では，活発なインバウンド消費によって難波・心斎橋の再生が指摘されることもある（日高，2017）。

(10) 1996年以降入居者については，期首である1995年の買い物場所のデータが存在しないため取り上げることはできない。

(11) 1980年以前入居者の通勤者数が44人と非常に少ないのは，多くが60歳以上であり退職しているためである。

(12) 1995年時点の普段着の買い物において，平城・相楽NT周辺市町村における自家用車の利用割合は77.6%と最も高い。一方，平城・相楽NTは，自家用車の利用割合が62.2%であるのに対し徒歩が17.3%と高く，難波・心斎橋は，自家用車の利用はわずか13.8%であり，鉄道の利用が78.5%と圧倒的に高い。

(13) この理由として，1980年以前入居者において年齢層が高く，車の運転が困難な高齢者が含まれている可能性があることや，1980年以前入居者が入居した当時はまだ自家用車の普及率が低かったことなどが挙げられる，

(14) 高級服では，1980年から1995年にかけては平城・相楽NTの利用割合に大きな変化はみられなかったことから（**表6-4**），サンタウンは，高級服ではなく普段着を中心とした品揃えを充実させた店舗であったと推察される。

▒第7章

(1) このアンケート調査は，王寺町と奈良大学による包括連携協定の一環として，王寺町内における65歳以上高齢者の買い物環境を把握するために実施したものである。

(2) 本章の分析では，外出支援事業については取り上げていない。

(3) 現在，JR関西本線（大和路線）によって王寺駅と天王寺駅が約20分で結ばれている。

(4) 売場面積1万㎡以上の大型店のみ，王寺町隣接市町村についても示した。

(5) 旧住宅地区では，確かに「ほぼ毎日」の割合は男性のほうが高いものの，「週1回以下」の割合も男性のほうが高い。つまり，旧住宅地区が，他の地区とまったく対照的に「男性の買い物頻度が高い」とはいえない。

(6) 回答者に占める70歳以上の割合は，駅前地区74.4%，伝統的集落75.6%，旧住宅地区77.0%，新住宅地区59.3%と，新住宅地区において特に低い。

(7) 伝統的集落にコンビニが1店舗立地しているものの（**図7-1**），先述のように王寺町内のコンビニは，生鮮食料品の購入先としての機能をほぼ有していない。

(8) 居住地区内で生鮮食料品を購入すると回答した人に絞ってその交通手段をみても，駅前地区では「徒歩・自転車」が91.8%に達するのに対し，新住宅地区では「徒歩・自転車」は39.1%にすぎず，「自家用車」が58.6%にも及ぶ。

(9) 唯一の例外として，旧住宅地区の男性においては，所要時間10分以上の割合が，徒歩・自転車66.7%，自家用車72.7%と，徒歩・自転車よりも自家用車の所要時間が

長くなっている。ただし，旧住宅地区において徒歩・自転車と回答した人数はわずか3人であることに留意する必要がある。

(10) 移動販売車の停留所の分布と，移動販売を必要とする人々の居住地との関係について検討したものに岩間・田中・駒木ほか（2016）がある。

(11) これまで移動販売については，複数の地域にまたがって移動販売を行う場合の営業許可手続きや，移動販売車における流水式手洗設備の設置に対して国による規制がかけられてきたが，買い物困難者の増加に対処するため，2017年に上記の規制を緩和する通知が厚生労働省よりなされた。

(12) 買い物環境とは無関係な記述（買い物以外の生活に関する記述，アンケート調査への意見など）は含まない。

(13) **表7-6**では，サンプルの関係上，食料品店と総合スーパーを区分せず，すべての店舗の新設に関する自由回答を一つにまとめてある。

(14) 実際，**表7-8**の8-4の記述にある南元町バス停から王寺駅へ向かうバス路線は，9時台から16時台までは1本も走行していない。

(15) 王寺駅前の総合スーパーである西友は，地上3階，地下1階の立体構造，売り場面積は1万2496㎡に及ぶ。

(16) 各地区のアンケート回答者に占める単独世帯の割合は，駅前地区24.1%，伝統的集落9.5%，旧住宅地区17.4%，新住宅地区7.6%と，駅前地区において特に高い。

(17) 南元町には，小売店舗の立地が可能な第1種住居地域に指定されている地区が存在するが，これは食料品店の進出を想定した用途地域設定であった。しかし，食料品店の進出が思うようにすすまず，結果として同地区には一戸建て住宅が建設された（王寺町役場への聞き取りより）。

▩第8章

(1) 1999年に開業したアルプラザ木津（売り場面積1万3130㎡）は，近鉄山田川駅に近接して立地しているが，754台が収容できる大規模駐車場が併設されており，郊外型の店舗とみなせる。2005年に開業したアピタ精華台店（売り場面積2万1762㎡）は，関西文化学術研究都市（けいはんな学研都市）の中核地区である精華・西木津地区に位置する。近隣に鉄道駅はなく，2000台が収容可能な大規模駐車場を併設した郊外型店舗の典型である。

(2) アンケート対象地区に位置する梅美台小学校，山城中学校を，それぞれ梅美台，旧山城町の代表地点とし，Google mapによって各地点から主要商業施設までの所要時間を計測した。計測日時は，2020年3月24日（火）13時である。

(3) 第6章でも述べたように，売り場面積においてイオン高の原（売り場面積3万9950㎡）とサンタウン高の原（売り場面積9509㎡）では大きく異なっており，衣料品の品揃えにも大きな差異がある。

(4) 自家用車を利用する割合は，普段着においては，旧山城町の男性 92.5％，女性 81.0％，梅美台の男性 94.7％，女性 91.2％であり，生鮮食料品においては，旧山城町の男性 92.8％，女性 81.5％，梅美台の男性 93.4％，女性 92.7％である。

(5) 特に，サンプルが非常に少ない梅美台の 60 歳代以上をみる際には注意が必要である。

(6) 高の原駅は奈良市に立地している駅であるが，木津川市に接する位置にある。そのため実際には，アンケート回答者が，高の原駅周辺に立地する商業施設の位置する場所が，奈良市，木津川市いずれと認識しているかは曖昧であると考えられる。ちなみに，高の原駅周辺の主な商業施設のうち，サンタウン高の原は奈良市に立地し，イオン高の原は木津川市と奈良市にまたがって立地している。

(7) **表 8-7** によれば，大都市（大阪市，京都市）へは鉄道利用割合が高いものの，自家用車利用割合も一定程度ある。

(8) 山城中学校を起点として自家用車を利用すると，心斎橋駅（大阪市）までは 41km，四条河原町（京都市）までは 38km である。

▩第 9 章

(1) 実際のアンケート調査では，生鮮食料品，子供服，家庭用電気製品，日用品，医薬品など幅広い商品が調査されているが，「大阪都市圏住民の買物行動」には，これらの商品の調査結果は示されていない。

(2) 「大阪都市圏住民の買物行動」の回答者は，各世帯の配偶者に相当すると思われる主婦である。つまり，紳士服（男子洋服）の購入についても，着用する男性ではなく主婦の買い物行動が調査されている。これに対し，後述する筆者のアンケート調査では，世帯主，配偶者それぞれに回答を求めており，男性は，自ら着用する衣類の買い物行動を回答することになる。このように，男性用の衣類の購入について，「大阪都市圏住民の買物行動」と筆者アンケート調査を単純に比較することはできないため，ここでは，主婦が自ら着用すると思われる婦人服のみを取り上げることにする。

(3) 第 6 章の平城ニュータウン居住者の事例（女性）をみると，1980 年から 1995 年にかけての「難波・心斎橋」の割合低下は，ここでみる都心居住者の事例ほど大きなものではなかった。本章で取り上げているデータは横断データであり，平城ニュータウンのような縦断データとでは直接の比較はできないので，ここでは事実の提示にとどめておきたい。

(4) 「上六・鶴橋」エリアのうち，特に上六地区の主要な商業施設（近鉄百貨店上本町店など）は，行政上は天王寺区に位置するものの，中央区に隣接するという地理的特性ももっている。そのため，中央区居住者のうち，上六地区付近に居住する人々が，「難波・心斎橋」から「上六・鶴橋」へと買い物先を変更したとの解釈もできる。

(5) 「難波・心斎橋」地区には，もう一つの中心駅として難波駅が存在するが，アンケート対象地区の居住者が難波駅に向かう場合は，大阪メトロを利用し心斎橋駅で乗り換えることになる。また難波駅は，心斎橋駅から南にわずか1駅（徒歩10分）であり，難波駅周辺で買い物をする場合，心斎橋駅でわざわざ乗り換えず，心斎橋駅で降りて難波駅方面へ徒歩で向かうことも十分に考えられる。以上から，ここでは心斎橋駅を「難波・心斎橋」地区の中心駅として代表させることとする。ちなみに，「難波駅」は鉄道会社によって呼び名が異なっており，南海，大阪メトロは「難波駅」，近鉄，阪神は「大阪難波駅」，JRは「JR難波駅」である。南海，大阪メトロは平仮名で「なんば駅」と表記されることもある。

(6) **表9-11**では，2000年時点と2019年時点の両方ともに回答した者のみが対象であるため，**表9-8**における1999年以前（入居者）の数値とは一致しない。

文献一覧

浅川達人（2013）.〈つながり〉の位相とフードデザート問題―東京都港区と鹿児島県南大隅町佐多地区を事例として―. 研究所年報（明治学院大学社会学部付属研究所）, 43, 147-156.

浅川達人・岩間信之・田中耕市・駒木伸比古（2016）. 地方都市におけるフードデザート問題―都市・農村混在地域における実証研究―. 都市社会学会年報, 34, 93-106.

鯵坂　学・上野淳子・丸山真央・加藤泰子・堤圭史郎・徳田　剛（2014）.「都心回帰」時代の東京都心部のマンション住民と地域生活―東京都中央区での調査を通じて―. 評論・社会科学, 111, 1-112.

阿部和俊（2007）. 世界都市東京の都市景観の特徴. 阿部和俊編『都市の景観地理　日本編1』古今書院, 43-46.

天野秀彦（2004）. チェーンストア業態の経営構造と出店行動―総合スーパー業態を事例に―. 荒井良雄・箸本健二編『日本の流通と都市空間』古今書院, 91-110.

荒井良雄（1979）. 地方中心都市周辺地域における購買行動の要因分析―新潟県豊栄市の事例―. 経済地理学年報, 25(1), 14-31.

荒井良雄（1981）. 大都市圏における小売商業の立地動向と大規模小売店の役割. 人文科學科紀要. 人文地理学, 7, 15-40.

有留順子・小方　登（1997）. 性差からみた大都市圏における通勤パターン―大阪大都市圏を事例として―. 人文地理, 49, 47-63.

生田真人（1991）.『大都市消費者行動論―消費者は発達する―』古今書院.

生田真人（2008）.『関西圏の地域主義と都市再編』ミネルヴァ書房.

生田真人・篠崎広靖（1987）. 地域の変化と消費者買物行動の把握に関するノート―藤沢市を事例として―. 理論地理学ノート, 5, 43-50.

石川雄一（1990）. 通勤距離の変動からみた京阪神大都市圏における構造変容. 人文地理, 42, 355-369.

石川雄一（1991）. 京阪神大都市圏周辺地帯における通勤流動の変化と社会・経済的地域構造. 経済地理学年報, 37, 277-292.

石川雄一（1997）. 大都市圏における多核化の展開と通勤流動パターンの変化―京阪神大都市圏における1980-90年の動向―. 金沢経済大学経済研究所年報, 17, 23-47.

石川雄一（2008）.『郊外からみた都市圏空間―郊外化・多核化のゆくえ―』海青社.

石原　肇（2014）. 都心にみどりを―東京都におけるみどりの現状と創出―. 地理, 59(4), 40-47.

岩動志乃夫（2005）. 秋田市における手形山団地と御野場団地の居住者の消費者購買行動.

秋田地理, 25, 21-32.
市南文一・星　紳一（1983）. 消費者の社会経済的属性と買物行動の関係―茨城県茎崎村を事例として―. 人文地理, 35(3), 193-209.
伊東　理（1978）. 大都市圏におけるスーパーの展開と立地―京阪神大都市圏の場合―. 人文地理, 30(6), 481-501.
伊藤健司（2007）. 市場の多様化と商業立地の多極化. 林上編著『現代都市地域の構造再編』原書房, 51-80.
伊藤修一（2001）. 千葉ニュータウン戸建住宅居住世帯の居住地選択―夫と妻の意思決定過程への関わり方を中心として―. 地理学評論, 74A, 585-598.
伊藤達也（1984）. 年齢構造の変化と家族制度からみた戦後の人口移動の推移. 人口問題研究, 172, 24-38.
稲垣　稜（2001）. 名古屋大都市圏外部郊外における通勤流動の変化―岐阜県御嵩町を事例に―. 人文地理, 53, 55-72.
稲垣　稜（2011a）.『郊外世代と大都市圏』ナカニシヤ出版.
稲垣　稜（2011b）. 郊外の誕生・現在・今後. 都市研究（近畿都市学会）,11, 19-26.
岩瀬寛之（1999）. 郊外住宅地域における高齢化と居住様式―住宅団地とミニ開発地区との比較―. 金沢大学文学部地理学報告, 9, 1-15.
岩間信之（2004）. 大都市圏における百貨店の特性と商圏構造. 荒井良雄・箸本健二編『日本の流通と都市空間』古今書院, 15-33.
岩間信之編著（2013）.『改訂新版フードデザート問題―無縁社会が生む「食の砂漠」―』農林統計協会.
岩間信之編著（2017）.『都市のフードデザート問題』農林統計協会.
岩間信之・浅川達人・田中耕市・駒木伸比古（2015）. 高齢者の健康的な食生活維持に対する阻害要因の分析― GIS およびマルチレベル分析を用いたフードデザート問題の検討―. フードシステム研究, 22, 55-69.
岩間信之・浅川達人・田中耕市・駒木伸比古（2016）. 食料品アクセスおよび家族・地域住民との繋がりを指標としたフードデザートの析出―地方県庁所在都市の都心部における事例研究―. E-journal GEO, 7, 70-84.
岩間信之・佐々木　緑・田中耕市・駒木伸比古・浅川達人（2012）. 東日本大震災被災地における食料品小売業の復興プロセスと仮設住宅居住者の生活環境問題. E-journal GEO, 7, 178-196.
岩間信之・田中耕市・駒木伸比古・池田真志・浅川達人（2016）. 地方都市における低栄養リスク高齢者集住地区の析出と移動販売車事業の評価―フードデザート問題研究における買い物弱者支援事業の検討―. 地学雑誌, 125, 583-606.
岩間信之・田中耕市・佐々木　緑・駒木伸比古・齋藤幸生（2009）. 地方都市在住高齢者の「食」を巡る生活環境の悪化とフードデザート問題―茨城県水戸市を事例として―. 人文地理, 61, 139-156.

碓井照子（1984）. 大都市圏内における周辺都市域の研究（1）―大阪大都市圏のサブシステムと奈良盆地の地域構造―. 奈良大学紀要 , 13, 38-53.
大阪市総合計画局（1971）.『都心居住者実態調査報告書―大阪市における人口ドーナッツ化現象の分析―』大阪市総合計画局 .
王寺町史編集委員会編（2000）.『新訂　王寺町史　本文編』王寺町 .
大田一典（1985）. 通勤流動からみた京阪神大都市圏の構造変容―第 3 次産業就業者を対象として―. 人文論究 , 35(1), 165-190.
大塚俊幸（2005）. 豊橋市中心市街地におけるマンション供給と居住地選好 . 地理学評論 , 78(4), 202-227.
大塚俊幸（2015）. ポスト成長社会における名古屋大都市圏郊外の居住地選好 . 日野正輝・香川貴志編『変わりゆく日本の大都市圏』ナカニシヤ出版 , 129-147.
香川貴志（1984）. 都心部における民間集合住宅の立地―名古屋市を例として―. 人文地理 , 36(4), 362-375.
香川貴志（1988）. 高層住宅の立地にともなう都心周辺部の変化―大阪市西区におけるケーススタディー―. 地理学評論 , 61(4), 350-368.
香川貴志（1989）. 高層住宅居住者の属性に関する一考察―大阪市西区におけるケーススタディー―. 立命館地理学 , 1, 111-120.
香川貴志（2001）. ニュータウンの高齢化―シルバータウン化する千里ニュータウン―. 吉越昭久編『人間活動と環境変化』古今書院 , 139-154.
香川貴志（2005）. 岡山市の都心立地型超高層分譲マンションにみる居住者の所属性と居住環境評価 . 日本都市学会年報 , 38, 130-137.
香川貴志（2006）. 従業地からみた郊外地域の特性―京都府相楽郡山城町・木津町・加茂町の比較研究―. 京都教育大学紀要 ,108, 133-142.
香川貴志（2007）. 札幌市中央区における分譲マンション供給の特徴―バブル期前後の比較考察を中心として―. 人文地理 , 59(1), 57-72.
香川貴志（2014）. 都市で暮らす象徴としての「都心居住」. 地理 , 59(4), 14-22.
香川貴志（2019）. 京阪神大都市圏外縁部における戸建住宅地の変化―京都府木津川市南加茂台を事例として―. ジオグラフィカ千里 , 1, 145-160.
角野幸博（2000）.『郊外の 20 世紀―テーマを追い求めた住宅地―』学芸出版社 .
角野幸博（2010）. 人口減少過程における居住地再編の課題―郊外とまちなかとの接合の可能性について―. 住宅総合研究財団研究論文集 , 36, 19-31.
金澤誠一（2009）. 都市中心部の自営業層の営業とくらしの実態―コミュニティを支えてきた自営業層の現状と課題―. 佛教大学総合研究所紀要 , 16, 193-209.
金子　淳（2017）.『ニュータウンの社会史』青弓社 .
神谷浩夫（1983）. 名古屋市における女性の就業構造と通勤行動 . 経済地理学年 , 29, 247-258.
川相典雄（2005）. 大都市圏中心都市の人口移動と都心回帰 . 経営情報研究（摂南大学）, 13

(1), 37-57.

川口太郎（1992）. 郊外地域における生活行動圏に関する考察 . 地域学研究 , 5, 83-99.

川口太郎（1997）. 郊外世帯の住居移動に関する分析―埼玉県川越市における事例―. 地理学評論 , 70A, 108-118.

川瀬正樹（1997）. 世帯のライフステージから見た千葉県柏市における既婚女性の通勤行動の変化 . 地理学評論 , 70A, 699-723.

北畠潤一（1981）. 奈良盆地の北西部丘陵における住宅地化―1965 ～ 1976 年―. 地理学評論 , 54, 437-447.

久木元美琴（2016）.『保育・子育て支援の地理学―福祉サービス需給の「地域差」に着目して』明石書店 .

久保倫子（2014）. 東京湾岸地域のタワーマンションの隆盛と住民のくらし . 地理 , 59(4), 23-31.

久保倫子（2015）.『東京大都市圏におけるハウジング研究―都心居住と郊外住宅地の衰退―』古今書院 .

熊野貴文（2018）. 大阪大都市圏郊外外圏における新設住宅の立地からみた都市構造の変化―奈良県桜井市を事例に―. 人文地理 , 70, 193-214.

桑原芳哉・富田和暁（1984）. 東京大都市圏における通勤移動からみた結節地域構造の変化 . 横浜国立大学人文紀要第一類（哲学・社会科学）, 30, 33-59.

小泉　諒・西山弘泰・久保倫子・久木元美琴・川口太郎（2011）. 東京都心湾岸部における住宅取得の新たな展開―江東区豊洲地区の超高層マンションを事例として―. 地理学評論 , 84(6), 592-609.

古賀慎二・矢野桂司・中谷友樹（2004）. 大都市圏周辺部における商業環境と消費者購買行動の変化―滋賀県草津市を例として―. 立命館地理学 , 16, 19-39.

小金澤孝昭・小野洋平（2016）. 仙台市における高齢者の店舗選択行動―中山地区を事例として―. 宮城教育大学紀要 , 50, 25-35.

小林崇人（2011）. 新潟市中心部における分譲マンション供給と居住者特性 . 駒澤地理 , 47, 83-102.

小堀　昇・杉浦芳夫（1995）. 多摩ニュータウンにおける商業地区と消費者の購買行動―“第四の山の手”あるいはノン・カテゴリー・シティの相貌―. 理論地理学ノート , 9, 19-60.

駒木伸比古（2004）. 通勤・消費行動からみた東京大都市圏の空間構造 . 新地理 , 52, 1-15.

駒木伸比古（2010）. 徳島都市圏における大型店の立地展開とその地域的影響―大型店の出店規制に着目して―. 地理学評論 , 83(2), 192-207.

駒木伸比古・李　虎相・永村恭介・小野沢泰子（2008）. 茨城県筑西市下館地区における買物行動の変容と現状―生鮮食料品を事例として―. 地域研究年報 , 30, 143-159.

崔　唯爛・鈴木　勉（2012）. 高齢者に着目した食料品購買行動と利便性の意識に関する研究 . 都市計画論文集 , 47(3), 271-276.

榊原彰子・松岡恵悟・宮澤　仁（2003）. 仙台都心部における分譲マンション居住者の特性と都心居住の志向性 . 季刊地理学 , 55(2), 87-106.

坂西明子（2007a）. 女性の就業と通勤形態に関する考察 . 生活経済学研究 , 26, 77-83.

坂西明子（2007b）. 性別にみた就業活動空間と通勤交通行動 . 応用地域学研究 , 12, 95-108.

椎野亜紀夫・中村　攻・木下　勇・齋藤雪彦（2001）. 既成住宅地における高齢者の生活管理外出の圏域特性に関する研究 . ランドスケープ研究 , 64, 815-820.

實　清隆（1974）. 都市スプロールの社会経済的構造―大阪市近郊寝屋川市の例―. 経済地理学年報 , 20, 34-60.

實　清隆（2004）.『都市計画へのアプローチ―市民が主役のまちづくり―』古今書院 .

實　清隆（2007）. バブル崩壊後における地価下落と大都市での都心回帰現象に関する研究―大阪都市圏の例―. 総合研究所所報（奈良大学）, 15, 21-34.

杉田　聡（2008）.『買物難民―もうひとつの高齢者問題―』大月書店 .

杉田　聡（2013）.『「買い物難民」をなくせ !―消える商店街、孤立する高齢者―』中央公論新社 .

杉本景久（1995）. 相楽ニュータウンまちづくりのあゆみ . 住宅・都市整備公団調査研究期報 , 108, 51-75.

鈴木　勉（2012）. ニュータウン縮小期の商業施設の立地変化による高齢者の購買難民化 . ユニベール財団編『豊かな高齢社会の探求 調査研究報告書 Vol.20　CD-ROM 版』ユニベール財団 .

関　満博（2015）.『中山間地域の「買い物弱者」を支える―移動販売・買い物代行・送迎バス・店舗設置―』新評論 .

千田正美（1978）.『奈良盆地の景観と変遷』柳原書店 .

高野誠二（2004）. 日本における都市中心部の構造変容―鉄道駅周辺地区と中心街の関係から . 季刊地理学 , 56, 225-240.

高橋　誠（1997）.『近郊農村の地域社会変動』古今書院 .

高山正樹（2007）. 大阪における都市再生と地域政策―大阪都心部の人口回復と地域格差の検討を中心として―. 秋山道雄編『地域再生に寄与する新たな地域政策の可能性に関する研究』科学研究費補助金（基盤研究（B））研究成果報告書 , 65-84.

田口　淳（2001）. 北総線開業による千葉ニュータウン入居者の居住地移動と通勤行動の変容 . 地理学評論 , 74A, 305-324.

田口芳明・成田孝三編（1986）.『都市圏多核化の展開』東京大学出版会 .

谷　謙二（1997）. 大都市圏郊外住民の居住経歴に関する分析―高蔵寺ニュータウン戸建住宅居住者の事例―. 地理学評論 , 70A, 263-286.

谷　謙二（1998）. コーホート規模と女性就業から見た日本の大都市圏における通勤流動の変化 . 人文地理 , 50, 211-231.

谷　謙二（2002a）. 東京大都市圏郊外居住者の結婚に伴う職住関係の変化 . 地理学評論 , 75, 623-643.

谷　謙二（2002b）. 1990年代の東京大都市圏における通勤流動の変化に関するコーホート分析 . 埼玉大学教育学部地理学研究報告 , 22, 1-21.
谷　謙二（2010）. 三大都市圏における通勤行動とその変化 . 富田和暁・藤井正編『新版図説大都市圏』古今書院 , 12-15.
谷　謙二（2012）. 三大都市圏における通勤流動の変化とその要因（人文地理学会都市圏研究部会要旨）. 人文地理 , 64, 186-187.
谷　謙二（2015）. 名古屋大都市圏における空間変容と特質 . 日野正輝・香川貴志編『変わりゆく日本の大都市圏』ナカニシヤ出版 , 41-58.
千葉昭彦（2009）. 大型店進出に伴う消費者行動の変化―宮城県仙台地域の事例検討―. 東北学院大学経済学論集 , 169, 53-82.
千葉昭彦（2013）. 大型ショッピングセンターをめぐる消費者行動の検討―宮城県仙南地域での消費者アンケート調査報告の検討―. 東北学院大学経済学論集 , 181, 25-41.
月泉　博（2007）.『「流通戦略」の新常識―「超成熟消費時代」を勝ち抜く条件―』PHP研究所 .
辻井宏仁（2004）. 大阪市中心部における人口回帰現象 . 秋大地理 , 51, 25-28.
坪本裕之（2014）. 東京都心におけるホワイトカラーの就業空間としてのオフィスとその立地 . 地理科学 , 69(3), 152-163.
鄭　賢淑（2002）.『日本の自営業層―階層的独自性の形成と変容―』東京大学出版会 .
徳田　剛・妻木進吾・鰺坂　学（2009）. 大阪市における都心回帰―1980年以降の統計データの分析から―, 評論・社会科学 , 88, 1-43.
戸所　隆（1981）. 近郊都市化地域における大型店の進出と購買行動の変化―草津地域を例に―. 人文地理 , 33(3), 210-230.
富田和暁（1995）.『大都市圏の構造的変容』古今書院 .
富田和暁（2015）.『大都市都心地区の変容とマンション立地』古今書院 .
鳥海基樹・古倉宗治（2014）. 郊外都市における自転車活用を通じた高齢者の買物難民・通院難民化阻止―埼玉県上尾市における産学官連携による社会実験―. Urban study, 58, 79-93.
中川聡史（2013）. 神戸市中心部における新規居住者の属性について . 國民經濟雜誌 , 207(3), 81-92.
中澤高志・川口太郎（2001）. 東京大都市圏における地方出身世帯の住居移動―長野県出身世帯を事例に―. 地理学評論 , 74A, 685-708.
中澤高志・川口太郎・佐藤英人（2012）. 東京圏における団塊ジュニア世代の居住地移動―X大学卒業生の事例―. 経済地理学年報 , 58, 181-197.
中澤高志・佐藤英人・川口太郎（2008）. 世代交代に伴う東京圏郊外住宅地の変容―第一世代の高齢化と第二世代の動向―. 人文地理 , 60(2), 144-162.
長沼佐枝・荒井良雄・江崎雄治（2006）. 東京大都市圏郊外地域の人口高齢化に関する一考察 . 人文地理 , 58, 399-412.

長沼佐枝・荒井良雄・江崎雄治（2008）. 地方中核都市の郊外における人口高齢化と住宅地の持続可能性―福岡市の事例―. 経済地理学年報, 54, 310-326.
長沼佐枝・荒井良雄（2010）. 都心居住者の属性と居住地選択のメカニズム―地方中核都市福岡を事例に―. 地學雜誌, 119, 794-809.
中村みず季・渡辺理絵（2014）. フードデザートマップを用いた後期高齢者の買い物環境―鶴岡市中心部DID地区を対象として―. 地理空間, 7, 33-50.
西　律子（2014）. 高齢者の都心居住と地域福祉―入浴施設活用を通じた高齢化対応―. 地理, 59(4), 32-39.
西田和夫（1969）. 阪神大都市圏の郊外化に伴う奈良県の変容過程―奈良市における最近の農地転用の進展と市街地化について―. 奈良教育大学紀要（人文・社会科学), 17, 101-113.
西山弘泰（2010）. 住民の転出入からみた首都圏郊外小規模開発住宅地の特性―埼玉県富士見市関沢地区を事例に―. 地理学評論, 83, 384-401.
根田克彦（2006）. 住宅地化と郊外の自立化. 金田章裕・石川義孝編『日本の地誌8 近畿圏』朝倉書店, 478-484.
農林水産政策研究所（2017）. http://cse.primaff.affrc.go.jp/katsuyat/「食料品アクセスマップ」
芳賀博文（2006）. 東京における超高層建築の著増と都市景観の変容. 都市地理学, 1, 3-18.
橋　洋平（1989）. 金沢市における女性消費者の空間的購買行動の要因とそのモデル. 金沢大学文学部地理学報告, 5, 45-69.
橋詰直道・石毛一郎・中村　剛（1999）. 大都市圏外縁地域におけるミニ開発住宅地と居住者特性―千葉県九十九里地域を事例に―. 駒澤地理, 35, 83-113.
箸本健二（2017）. 地方都市における都心居住者の特性と中心市街地への評価―静岡県浜松市の事例―. 早稲田大学大学院教育学研究科紀要 ,27, 51-66.
橋本征治（1991）. 周辺地域からみた大阪大都市圏. 大阪問題研究班編『国際経済化の下における大阪大都市圏経済の現状と課題』関西大学経済・政治研究所, 32-79.
林　上（1979）. 岐阜地域における小売業の地域的分布と消費者の購買行動. 経済地理学年報, 25(1), 32-45.
日高正裕（2017）. https://www.bloomberg.co.jp/news/articles/2017-10-12/OXC4JF6KLVR401「おおきに！大阪に押し寄せるインバウンド，地盤沈下から反転攻勢へ」.
広瀬智範（2000）. マンション開発に伴う仙台旧市街地の地域変貌―青葉区五橋二丁目地区を例に―. 季刊地理学, 52(2), 118-130.
福岡和敏・大井康成（2011）.「団地ステーション」による，高齢者の買い物支援と居場所づくり. 生協運営資料, 261, 30-38.
藤塚吉浩（2014）. ジェントリフィケーションの新たな展開. 地理, 59(4), 48-53.
藤塚吉浩（2017）.『ジェントリフィケーション』古今書院.
藤井　正（1983）. 京阪神大都市圏における小売商業機能の立地変動―大都市圏の構造変化

の一局面―. 人文地理, 35(3), 210-232.
藤井　正 (1985). 大都市圏における中心都市通勤率の低下現象の検討―日常生活圏の変化との関連において―. 人文（京都大学教養部), 31, 124-154.
藤井　正 (1986). 神奈川県における近年の小売商業機能の立地変動. 水津一朗先生退官記念事業会編『人文地理学の視圏』大明堂, 637-647.
藤井　正 (1989). 大都市圏縁辺部農村における日常生活圏―京都府相楽郡加茂町の事例―. 浮田典良編『日本の農山漁村とその変容』大明堂, 413-425.
藤井　正 (1990). 大都市圏における地域構造研究の展望. 人文地理, 42(6), 522-544.
藤井　正 (2007). 大都市圏における構造変化研究の動向と課題. 日本都市社会学会年報, 25, 37-50.
藤巻正己 (1982). 通勤流動からみた巨大都市周辺地域の空間構造とその変化―奈良盆地を事例として―1955 ～ 75 年―. 天理大学学報, 134, 73-95.
堀　貴之 (2014). 伊勢崎市における商業集積地の変化と大規模小売店が地域に及ぼす影響. えりあぐんま, 20, 23-41.
堀内千加 (2009). 京都市中心部におけるマンション開発と人口増加の動向. 経済地理学年報, 55(3), 193-214.
正木久仁 (1999). 生活行動からみた大阪都市圏周辺地域の地域構造. 成田孝三編『大都市圏研究―多様なアプローチ（上)』大明堂, 268-284.
松澤俊雄 (1986). 交通流動からみた郊外の自立化傾向. 田口芳明・成田孝三編『都市圏多核化の展開』東京大学出版会, 139-176.
松田敦志 (2003). 戦前期における郊外住宅地開発と私鉄の戦略―大阪電気軌道を事例として―. 人文地理, 55, 492-508.
松田敦志 (2004). ターミナルデパートによる「郊外」化の推進―戦前期における阪急の事例を中心に. 兵庫地理, 49, 1-9.
水内俊雄 (1996). 大阪都市圏における戦前期開発の郊外住宅地の分布とその特質. 大坂市立大学地理学教室編『アジアと大阪』古今書院, 48-79.
宮城健一 (2013). 最終局面の大阪地域間競争 北ヤード, アベノ再開発でミナミの地盤沈下が鮮明に. 経済界, 48(15), 52-53.
宮澤　仁 (2006). 過渡期にある大都市圏の郊外ニュータウン―多摩ニュータウンを事例に―. 経済地理学年報, 52, 236-250.
宮澤　仁・阿部　隆 (2005). 1990 年代後半の東京都心部における人口回復と住民構成の変化―国勢調査小地域集計結果の分析から―. 地理学評論, 78(13), 893-912.
村上　稔 (2014).『買い物難民を救え！―移動スーパーとくし丸の挑戦―』緑風出版.
薬師寺哲郎編著 (2015).『超高齢社会における食料品アクセス問題』ハーベスト社.
矢倉正貴 (2010). 京都市都心部におけるマンション立地と居住者特性. 都市研究（近畿都市学会), 10, 81-96.
安倉良二 (2004). 大店法の運用からみた大型店の出店過程―京都府八幡市と久御山町を事

例に—. 季刊地理学, 56(3), 146-162.
安倉良二（2016）. 大店立地法に基づく大型店の出店調整—近鉄京都線高の原駅前を事例に—. E-journal GEO, 11(1), 3-20.
安田　孝（1992）.『郊外住宅の形成－大阪－田園都市の夢と現実』INAX 出版.
柳原崇男（2014）. 郊外型住宅地における買い物弱者の実態と支援方法に関する研究.『豊かな高齢社会の探求 調査研究報告書 Vol.22　CD-ROM 版』ユニベール財団.
矢部直人（2003）. 1990 年代後半の東京都心における人口回帰現象—港区における住民アンケート調査の分析を中心にして—. 人文地理, 55(3), 277-292.
山神達也（2003）. 日本の大都市圏における人口増加の時空間構造. 地理学評論, 76(4), 197-210.
山神達也（2013）. 京阪神大都市圏の空間的縮小に関する一試論—通勤流動と人口密度分布の分析をもとに—. 都市地理学, 8, 40-51.
山神達也・藤井　正（2015）. 人口と通勤からみる京阪神大都市圏の空間構造の変化. 日野正輝・香川貴志編『変わりゆく日本の大都市圏』ナカニシヤ出版, 25-39.
山口　覚（2016）.『集団就職とは何であったか—“金の卵”の時空間—』ミネルヴァ書房.
山下博樹（1993）. 東京大都市圏における周辺中核都市の成長. 地理科学, 48(1), 1-19.
山田俊満・大木一広（1979）. ニュータウン物語—平城ニュータウンの開発—. 都市問題研究, 31(10), 99-111.
山田浩久（1992）. 東京大都市圏周辺地域における居住地移動の特性—千葉市を事例として—. 地理学評論, 65A, 847-859.
山中均之（1986）.『小売商業集積論』千倉書房.
由井義通（1986）. 広島市における中高層集合住宅の開発とその居住者の特性. 人文地理, 38(1), 56-77.
由井義通（1987）. 広島市における中高層集合住宅居住者の住居移動. 地理学評論, 60(12), 775-794.
由井義通（1989）. 中高層集合住宅居住者の住居移動—福岡市での事例研究—. 人文地理 41(2), 101-121.
吉川真生（2007）. 千葉市おゆみ野における購買行動の世代間差異. 地理学研究報告（千葉大学）, 18, 29-40.
吉田　創・加藤　司（2015）. 大都市圏近郊都市における買い物行動の実態分析—「パーソントリップ調査」を活用した滋賀県草津住民の買い物行動を事例として—. 経営研究（大阪市立大学）, 66(2), 51-75.
吉田友彦（2010）.『郊外の衰退と再生—シュリンキング・シティを展望する—』晃洋書房.
米谷　葵（2012）. 奈良市郊外住宅地における食料品店の分布と高齢者の買い物行動. 人文地理学会大会研究発表要旨, 72-73.
渡邊圭一（2002）. 東京大都市圏における就業者の産業別・職業別通勤パターンから見た分都市圏化. 人文地理, 54, 356-372.

渡辺良雄 (1978). 最近の東京の膨張と都市問題への１・２の視点． 総合都市研究, 3, 49-69.
Beale, C. L. (1977). The recent shift of United States population to nonmetropolitan areas: 1970-75. International Regional Science Review, 2(2), 113-122.
Berry, B. J. L. (1976). The counterurbanization process: urban America since 1970. In Berry, B. J. L., ed. Urbanization & counterurbanization. Sage Publications, 17-30.
Erickson, R. A. and Gentry, M. (1985). Suburban nucleations. Geographical Review, 75(1), 19-31.
Franco, M., Diez Roux, A. V., Glass, T. A., Caballero, B. and Brancati, F. L. (2008). Neighborhood characteristics and availability of healthy foods in Baltimore. American Journal of Preventive Medicine, 35, 561-567.
Frey, W. H. and Berube, A. (2003). City families and suburban singles: An emerging household story. In Katz, B. and Lang, R. E., eds. Redefining urban and suburban America: Evidence from census 2000, Brookings Institution Press, 257-289.
Fujii, T. and Hartshorn, T. A. (1995). The changing metropolitan structure of Atlanta, Georgia: Locations of functions and regional structure in a multinucleated urban area. Urban Geography, 16, 680-707.
Hanlon, B., Vicino, T. and Short, J. R. (2006). The new metropolitan reality in the US: Rethinking the traditional model. Urban Studies, 43, 2129-2143.
Kawase, M. (2004). Changing gender differences in commuting in the Tokyo metropolitan suburbs. GeoJournal, 61, 247-253.
Kubo, T. and Yui, Y. (2011). Transformation of the Housing Market in Tokyo since the Late 1990s: Housing Purchases by Single-person Households. Asian and African Studies, 15 (3), 3-21.
Larsen, K. and Gilliland, J. (2008). Mapping the evolution of 'food deserts' in a Canadian city: Supermarket accessibility in London, Ontario, 1961–2005. International Journal of Health Geographics, 7, 1-16.
Lucy, W. H. and Phillips, D. L. (2003). Suburbs: Patterns of growth and decline. In Katz, B. and Lang, R. E., eds. Redefining urban and suburban America: Evidence from census 2000, Brookings Institution Press, 117-136.
Nakagawa, S. (1990). Changing segregation patterns by age group in the Tokyo metropolitan area: From the viewpoint of migration with cohort analysis. Geographical Review of Japan, 63B, 34-47.
O'Connor, K. (1980). The analysis of journey to work patterns in human geography. Progress in Human Geography, 4, 475-499.
O'Connor, K. and Maher, C. A. (1979). Change in the spatial structure of a metropolitan region: work-residence relationships in Melbourne, 1961-1971. Regional Studies, 13,

361-380.
Roseman, C. C. (1980). Exurban areas and exurban migration. In Brunn, S. D. and Wheeler, J. O., eds. The American metropolitan system: present and future, Edward Arnold, 51-58.
Wrigley, N. (2002). 'Food Deserts' in British Cities: Policy Context and Research Priorities. Urban Studies, 39, 2029-2040.
Wrigley, N., Warm, D. and Margetts, B. (2003). Deprivation, Diet, and Food-Retail Access: Findings from the Leeds 'Food Deserts' Study. Environment and Planning A, 35, 151-188.
Yabe, N. (2004). Population Recovery in Inner Tokyo in the Late 1990s: A Statistical Analysis in Minato Ward. Geographical Reports of Tokyo Metropolitan University, 39, 35-43.

あとがき

まえがきでも述べたように，筆者は，2011年に『郊外世代と大都市圏』（ナカニシヤ出版）と題した書籍を著した。そこでは，従来の大都市圏研究が大都市圏への流入者（地方出身者）の視点から検討されたものに偏っているとの問題意識のもと，大都市圏郊外出身者（郊外世代）に着目して大都市圏構造の実態を明らかにした。その後，大都市圏郊外出身者のみならず大都市圏居住者全般に対象を広げ，総合的な視点から大都市圏をとらえなおす試みが残された課題であると考え，研究をすすめてきた。本書はその研究成果をまとめたものである。各章の初出一覧は以下のとおりである。

第2章：稲垣稜（2014）. 大都市圏郊外における中心都市への通勤者数減少の要因に関する考察—1990年代後半以降の奈良県生駒市を中心に. 地理学評論, 87A(1), 17-37.

第3章：稲垣稜（2016）. 大都市圏郊外の鉄道駅周辺における居住と通勤の特性：近鉄大和西大寺駅を事例に. 都市地理学, 11, 11-22.

第4章：稲垣稜（2018）. 大都市圏外縁部における人口動向と通勤流動の変化. 奈良大地理, 24, 26-30.

第5章：稲垣稜（2016）. 大阪市都心部における職住関係の変化—大阪市福島区を例に. 人文地理, 68, 149-171.

第6章：稲垣稜（2019）. 大都市圏郊外における買い物行動の縦断データ分析—平城ニュータウン居住者を事例に. 人文地理, 71, 151-166.

第7章：稲垣稜（2019）. 大都市圏郊外における買い物困難者の実態—奈良県王寺町を事例に. 奈良大学紀要, 47, 19-36.

第8章：稲垣稜（2019）. 奈良都市圏の変容に関する研究. 奈良大地理, 25, 36-48.

第9章：稲垣稜（2021）. 大阪市における都心居住者の買い物行動—森ノ宮・

玉造地区を事例に―. 都市地理学, 16, 26-34.

初著である『郊外世代と大都市圏』は，大学院生時代からの研究成果をまとめたものであった。そのため，単著とはいえ，ご指導いただいた先生方や大学院生仲間のお力添えで完成したものといっても過言ではなかった。これに対し本書は，自立した研究者となってからの研究成果である。大学院生時代までとは違い，周りから助言をいただく機会は少なくなったが，隣接諸科学の研究者や自治体関係者の方々との交流を深めるなどして，自分の研究に厚みを持たせることができるよう心がけてきた。また，学術誌に投稿した論文が掲載されるまでの過程で，匿名査読者からは貴重なご指摘，ご助言をいただいた。学生の身分ではなくなった現在，自分の論文を厳密に審査していただける機会は査読以外にほぼない。時に厳しいコメントを頂戴することもあるが，それも含め非常に有益なものであった。

本書の大部分は，各地域で実施したアンケート調査がもとになっている。アンケート調査では，膨大な質問項目にもかかわらず多くの方々に回答していただいた。アンケートの自由回答欄には，調査への叱咤・激励や，研究のヒントとなるありがたいコメントを多くいただいた。こうしたご意見にはずいぶん勇気づけられた。

本書の出版にあたって，ナカニシヤ出版の石崎雄高氏には大変お世話になった。記して感謝申し上げる。なお，本書は，令和３年度の奈良大学出版助成を受けたものである。

2021 年 5 月　琵琶湖の見える自宅にて

稲垣　稜

索　引

ナ　行

ハ　行

マ　行

ヤ・ラ・ワ　行

■著者紹介

稲垣　稜（いながき・りょう）

奈良大学文学部教授・博士（学術）

2004年　名古屋大学大学院人間情報学研究科博士後期課程修了

主著：

『郊外世代と大都市圏』（ナカニシヤ出版，2011）

『現代社会の人文地理学』（古今書院，2014）

『都市の人文地理学』（古今書院，2019）

2012年度に日本都市学会賞（奥井記念賞），2014年度に日本地理学会賞（優秀論文部門）を受賞。

日常生活行動からみる大阪大都市圏

2021年11月30日　　初版第1刷発行

著　者　稲垣　稜

発行者　中西　良

発行所　株式会社　ナカニシヤ出版

〒606-8161　京都府左京区一乗寺木ノ本町15

TEL　(075)723-0111

FAX　(075)723-0095

http://www.nakanishiya.co.jp/

印刷・製本／モリモト印刷

＊落丁本・乱丁本はお取り替え致します。

Printed in Japan.　ISBN978-4-7795-1589-7